财政部规划教材

全国中等职业学校财经类教材（根据2013年考试大纲编写）

财经计算机应用基础

（第3版）

林 斌 刘 纯 主编
陈忠坚 黄 纯 副主编

经济科学出版社

图书在版编目（CIP）数据

财经计算机应用基础／林斌等主编．—3版．—北京：经济科学出版社，2014.1（2015.7重印）

财政部规划教材．中职

ISBN 978－7－5141－4200－6

Ⅰ.①财… Ⅱ.①林… Ⅲ.①计算机应用－财政管理－中等专业学校－教材②计算机应用－经济管理－中等专业学校－教材 Ⅳ.①F810－39②F224－39

中国版本图书馆CIP数据核字（2014）第001278号

责任编辑：白留杰 李 剑
责任校对：王苗苗
责任印制：李 鹏

财经计算机应用基础（第3版）
林 斌 刘 纯 主 编
陈忠坚 黄 纯 副主编
经济科学出版社出版、发行 新华书店经销
社址：北京市海淀区阜成路甲28号 邮编：100142
教材分社电话：010－88191354 发行部电话：010－88191522
网址：www.esp.com.cn
电子信箱：bailiujie518@126.com
天猫网店：经济科学出版社旗舰店
网址：http://jjkxcbs.tmall.com
北京密兴印刷有限公司印装
787×1092 16开 17.5印张 420000字
2014年2月第3版 2015年7月第2次印刷
ISBN 978－7－5141－4200－6 定价：39.00元
（图书出现印装问题，本社负责调换。电话：010－88191502）
（版权所有 翻印必究）

编 审 说 明

  本书是全国财经类职业教育院校通用教材．经审阅，我们同意作为全国财经类院校教材出版．书中不足之处，请读者批评指正．

财政部教材编审委员会
2012 年 7 月

编写组成员

主　编　林　斌　刘　纯
副主编　陈忠坚　黄　纯
参　编（排名以章节顺序为序）
　　　　　杜宜同　毛　颖　（第1章）
　　　　　吴清扬　陈庆亮　（第2章）
　　　　　吴国华　　　　　（第3章）
　　　　　谢永达　郑林芳　（第4章）
　　　　　钟顺昌　张茂燕　（第5章）
　　　　　何秉兴　王俐良　（第6章）
　　　　　黄　纯　　　　　（第7章）

第3版前言

教育部考试中心2013年初颁布了《一级计算机基础及MS Office应用考试大纲（2013年版）》，对原有大纲进行重大修改，规定考试系统环境升级为：操作系统升级为Windows 7，MS Office版本升级为2010，并明确2013年下半年开始按新体系开考各个考试级别。

为此，我们在刚刚出版不久的《财经计算机应用基础（第2版）》的基础上编写了《财经计算机应用基础（第3版）》，第3版根据新大纲的要求系统介绍了Windows 7的基本概念和基本操作，结合财经类专业的特色介绍和考证了有关的Office 2010的部分，包括Word、Excel、PowerPoint等内容。

第3版继承了前期版本的特色，按照"任务引领，案例教学"的思路组织教学编写教材，修订了第2版的一些瑕疵，充实完善了一些案例，在编写之前认真研究新大纲，试用多款模拟考试软件从中确定考证要求的细节，以求在相关知识点的介绍上更有针对性，新教材编写秉承我们一贯的思想：案例结合财经专业实际，知识点针对计算机考证大纲要求。

由于时间紧，教学内容新，本书一定存在很多不足，敬请读者批评指正。

财经计算机应用基础编写组
2013年10月

第 2 版前言

《财经计算机应用基础》是针对财经类学校特点编写的计算机应用课程教材，对于培养综合型人才具有重要作用，我们在《财经计算机应用基础》教材第1版的基础上进行了全面的改版，在保留原有教材体系、基本内容和特色的前提下，进一步强化"任务引领，案例教学"新教学理念，选取的案例更加系列化，更加突出计算机在财经方面的应用，使新版教材更适合财经类中职学校教学需要。

新版教材具有以下特点：

1. "任务引领，案例教学"。书中大量引入贴近财经类专业的案例和项目并且尽量使案例和项目系列化，由浅入深，由易到难，使学生在完成任务的过程中主动探索解决问题的方法，激发出学生更加积极的学习状态，在完成任务的过程中掌握基础知识，接受基本操作的训练，教材编写更加落实"边讲边练"的教学方针，以适应计算机课实践性强的特点，为弥补任务引领教学方法带来的"过分实用主义"的不足，我们用"相关知识"专题栏目，拓宽学生的知识面，也是考虑到计算机等级考证的某些要求。

2. 各章教材都是由教学第一线老师编写。表述方式上更加切合课堂教学实际，小节内容划分尽量做到与课堂时间匹配，力争使教材在教学过程中用得更顺手。

3. 新版教材更加适合自学，以及作为计算机考证参考书。教材加强了案例操作步骤清晰明了化，使学习者在学习中有"法"（方法）可依，对上机操作的结果可对比书上答案自我检验，习题处理上参考历届计算机考证试题从中改编选取。

我们希望，以新的思路、新的理念改版的教材，能得到各地学校、专家、老师和学生的欢迎和喜爱。我们的想法、做法一定有不够成熟和完善的地方，希望大家在使用本教材的过程中多提宝贵意见，帮助我们进一步修改和完善，真诚地感谢各位！

财经计算机应用基础编写组
2012 年 7 月

第1版前言

根据教育部最新颁布的《中等职业学校计算机应用基础教学大纲》精神，为了使学生掌握必要的计算机应用基础知识和基本技能，培养学生利用计算机解决工作与生活中实际问题的能力，为其职业生涯发展和终身学习奠定良好基础，编写了《财经计算机应用基础》这本教材。

《财经计算机应用基础》的内容主要包括计算机基础知识、Internet 基础、多媒体基础知识、计算机信息安全知识以及 Windows XP 基础操作、Office 2003 办公软件（Word 2003、Excel 2003 和 PowerPoint 2003）等。通过一系列财经方面的案例和项目，着重培养学生的操作基础和动手能力，进而拓宽知识面，提高学生计算机应用能力和解决问题的能力。

教材的整体设计思路是：计算机应用基础课程是中等职业学校学生必修的一门公共基础课，应注重学生的操作能力而非系统的理论知识；以案例和项目为向导，尽量选用财经类的例子把学生循序渐进地吸引到学习中来，把计算机这一工具和财经类的知识有机地融合在一起。本教材供财经类中等职业学校的学生使用，建议所用课时数为 126～144 节。

一、指导思想

认真贯彻教学大纲精神，本着以就业为导向、以学生为本的原则，注重实践技能的培养；针对中职学生的实际情况，减少理论知识部分篇幅，降低理论难度，增加实际操作的内容和清晰描述操作步骤；提供应用软件，以便于教师对学生学习过程的跟踪记录以及对学生能力的全面考核。

二、主要特点

1. 大量引入贴近实际的财经案例和项目，从无到有，逐步引导学生进行学习，章节学习后能形成一个产品如会议通知、产品推介说明等，激发学生的学习主动性和增强学生的自信心；

2. 学生可以利用我们提供的应用软件进行自我评测，了解自己的学习程度；老师可以利用我们提供的应用软件全程跟踪记录学生对各章节的学习情况；各章带有试题及参考答案的考试系统；

3. 利用"知识结构图"和学习目标让学生对将要学习的内容有个全面的概括性的了解，利用"相关知识"拓宽学生的知识面，利用"小技巧"让学生掌握更多的操作技能，利用"想一想，试一试"使学生发挥主观能动性，利用"本章（节）总结"对教学内容进行简明扼要的总结；

4. 本教材更注重操作步骤的描述，精确地指出操作要点和注意事项，使学生在上机操作的过程中对操作目的清楚明了、有"法"（方法）可依，对上机操作的结果可对比检验。

本教材可作为财经类中职学校及其他各类中职学校、培训班的教学用书，也可作为参加全国计算机等级考试（一级 MS Office）的辅导用书和计算机爱好者实用的自学参考书。

在本教材的编写过程中，得到了广东省财政职业技术学校、佛山市顺德区陈登职业技术学校和广东省贸易职业技术学校等一批学校的帮助和支持，特此表示衷心感谢。我们希望，这本以新的思路和新的理念、通过课堂学习和社会实践相结合而编写出来的教材，能得到各地学校、专家、老师和学生的欢迎和喜爱。我们的想法或许有不够成熟和需要完善的地方，希望大家在使用本教材的过程中多提宝贵意见，帮助我们进一步的修改和完善。不足之处，敬请批评指正。谢谢！

《财经计算机应用基础》编写组

2009 年 7 月

目　　录

第1章　计算机基础知识 ··· 1
1.1　计算机概述 ·· 1
1.2　计算机系统 ·· 5
1.3　数制与编码 ··· 13
1.4　多媒体技术简介 ··· 21
1.5　计算机的安全使用 ·· 28
测试题 ··· 36

第2章　Windows 7 操作系统 ··· 37
2.1　Windows 7 操作系统概述及基本操作 ·································· 37
2.2　资源管理器 ·· 54
2.3　控制面板 ··· 75
2.4　常用附件 ··· 88
测试题 ··· 94

第3章　计算机网络基础与 Internet 基本应用 ······························ 95
3.1　计算机网络基础知识 ··· 95
3.2　Internet 基础知识 ·· 100
3.3　Internet 基本应用 ·· 106
测试题 ··· 118

第4章　文字处理软件 Word 2010 ·· 119
4.1　Word 2010 的基础知识 ·· 119
4.2　Word 2010 文档的基本操作 ·· 123
4.3　文档的编辑 ·· 130
4.4　文档的格式化 ·· 145

4.5　表格处理 ……………………………………………………………… 159
　测试题 ……………………………………………………………………… 175

第5章　电子表格处理软件 Excel 2010 ………………………………… 177
　5.1　Excel 2010 的基础知识 ……………………………………………… 177
　5.2　工作表数据的输入 …………………………………………………… 183
　5.3　工作表的基本操作 …………………………………………………… 187
　5.4　工作表格式化 ………………………………………………………… 192
　5.5　公式与函数的使用 …………………………………………………… 197
　5.6　数据管理 ……………………………………………………………… 206
　5.7　数据透视表 …………………………………………………………… 214
　5.8　图表处理 ……………………………………………………………… 216
　测试题 ……………………………………………………………………… 221

第6章　演示文稿软件 PowerPoint 2010 ………………………………… 222
　6.1　PowerPoint 2010 的基础 …………………………………………… 222
　6.2　创建和编辑幻灯片 …………………………………………………… 227
　6.3　美化幻灯片 …………………………………………………………… 235
　6.4　模板的应用 …………………………………………………………… 239
　6.5　动画效果 ……………………………………………………………… 243
　6.6　放映和打包演示文稿 ………………………………………………… 247
　测试题 ……………………………………………………………………… 250

第7章　键盘录入技术 ……………………………………………………… 252
　7.1　键盘与指法 …………………………………………………………… 252
　7.2　汉字录入 ……………………………………………………………… 257
　7.3　数字录入 ……………………………………………………………… 266
　测试题 ……………………………………………………………………… 267

附录　五笔字根表 …………………………………………………………… 269
参考文献 ……………………………………………………………………… 270

第1章 计算机基础知识

计算机是20世纪人类伟大的发明创造之一。现在计算机已应用于人类生活的方方面面，对政治、经济、文化产生了巨大影响，使人类步入高速发展的信息时代。

本章主要内容结构见图1-1。

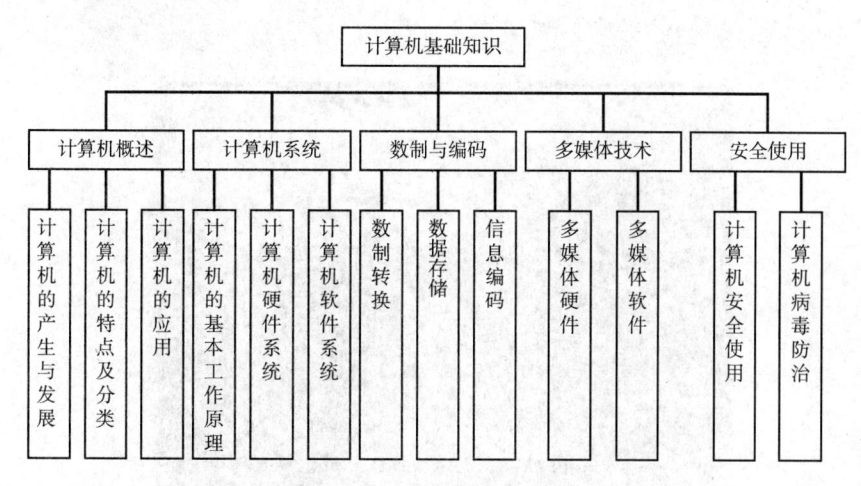

图1-1 本章主要内容结构

学习目标包括以下几点。
1. 了解计算机的发展史。
2. 认识计算机的特点及应用。
3. 掌握计算机系统的组成。
4. 认识计算机数据的表示。
5. 掌握各种进制间的转换。
6. 了解多媒体基础知识。
7. 熟悉安全使用计算机的技巧。

1.1 计算机概述

1.1.1 计算机的产生与发展

1946年第一台电子计算机ENIAC诞生以来，计算机技术发展很快，共经历了四个发展阶段，如表1-1所示。

表1-1　　　　　　　　　　　计算机发展的四个阶段

发展阶段	第一阶段	第二阶段	第三阶段	第四阶段
时间	1946～1958年	1958～1964年	1964～1971年	1971年至今
逻辑元件	电子管	晶体管	中小规模集成电路	大规模、超大规模集成电路
运算速度（次/s）	几千～几万	几万～几十万	几十万～几百万	几百万～几百亿

> 世界上第一台电子计算机叫"埃尼亚克"（ENIAC），英文全称是：Electronic Numerical Integrator And Calculator，它于1946年2月在美国宾夕法尼亚大学诞生。埃尼亚克使用了1.8万个电子管、1万个电容、7万个电阻和500个继电器，功率150千瓦，总重达30吨，占地167平方米，如图1-2所示。

图1-2　世界第一台电子计算机——ENIAC

随着大规模集成电路的发展，1971年诞生了第一片微处理器。微处理器诞生后，微机也迅速发展起来，尤其是1981年IBM-PC机的诞生，使微机迅速普及，计算机应用到了日常生活的方方面面。苹果公司在2007年推出了iPhone手机，2010年推出了iPad平板电脑，如图1-3所示。这两款重磅产品的推出，使人类进入了后PC时代，移动便携应用成为当今的潮流。

图1-3　iPhone和iPad

我国从 1956 年开始研制电子计算机，1958 年研制出第一台电子计算机。2010 年国防科大研制出"天河一号"，它是一台速度可达每秒千万亿次的超级计算机，这标志着我国计算机研制水平居于世界前列。

1.1.2　计算机的特点及分类

1. 计算机的特点。计算机的主要特点表现在以下几个方面。

（1）运算速度快。运算速度是计算机的一个重要性能指标。计算机的运算速度通常用每秒钟执行定点加法的次数或平均每秒钟执行指令的条数来衡量。运算速度快是计算机的一个突出特点。计算机的运算速度已由早期的每秒几千次（如 ENIAC 机每秒钟仅可完成 5000 次定点加法）发展到现在的最高可达每秒几千亿次乃至万亿次。

（2）计算精度高。在科学研究和工程设计中，对计算的结果精度有很高的要求。一般的计算工具只能达到几位有效数字（如过去常用的四位数学用表、八位数学用表等），而计算机对数据的结果精度可达到十几位、几十位有效数字，根据需要甚至可达到任意的精度。

（3）存储容量大。计算机的存储器可以存储大量数据，这使计算机具有了"记忆"功能。目前计算机的存储容量越来越大，已高达千兆数量级的容量。计算机具有"记忆"功能，是与传统计算工具的一个重要区别。

（4）具有逻辑判断功能。计算机的运算器除了能够完成基本的算术运算外，还具有进行比较、判断等逻辑运算的功能。这种能力是计算机处理逻辑推理问题的前提。

（5）自动化程度高，通用性强。由于计算机的工作方式是将程序和数据先存放在机内，工作时按程序规定的操作，一步一步地自动完成，一般无须人工干预，因而自动化程度高。这一特点是一般计算工具所不具备的。

计算机通用性的特点表现在几乎能求解自然科学和社会科学中一切类型的问题，能广泛地应用于各个领域。

2. 计算机的分类。计算机按其规模、速度和功能等又可分为巨型机、大型机、中型机、小型机、微型机及单片机。这些类型之间的基本区别通常在于其体积大小、结构复杂程度、功率消耗、性能指标、数据存储容量、指令系统和设备、软件配置等的不同。

一般来说，巨型计算机的运算速度很高，可达每秒执行几亿条指令，数据存储容量很大，规模大结构复杂，价格昂贵，主要用于大型科学计算。它也是衡量一国科学实力的重要标志之一。单片计算机则只由一片集成电路制成，其体积小，重量轻，结构十分简单。性能介于巨型机和单片机之间的就是大型机、中型机、小型机和微型机，它们的性能指标和结构规模则相应地依次递减。

1.1.3　计算机的应用

进入 20 世纪 90 年代以来，计算机技术作为科技的先导技术之一得到了飞跃发展，超级并行计算机技术、高速网络技术、多媒体技术、人工智能技术等相互渗透，改变了人们使用计算机的方式，从而使计算机几乎渗透到人类生产和生活的各个领域，对工业和农业都有极其重要的影响。计算机的应用范围归纳起来主要有以下 6 个方面。

1. 科学计算。科学计算亦称数值计算，是指用计算机完成科学研究和工程技术中所提出的数学问题。计算机作为一种计算工具，科学计算是它最早的应用领域，也是计算机最重要的应用之一。在科学技术和工程设计中存在着大量的各类数字计算，如求解几百乃至上千阶的线性方程组、大型矩阵运算等。这些问题广泛出现在导弹实验、卫星发射、灾情预测等领域，其特点是数据量大、计算工作复杂。在数学、物理、化学、天文等众多学科的科学研究中，经常遇到许多数学问题，这些问题用传统的计算工具是难以完成的，有时人工计算需要几个月、几年，而且不能保证计算准确，使用计算机则只需要几天、几小时甚至几分钟就可以精确地解决。所以，计算机是发展现代尖端科学技术必不可少的重要工具。

2. 数据处理。数据处理又称信息处理，它是指信息的收集、分类、整理、加工、存储等一系列活动的总称。所谓信息，是指可被人类感受的声音、图像、文字、符号、语言等。数据处理还可以在计算机上加工那些非科技工程方面的计算，管理和操纵任何形式的数据资料。其特点是要处理的原始数据量大，而运算比较简单，有大量的逻辑与判断运算。

据统计，目前在计算机应用中，数据处理所占的比重最大。其应用领域十分广泛，如人口统计、办公自动化、企业管理、邮政业务、机票订购、情报检索、图书管理、医疗诊断等。

3. 计算机辅助技术。

（1）计算机辅助设计（Computer Aided Design，CAD）是指使用计算机的计算、逻辑判断等功能，帮助人们进行产品和工程设计。它能使设计过程自动化、设计合理化、科学化、标准化，大大缩短设计周期，以增强产品在市场上的竞争力。CAD 技术已广泛应用于建筑工程设计、服装设计、机械制造设计、船舶设计等行业。使用 CAD 技术可以提高设计质量，缩短设计周期，提高设计自动化水平。

（2）计算机辅助制造（Computer Aided Manufacturing，CAM）是指利用计算机通过各种数值控制生产设备，完成产品的加工、装配、检测、包装等生产过程的技术。将 CAM 进一步集成形成了计算机集成制造系统 CIMS，从而实现设计生产自动化。利用 CAM 可提高产品质量，降低成本和降低劳动强度。

（3）计算机辅助教学（Computer Aided Instruction，CAI）是指将教学内容、教学方法以及学生的学习情况等存储在计算机中，充分利用计算机的多媒体功能，使教学形象生动，帮助学生轻松地学习所需要的知识。它在现代教育技术中起着相当重要的作用。

除了上述计算机辅助技术外，还有其他的辅助功能，如计算机辅助出版、计算机辅助管理、辅助绘制和辅助排版等。

4. 过程控制。亦称实时控制，是用计算机及时采集数据，按最佳值迅速对控制对象进行自动控制或自动调节。利用计算机进行过程控制，不仅大大提高了控制的自动化水平，而且大大提高了控制的及时性和准确性。

过程控制的特点是及时收集并检测数据，按最佳值调节控制对象。在电力、机械制造、化工、冶金、交通等部门采用过程控制，可以提高劳动生产效率、产品质量、自动化水平和控制精确度，减少生产成本，减轻劳动强度。在军事上，可使用计算机实时控制导弹根据目标的移动情况修正飞行姿态，以准确击中目标。

5. 人工智能。人工智能（Artificial Intelligence，AI）是用计算机模拟人类的智能活动，如判断、理解、学习、图像识别、问题求解等。它涉及计算机科学、信息论、仿生学、神经学和心理学等诸多学科。在人工智能中，最具代表性、应用最成功的两个领域是专家系统和机器人。

计算机专家系统是一个具有大量专门知识的计算机程序系统。它总结了某个领域的专家知识构建了知识库。根据这些知识，系统可以对输入的原始数据进行推理，做出判断和决策，以回答用户的咨询，这是人工智能的一个成功的例子。

机器人是人工智能技术的另一个重要应用。目前，世界上有许多机器人工作在各种恶劣环境，如高温、高辐射、剧毒等。机器人的应用前景非常广阔。现在有很多国家正在研制机器人。

6. 计算机网络。把计算机的超级处理能力与通信技术结合起来就形成了计算机网络。人们熟悉的全球信息查询、邮件传送、电子商务等都是依靠计算机网络来实现的。计算机网络已进入到了千家万户，给人们的生活带来了极大的方便。

> 本节小结：电子计算机的应用越来越广，给我们的工作、生活和学习带来诸多便利。根据采用的主要元件来划分，电子计算机的发展经过了四个阶段。电子计算机的主要特点有：高速精确的运算能力、准确的逻辑判断能力、强大的存储能力等。随着计算机技术的发展，计算机的发展也出现了新的趋势，出现了多种类型的计算机。

1.2 计算机系统

计算机系统包括硬件系统和软件系统，两者缺一不可。计算机的硬件系统由运算器、控制器、存储器、输入设备和输出设备组成。计算机的软件系统分为两大类，即系统软件和应用软件。计算机系统的组成如图1-4所示。

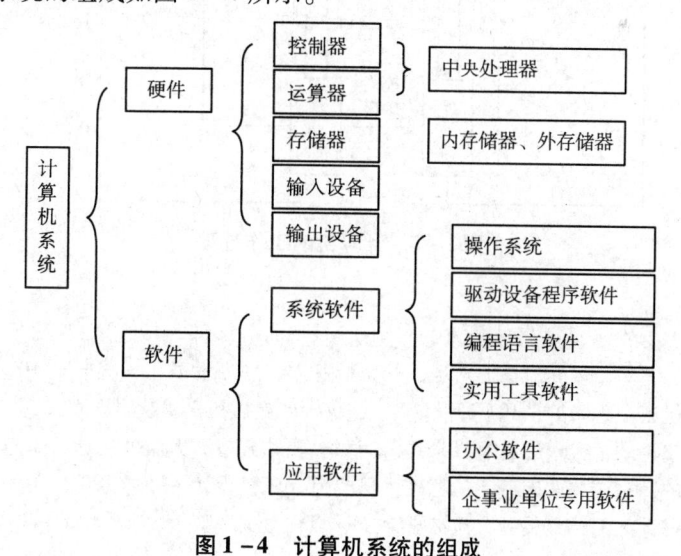

图1-4 计算机系统的组成

1.2.1 计算机基本工作原理

1. "存储程序控制"原理。"存储程序控制"原理是1945年由美籍匈牙利数学家冯诺依曼提出的，所以又称为"冯·诺依曼原理"。该原理确立了现代计算机的基本组成的工作方式，直到现在，计算机的设计与制造依然沿着"冯·诺依曼"体系结构。"存储程序控制"原理的基本内容为：

（1）采用二进制形式表示数据和指令。

（2）将程序（数据和指令序列）预先存放在主存储器中（程序存储），使计算机在工作时能够自动高速地从存储器中取出指令，并加以执行（程序控制）。

（3）由运算器、控制器、存储器、输入设备、输出设备五大基本部件组成计算机硬件体系结构。

2. 计算机工作过程。计算机的工作过程分为如下几个步骤，如图1-5所示。

第一步：将程序和数据通过输入设备送入存储器。

第二步：启动运行后，计算机从存储器中取出程序指令送到控制器去识别，分析该指令要做什么事。

第三步：控制器根据指令的含义发出相应的命令（如加法、减法），将存储单元中存放的操作数据取出送往运算器进行运算，再把运算结果送回存储器指定的单元中。

第四步：当运算任务完成后，就可以根据指令将结果通过输出设备输出。

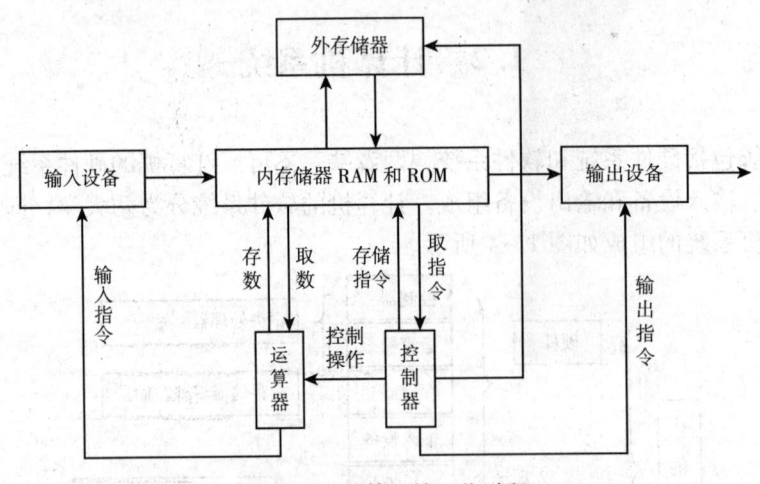

图1-5 计算机的工作过程

相关知识

约翰·冯·诺依曼（John von Neumann, 1903~1957），美籍匈牙利人。1945年6月，冯·诺依曼与戈德斯坦、勃克斯等人，联名发表了一篇长达101页纸的报告，即计算机史上著名的"101页报告"，是现代计算机科学发展里程碑式的文献。报告明确规定用二进制替代十进制运算，并将计算机硬件分成五大组件，这一卓越的思想为电子计算机的逻辑结构设计奠定了基础，已成为计算机设计的基本原则。由于他在计算机逻辑结构设计上的伟大贡献，他被誉为"计算机之父"。

3. 计算机指令与指令系统。指令是指计算机完成某个基本操作的命令。指令能被计算机硬件理解并执行。一条指令就是计算机机器语言的一个语句，是程序设计的最小语言单位。

一台计算机所能执行的全部指令的集合，称为这台计算机的指令系统。指令系统比较充分地说明了计算机对数据进行处理的能力。不同种类的计算机，其指令系统的指令数目与格式也不同。指令系统越丰富完备，编制程序就越方便灵活。指令系统是根据计算机使用要求设计的。

一条计算机指令是用一串二进制代码表示的，它通常应包括两方面的信息：操作码和地址码。操作码用来表征该指令的操作特性和功能，即指出进行什么操作；地址码指出参与操作的数据在存储器中的地址。一般情况下，参与操作的源数据或操作后的结果数据都在存储器中，通过地址可访问该地址中的内容，即得到操作数。

1.2.2 计算机硬件系统

尽管各种计算机在性能、用途和规模上有所不同，但其基本结构都遵循冯·诺依曼提出的"存储程序式计算机"的体系结构思想，即一台完整的计算机硬件系统由存储器、运算器、控制器、输入设备和输出设备五个部分组成，把控制器和运算器合在一起称为中央处理器（英文名称 Central Processing Unit，CPU），如图 1-6 所示。下面我们具体介绍一下这几个部分。

图 1-6　CPU

1. 中央处理器。中央处理器又称 CPU（Central Processing Unit），是计算机系统的核心，它由运算器、控制器组成。

（1）运算器（ALU）。运算器是负责对数据进行算术运算或逻辑运算的部件，由算术逻辑单元（ALU）、累加器、状态寄存器和通用寄存器组等组成。算术逻辑单元用于算术运算、逻辑运算及移位、求补等操作；累加器用于暂存被操作数和运算结果；通用寄存器组是一组寄存器，运算时用于暂存操作数和数据地址；状态寄存器也称标志寄存器，它用于存放算术逻辑单元工作中产生的状态信息。

（2）控制器。控制器是计算机指令的执行部件，其工作是取指令、解释指令以及完成指令的执行。控制器由指令指针寄存器（IP）、指令寄存器（IR）、控制逻辑电路和时钟控制电路等到组成。指令指针寄存器用于产生及存放下一条待取指令的地址。指令寄存器用于存放正在执行的指令。

2. 存储器。

（1）存储器的作用及分类。计算机的存储和程序控制两大特点决定了计算机一定要有存储器，存储器的作用是存储计算机工作中需要的程序和数据。

从不同角度可以对存储器进行不同的分类：

按存储器的工作方式分类有：随机读/写存储器、顺序读/写存储器和只读存储器；按存储介质的材料分类有：半导体存储器、磁表面存储器、光存储器；按多层次存储系统的概念，计算机的存储系统由高速缓冲存储器（Cache）、随机存储器（RAM）、只读存储器（ROM）、硬盘存储器、光盘存储器、磁带存储器、优盘存储器等组成。

（2）主存储器。主存储器的作用是在计算机工作中存储正在运行的程序和程序所需要的数据。主存储器一般采用半导体存储器，半导体存储器的参数主要有两个：存储容量和工作频率。与辅助存储器相比，其特点有：容量小、读写速度快、价格高等。主存储器可以由高速缓冲存储器（Cache）、随机读写存储器（RAM）和只读存储器（ROM）等组成。

① 随机读写存储器（RAM）。

RAM 又称内存条（见图 1-7）。断电后 RAM 中的内容全部丢失，既可以读又可以写，速度比 Cache 慢，但比辅存（辅助存储器）快。RAM 可分为静态 RAM（SRAM）和动态 RAM（DRAM）两种。

图 1-7 内存条

② 高速缓冲存储器（Cache）。由于 CPU 工作的速度比 RAM 读写速度快，CPU 读写 RAM 时需要花费时间等待 RAM 进行读写，造成 CPU 工作速度下降。为了提高 CPU 读写程序和数据的速度，在 RAM 和 CPU 之间增加了高速缓存（Cache）部件。

③ 只读存储器（ROM）。特点：数据不易丢失，即使计算机断电后 ROM 存储单元的内容依然保存，计算机运行时其内容只能读出不能写入。只读存储器一般存储计算机系统中固定的程序和数据，如引导程序、监控程序等。

ROM 分为不可擦写的只读存储器（PROM）和可擦写的只读存储器（EPROM）。不可擦写的只读存储器的内容是生产中写入或生产后一次性写入；可擦写只读存储器的内容可多次改写，按其擦除的方法将只读存储器分为紫外线擦除的只读存储器（EPROM）和用电擦除的只读存储器（EEPROM）。

（3）辅助存储器。辅助存储器的作用是存储当前计算机运行中暂不使用的程序和数据。与主存储器相比，它的特点是存储容量大、成本低、存取速度较慢、可以永久地脱机保存信息。

常用的辅助存储器有磁带存储器、软盘存储器、硬盘存储器和光盘存储器。

① 磁带存储器。磁带存储器的特点是信息按顺序读写、不能随机读写、存储容量大、访问速度慢、成本低。

② 硬盘存储器。硬盘（见图 1-8）是一种可移动磁头、固定盘片的磁盘存储器。

硬盘存储器容量＝磁头数×磁道数×每道扇区数×每扇区字节数

图1-8 硬盘

对硬盘分配存储空间时通常用柱面（cylinders）做单位。硬盘是由若干片硬盘片组成的盘片组，人们把一个硬盘中所有面的同一条磁道称为一个柱面。硬盘一般被固定在计算机机箱内，目前大量流行的移动硬盘采用 USB 接口技术，方便携带，容量大（一般在 10G～100G 之间），深受人们喜爱。

与软盘可比，其特点是：容量大、速度快。在使用前先进行格式化，在使用过程中要避免振动，以免损坏盘片造成整个硬盘报废。

③ 光盘存储器。光盘存储器是指利用光学方式进行读写信息的存储器。光盘可以分为只读光盘（CD－ROM）、一次写入型光盘（WROM）和可擦写光盘。光盘片的直径一般为 5.25 英寸，光盘信息记录密度比磁盘高。目前一般用户使用的光盘是 CD－ROM，单片存储容量约为 650MB；CD－ROM 驱动器的速度通常以数据传输速率来衡量。数据传输率以每秒 150KB/s 为一倍速，则四倍速光盘驱动器的数据传输速率为 600KB/s。随着科技的进步，现在容量更大的 DVD 光盘（容量大约 4.7GB），蓝光光盘（容量大约 25GB）也得到了广泛应用。

④ 优盘存储器。优盘（见图 1-9）由于其存储容量大，价格低，使用 USB（通用串行总线）接口，方便携带、体积小等优点受到人们的喜爱。逐渐成为人们使用电脑的必备之物。

图1-9 优盘

第1章 计算机基础知识

3. 输入设备。输入设备是外界向计算机传送信息的装置。在计算机系统中，最常用的输入设备是键盘和鼠标，此外还有如光笔、数字化仪、数码照相机、图像扫描仪等。

（1）键盘。键盘是计算机常见的输入设备之一。通过导线连接到计算机。现在常用的键盘有：104 键盘、多媒体键盘、手写键盘、人体工程学键盘、红外线遥感键盘、无线键盘和笔记本键盘等。键盘接口规格有两种：PS/2 和 USB（见图 1–10）。

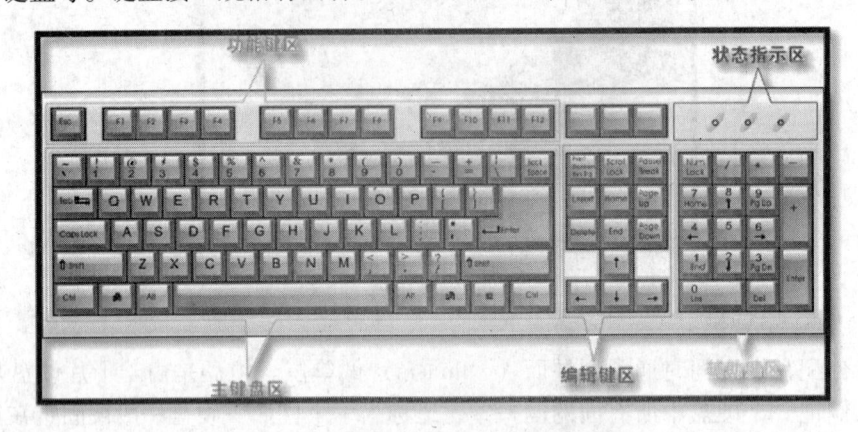

图 1–10　键盘分区

（2）鼠标。鼠标（见图 1–11）分有线和无线两种。也是计算机显示系统纵横坐标定位的指示器，因形似老鼠而得名"鼠标"。"鼠标"的标准称呼应该是"鼠标器"，英文名"Mouse"。鼠标的使用是为了使计算机的操作更加简便，来代替键盘烦琐的指令。

图 1–11　鼠标

鼠标按接口类型可分为串行鼠标、PS/2 鼠标、总线鼠标、USB 鼠标（多为光电鼠标）四种。串行鼠标是通过串行口与计算机相连，有 9 针接口和 25 针接口两种；PS/2 鼠标通过一个六针微型 DIN 接口与计算机相连，它与键盘的接口非常相似，使用时注意区分；USB 鼠标通过一个 USB 接口，直接插在计算机的 USB 口上。

鼠标按其工作原理及其内部结构的不同可以分为机械式、光机式和光电式。

4. 输出设备。输出设备的作用是将计算机中的数据传送到外部媒介，并转化成某种为人们所识别的形式。在微型计算机中，最常用的输出设备有显示器和打印机，还有绘图仪等。

（1）显示器。计算机的显示系统由显示器（见图1-12）、显示卡及相应软件构成。显示器和显示卡构成计算机显示系统的硬件部分。按显示的内容可以分为字符显示器、图形显示器和图像显示器。按显示的颜色分为单色显示器和彩色显示器。按分辨率分为高分辨率、中分辨率和低分辨率显示器。按使用的器件分为液晶显示器（LCD）和阴极射线管显示器（CRT）。

图1-12　显示器

> **相关知识**
> 显示器的扫描方式有两种，即逐行扫描和隔行扫描。逐行扫描优点是图像细腻、无行间闪烁。隔行扫描的优点是可以用一半的数据量实现较高的刷新率。但采用逐行扫描技术图像更清晰、稳定，相比之下，长时间观看眼睛不易产生疲劳感。

（2）打印机。打印机（见图1-13）是最常用的输出设备，一般分为针式打印机、喷墨打印机和激光打印机。

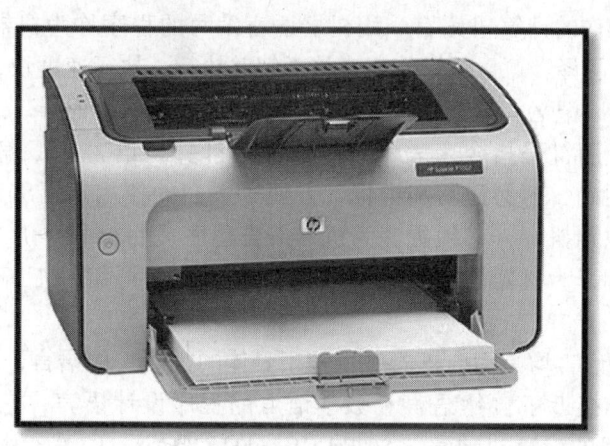

图1-13　打印机

它们所采用的材料分别为色带、墨水和硒鼓。打印机按数据传输方式分为串行打印机和并行打印机。打印机按打印原理分为击打式和非击打式。非击打式打印机有热敏打印机、喷墨打印机、激光打印机等。

5. 系统总线。系统总线是用于连接计算机中各部件（CPU、内存、外设接口等）的一组公共信号线。系统总线由数据总线（DB）、地址总线（AB）和控制总线（CB）等3组信号线组成。数据总线用于传输数据，地址总线用于传输地址，控制总线用于传输控制信号。

> 内部总线是指在 CPU 内部的寄存器之间和算术逻辑部件 ALU 与控制部件之间传输数据的通路；外部总线是指 CPU 与内存和输入/输出设备接口之间进行通讯的通路。在目前的微机系统中，总线采用层次结构，以便满足不同速度的部件，从内到外分成：CPU 内部总线、存储总线、系统总线（I/O 总线）、外部总线，它们的速度依次减慢。

1.2.3 计算机软件系统

计算机软件系统通常分为系统软件和应用软件两大类。

1. 系统软件。系统软件是计算机系统中最靠近硬件的软件，它与具体的应用无关，它的功能主要是对计算机硬件和软件进行管理。系统软件一般包括操作系统、语言处理程序、数据库管理系统等。

（1）操作系统（Operating System，OS）。操作系统是管理和指挥计算机运行的一种大型软件系统，是包在硬件外面的最内层软件，是其他软件运行的基础。目前常用的操作系统主要有：①单用户操作系统。同一时间只能处理一个用户作业，这种操作系统多用于微型计算机上，如 DOS 操作系统。②网络操作系统。管理连接在计算机网络上的多台计算机的操作系统，如 Windows 操作系统、UNIX 操作系统。

（2）语言处理程序。程序设计语言是指用于编写计算机程序的计算机语言。计算机语言按其发展可分为机器语言、汇编语言和高级语言三种。

机器语言（Machine Language）是用二进制代码指令（由0和1组成的计算机可识别的代码）来表示各种操作的计算机语言。用机器语言编写的程序称为机器语言程序。机器语言的优点是它不需要翻译，可以为计算机直接理解并执行，执行速度快，效率高；其缺点是这种语言不直观，难以记忆，编写程序烦琐而且机器语言随机器而异，通用性差。

汇编语言是一种用符号指令来表示各种操作的计算机语言。汇编语言指令比机器语言指令简短，意义明确，容易读写和记忆，方便了人们的使用。汇编语言编写的源程序，不能为计算机直接识别执行，必须翻译为机器语言程序（目标程序）才能为计算机执行。把汇编语言源程序翻译为机器语言目标程序的过程，称为汇编，汇编是由专门的汇编程序完成的。

机器语言和汇编语言均是面向机器（依赖于具体的机器）的语言，统称为低级语言。

高级语言是一种接近于自然语言和数学语言的程序设计语言，它是一种独立于具体的计算机而面向过程的计算机语言，如 BASIC、FORTRAN、C 等。用高级语言编写的程序可以移植到各种类型的计算机上运行（有时要作少量修改）。高级语言的优点是其命令接近人的习惯，它比汇编语言程序更直观，更容易编写、修改、阅读，使用更方便。用高级语言编写的程序也不能直接在计算机上运行，必须将其翻译成机器语言程序才能为计算机所理解并执行，其翻译过程有编译和解释两种方式。解释是对用高级语言编写的源程序逐句进行分析，边解释、边执行并立即得到运行结果。解释过程由计算机执行解释程序自动完成，但不产生目标程序。编译是将高级语言源程序通过编译程序整个翻译成目标程序，然后通过连接程序，把目标程序与库文件连接形成可执行文件，运行时只要输入可执行文件名即可。

执行翻译任务的汇编程序、解释程序和编译程序都属于系统软件。

（3）数据库管理系统（Data Base Management System，DBMS）。数据库是指保存在计算机的存储设备上，并按照某种模型组织起来的，可以被各种用户或应用共享的数据的集合。数据库管理系统是指提供各种数据管理服务的计算机软件系统，这种服务包括数据对象定义、数据存储与备份、数据访问与更新、数据统计与分析、数据安全保护、数据库运行管理以及数据库建立和维护等。随着计算机应用普及的不断扩大以及信息化社会的到来，数据库管理系统的应用重要性越来越突出。

2. 应用软件。软件公司或用户为解决某类应用问题而专门研制的软件称为应用软件。它包括应用软件包和面向问题的应用软件。一些应用软件经过标准化、模块化，逐步形成了解决某些典型问题的应用程序组合，称为软件包（Package）。例如，AutoCAD 绘图软件包、通用财务管理软件包、Office 软件包等。

面向问题的应用软件是指计算机用户利用计算机的软硬件资源为某一专门的目的而开发的软件。例如，科学计算、工程设计、数据处理及事务管理等方面的程序。随着计算机的广泛应用，应用软件的种类及数量将越来越多、越来越庞大。

常见的应用软件有文字处理软件、工程设计绘图软件、办公事务管理软件、图书情报检索软件、医用诊断软件、辅助教学软件、辅助设计软件、网络管理软件和实时控制软件等。

> 本节小结：计算机的硬件系统是组成计算机的物质基础。计算机硬件可分为控制器、运算器、存储器、输入设备和输出设备，各自担负起其独特的作用。计算机的软件系统包括系统软件和应用软件。系统软件主要包括操作系统、语言处理系统等，其中最主要的系统软件是操作系统，应用软件是为解决某类应用问题而专门研制的软件。

1.3 数制与编码

计算机在进行输的计算和处理加工时，内部使用的是二进制。由于我们最熟悉的还是十进制，因此绝大多数计算机终端都能够接受和输出十进制数字。此外，为理解和书写方便，人们常常还会使用八进制和十六进制，但这些最终都要转化为二进制后才能在计算机内部存储和加工。

1.3.1 进位计数制

基本概念。

数制：按进位的原则进行计数，称为进位计数制，简称数制。

基数：如果数制只采用 R（0，1，2，…，R-1）个基本符号，则称为 R 进制，R 称为该数制的基数。如：0，1，2，3，4，5，6，7，8，9，10 个不同的符号来表示数值，称为十进制，10 为十进制的基数。

数码：表示数制的固定基本符号，称为"数码"。如十进制一共有 10 个数码，分别是 0，1，2，3，4，5，6，7，8，9。

位权：表示数制中某一位上的数的数值大小（所处位置的价值）。同一个数码在不同的数位，由于"位权"不同，所代表的数值大小也不同。例如，十进制的 222，最高位的 2 的位权是 100，中间的 2 的位权是 10，最低位的 2 的位权是 1。

位权与基数关系：位权是一个以基数为底的指数函数 R^i（$i = -m \sim n-1$），其中 i 的值以小数点为界，整数自右向左为 0，1，2，…，小数自左向右为 -1，-2，-3，…如十进制数 123.45，可以表示为 $1 \times 10^2 + 2 \times 10^1 + 3 \times 10^0 + 4 \times 10^{-1} + 5 \times 10^{-2}$，这种表示方法称为按权展开。上式中的 10^2，10^1，10^0，10^{-1}，10^{-2}，是各位数码的位权，可以看出，十位、个位、百位和千位上的数码只有乘上它们的位权，才能真正表示它的实际数值。

表 1-2 中十六进制的数字符号除了十进制的 10 个数字符号以外，还使用了 6 个英文字母：A，B，C，D，E，F，它们分别等于 10，11，12，13，14，15。

表 1-2 计算机中常用的几种数制

进位制	基数	基本符号	位权	形式表示
二进制	2	0，1	2^i	B
八进制	8	0，1，2，3，4，5，6，7	8^i	O
十进制	10	0，1，2，3，4，5，6，7，8，9	10^i	D
十六进制	16	0，1，2，3，4，5，6，7，8，9，A，B，C，D，E，F	16^i	H

数制规则：R 进制一定采用"逢 R 进一"的进位规则。如十进制就是"逢十进一"，二进制就是"逢二进一"。例如，二进制 0，1，10，11，100；八进制：1，2，3，4，5，6，7，10，11，…，75，76，77，100。

1.3.2 各种进位制之间相互转换

1. **R 进制转换为十进制**。基数为 R 的数字，只要将 R 进制数按权展开并求和，就能实现对十进制的转换。例如：

$$(234.E)_{16} = (2 \times 16^2 + 3 \times 16^1 + 4 \times 16^0 + 14 \times 16^{-1})_{10}$$

$$= (512 + 48 + 4 + 0.875)_{10}$$
$$= (564.875)_{10}$$
$$(234.4)_8 = (2 \times 8^2 + 3 \times 8^1 + 4 \times 8^0 + 4 \times 8^{-1})_{10}$$
$$= (128 + 24 + 4 + 0.5)_{10}$$
$$= (156.5)_{10}$$
$$(10110.11)_2 = (1 \times 2^4 + 0 \times 2^3 + 1 \times 2^2 + 1 \times 2^1 + 0 \times 2^0 + 1 \times 2^{-1} + 1 \times 2^{-2})_{10}$$
$$= (16 + 4 + 2 + 0.5 + 0.25)_{10}$$
$$= (22.75)_{10}$$

2. 十进制转换为 R 进制。将一个十进制数转换为 R 进制时，要将该数分成整数与小数两个部分分别转换，然后再将所得结果加起来。

将十进制数的整数部分转换成 R 进制采用"除 R 取余头向上"法，即将十进制整数连续地除以 R 取余数，直到小数部分为 0，再由下至上排列所取的余数。

将十进制数的小数部分转成 R 进制数采用"乘 R 取整头向下"法，即将十进制小数不断乘以 R 取整数，直到小数部分为 0 或达到要求的精度为止（小数部分可能永远不会得到 0）；再由上至下排列所得的整数。

例如：将十进制数 225.8125 转换成二进制数。

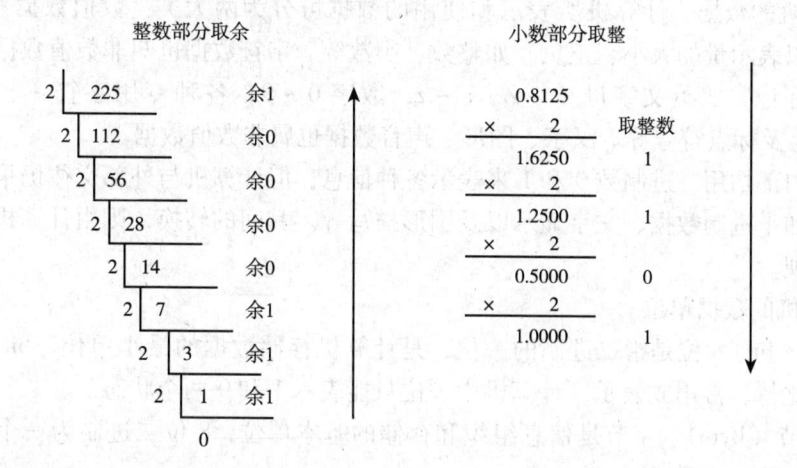

整数部分取余

```
2 | 225    余1
2 | 112    余0
2 |  56    余0
2 |  28    余0
2 |  14    余0
2 |   7    余1
2 |   3    余1
2 |   1    余1
      0
```

小数部分取整

```
   0.8125
×      2         取整数
   1.6250        1
×      2
   1.2500        1
×      2
   0.5000        0
×      2
   1.0000        1
```

转换结果为：$(225.8125)_D \approx (11100001.1101)_B$

3. 二进制、八进制、十六进制的相互转换。二进制数非常适合计算机内部数据的表示何运算，但书写起来位数比较长，如表示一个十进制数 1024，写成等值的二进制数就需要 11 位，很不方便，也不直观。而八进制和十六进制数比等值的二进制数的长度短得多，而且它们之间的转换也非常方便。因此在书写和数据应用中用到二进制数的地方，往往采用八进制数或十六进制数的形式。

（1）二进制转换成八进制或十六进制。由于二进制、八进制和十六进制之间存在特殊关系：$8^1 = 2^3$，$16^1 = 2^4$，即 1 位八进制数相当于 3 位二进制数，1 位十六进制数相当于 4 位二进制数。

根据这种对应关系，二进制数转换成八进制数时，以小数点为中心向左右两边分组，每 3 位为一组，两头不足 3 位补 0，再将该组数视为二进制数，转换成十进制即可。

例如：将二进制数（10101011.110101）₂转变成八进制数。
(010 101 011. 110 101)₂ =（253.65）₈（整数高位补0）
　2   5   3 . 6   5

同样二进制数转换成十六进制数只要4位为一组进行分组即可。
例如：将二进制数（10101011.110101）₂转换成十六进制数。
(1010 1011. 1101 0100)₂ =（AB.D4）₁₆（小数低位补0）
　A   B . D   4

（2）八进制或十六进制转换成二进制

将八进制或十六进制数的每一位都视为一个十进制数，分别转换成3或4位二进制数即可。转换后的每个二进制数不足3或4位数的，在该数最高位前加0。

例如：(2731.62)₈ =（010 111 011 001. 110 010）₂
　　　　　　　　　　2   7   3   1 . 6   2

(2D5C.74)₁₆ =（0010 1101 0101 1100. 0111 0100）₂
　　　　　　　　2   D   5   C . 7   4

1.3.3 数据存储的基本单位和主要技术性能

1. 计算机的数据。计算机所表示和使用的数据可分为两大类：数值数据和字符数据。数值数据用以表示量的大小、正负，如整数、小数等。字符数据也叫非数值数据，用以表示一些符号、标记。如英文字母 A～Z、a～z，数字 0～9，各种专用字符 +、-、*、/、[、]、(、)等及标点符号等。汉字、图形、声音数据也属非数值数据。

计算机内部均用二进制数0和1来表示各种信息，但计算机与外部交往仍采用和便于阅读的形式，如十进制数据、文字显示以及图形描写等。其间的转换，则由计算机系统的硬件和软件来实现。

2. 计算机的数据单位。

（1）位（bit）。位是指二进制的一位，是计算机存储数据的最小单位。bit 是位的英文名成，音译比特，常用 b 表示，计算机中一位只能表示 1 和 0 两个状态。

（2）字节（Byte）。字节是信息组织和存储的基本单位，8 位二进制为一个字节，英文名称 byte。常用 B 表示。

与字节有关的计算机技术指标：

① 存储容量单位。为了便于衡量存储器的大小，存储容量单位统一以字节（Byte，B）为单位。扩展单位有：B、KB、MB、GB、TB。日常平时讲的 256G 硬盘，其中的 G 就是 GB。

$$1KB = 1024B \quad 1MB = 1024KB$$
$$1GB = 1024MB \quad 1TB = 1024GB$$

② 字长。字长是指计算机运算部件一次能同时处理的二进制数据的位数。字长越长，计算机的处理能力就越强，速度越快，能表示的数值范围越大，能表示的数值有效位数也越多，计算的精度也就越高，但硬件方面所需要的逻辑电路就越多，计算机结构也越复杂。

字长通常是字节的整数倍，如 8 位、16 位、32 位，发展到今天的微型机有 64 位，大型机已经可以达到128位。

3. 计算机的主要技术指标。计算机的技术指标影响着它的功能和性能，而计算机的功能和性能有时由其系统结构、硬件组成、指令系统、软件配置等多种因素所决定，全面评价一台计算机的性能，要综合考虑多种指标。下面介绍计算机主要的技术指标。

（1）时钟主频。时钟主频是指CPU的时钟频率，以吉赫兹（GHz）为单位。它的高低一定程度上决定了计算机处理速度的高低。一般说主频越高，微机处理速度越快。由于微处理器发展迅速，微机的主频也在不断提高。

（2）运算速度。计算机的运算速度通常是指每秒钟所能执行加法指令数目。由于微机执行不同的指令所需的时间不同，因此，运算速度有不同的计算方法。过去，常用每秒可执行多少次加法运算表示。而现在常用百万次/秒（Million Instructions Per Second，MIPS）来表示，这种方法根据各种指令使用的频度和每一种指令的执行时间计算得出平均速度，并用此平均速度来衡量微机的运算速度，其中平均运算速度用加权平均法求得。这个指标更能直观地反映机器的速度。

（3）存储容量。存储系统主要包括主存储器（也称内存）和辅助存储器（也称外存）。这里主要指内存储器的容量。微机内存储器可以直接与CPU交换数据。显然，内存容量越大，机器所能运行的程序就越大，处理能力就越强。尤其是当前多媒体PC机应用多涉及图像信息处理，要求存储容量会越来越大，甚至没有足够大的内存容量就无法运行某些软件。目前微机普通主板的内存容量一般为2G。好的主板可以到8G，服务器主板可以到32G。

（4）存取周期。内存储器的存取周期也是影响整个计算机系统性能的主要指标之一。简单讲，存取周期就是CPU从内存储器数据所需的时间。目前，内存的存取周期在7～70ns之间。

此外，计算机的可靠性、可维护性、平均无故障时间和性能价格比也都是计算机的技术指标。

1.3.4 计算机中信息的编码

1. 字符编码。字符包括西文字符（字母、数字、各种符号）和中文字符。由于计算机是以二进制的形式存储和处理的，因此字符也必须按特定的规则进行二进制编码才能进入计算机。字符编码的方法很简单，首先确定需要编码的字符总数，然后将每一个字符按顺序确定顺序编号，编号值的大小无意义，仅作为识别与使用这些字符的依据。字符形式的多少涉及编码的位数，对西文与中文字符，由于形式的不同，使用不同的编码。

（1）西文字符的编码。计算机中最常见的西文字符编码是ASCII（American Standard Code for Information Interchange，美国信息交换标准交换代码），被国际标准化组织指定为国际标准。ASCII码有7位码和8位码两种版本。国际通用的是7位ASCII码，用7位二进制表示一个字符的编码，共有$2^7=128$个不同的编码值，相应可以表示128个不同字符的编码，见表1-3所示。

表 1-3　　　　　　　　　　　7 位 ASCII 字符编码表

$b_3b_2b_1b_0$ \ $b_6b_5b_4$	000	001	010	011	100	101	110	111
0000	NUT	DLE	SP	0	@	P	`	p
0001	SOH	DC1	!	1	A	Q	a	q
0010	STX	DC2	"	2	B	R	b	r
0011	ETX	DC3	#	3	C	X	c	s
0100	EOT	DC4	$	4	D	T	d	t
0101	ENQ	NAK	%	5	E	U	e	u
0110	ACK	SYN	&	6	F	V	f	v
0111	BEL	ETB	,	7	G	W	g	w
1000	BS	CAN	(	8	H	X	h	x
1001	HT	EM	)	9	I	Y	i	y
1010	LF	SUB	*	:	J	Z	j	z
1011	VT	ESC	+	;	K	[	k	{
1100	FF	FS	,	<	L	\	l	|
1101	CR	GS	-	=	M	]	m	}
1110	SO	RS	.	>	N	↑	n	~
1111	SI	US	/	?	O	—	o	DEL

表 1-3 中对大小写英文字母、阿拉伯数字、标点符号及控制符等特殊符号规定了编码，表中每个字符都对应一个数值，称为该字符的 ASCII 码值。其排列次序为 $b_6b_5b_4b_3b_2b_1b_0$，b_6 为最高位，b_0 为最低位。

在这些字符中，0~9、A~Z、a~z 都是顺序排列的，且小写比大写字母的码值大 32，即位值 b5 为 0 或 1，这有利于大、小写字母之间的编码转换。有些特殊的字符编码是容易记忆的。如：

"a" 字符编码为 1100001，对应的十进制数是 97；则 "b" 的编码是 98。
"A" 字符编码为 1000001，对应的十进制数是 65；则 "B" 的编码是 98。
"0" 字符编码为 0110000，对应的十进制数是 48；则 "1" 的编码是 49。

计算机的内部用一个字节（8 二进制）存放一个 7 位 ASCII 码，最高位是 0。

(2) 中文字符。ASCII 码只对英文字母、数字和标点符号作了编码。为了使计算机能够处理、显示、打印、交换汉字字符等，同样也需要对汉字进行编码。我国于 1980 年发布了国家汉字编码标准 GB2312—80，全称是《信息交换用汉字编码字符集——基本集》（简称 GB 码）。根据统计，把最常用的 6763 个汉字分成两级：一级汉字有 3755 个，按汉语拼音排列；二级汉字有 3008 个，按偏旁部首排列。由于一个字节只能表示 256 种编码，所以一个国标码必须用两个字节来表示。为避开 ASCII 表中的控制码，只选取了 94 个编码位置，所以代码表分 94 个区和 94 个位。由区号和位号（区中的位置）构成了区位码。

为了与 ASCII 码兼容，汉字输入区位码和国标码之间有一个转换关系。具体方法是：将一个汉字的十进制区号和十进制位号分别转换成十六进制；然后再分别加上 20H（十进制就是32，因是非图形字符码值），就成为汉字的国标码。例如：

汉字"中"

区位码　5448D　　3630H =（00110110　00110000）$_2$

国标码　5650H　　3630H + 2020H =（01010110　01010000）$_2$

　　　　　　　　　　　　　　= 8680D（5448区位分别加32）

世界上使用汉字的地区除了中国内地，还有中国台湾及港澳地区、日本和韩国，这些地区和国家使用了与中国内地不同的汉字字符集。中国台湾、香港等地区使用的汉字是繁体字即BIG5码。

1992年通过的国标标准ISO10646，定义了一个用于世界范围各种文字及各种语言的书面形式的图形字符集，基本上收全了上面国家和地区使用的汉字。

GB2313—80中因有许多汉字没有包括在内，为此有了GBK编码（扩展汉字编码），它是对GB2312—80的扩展，共收录了21003个汉字，支持国际标准ISO10646中的全部中日韩汉字，也包括了BIG5（台港澳）编码中的所有汉字。GBK编码于1995年12月发布。目前Windows95以上的版本都支持GBK编码，只要计算机安装了多语言支持功能，几乎不需要任何操作就可以在不同的汉字系统之间自由变换。"微软拼音""全拼""紫光"等几种输入法都支持GBK字符集。2001年我国发布了GB18030编码标准，它是GBK的升级，GB18030编码空间约为160万码位，目前已经纳入编码的汉字约为2.6万个。

（3）汉字的处理过程。从汉字编码的角度看，计算机对汉字信息的处理过程实际上是各种汉字编码间的转换过程。这些编码主要包括：汉字输入码、汉字内码、汉字地址码、汉字字型码等。从图1-14中可以看到，通过键盘输入汉字的输入码（拼音或五笔），计算机将其转换为相应的国标码，然后再转为机内码，就可以在计算机内存储和处理了。输出汉字时，先将汉字的机内码通过简单的对应关系转换为相应的汉字地址码，然后通过其对汉字库进行访问，从字库中提取出汉字的字形码，显示和打印出汉字。

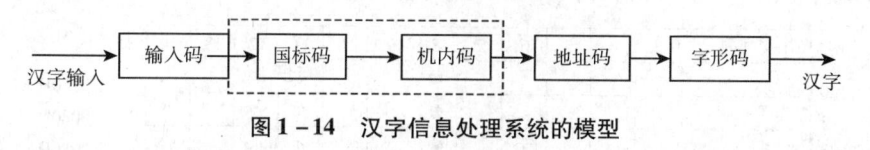

汉字输入 → 输入码 → 国标码 → 机内码 → 地址码 → 字形码 → 汉字

图1-14　汉字信息处理系统的模型

① 汉字输入码。为将汉字输入计算机而编制的代码称为汉字输入码，也叫外码。是利用计算机标准键盘上按键的不同排列组合来对汉字的输入进行编码。目前汉字输入编码法的研究发展迅速，已有几百种汉字输入编码法。一个好的输入编码应是：编码短，可以减少击键的次数；重码少，可以实现盲打；好学好记，可以便于学习和掌握。但目前还没有一种全部符合上述要求的汉字输入编码法。目前的输入法大致有：音码、形码、语音、手写输入或扫描输入等。实际上，区位码也是一种输入法，其最大优点是一字一码的无重码输入法，最大的缺点是难以记忆。

可以想象，对于同一个汉字，不同的输入法有不同的输入码。例如："中"字的全拼输入码是"zhong"，其双拼输入码是"vs"，而五笔形的输入码是"kh"。这种不同的输入码通过输入字典转换统一到标准的国标码之下。

② 汉字内码。汉字内码是为在计算机内部对汉字进行存储、处理的汉字代码，它应能满足存储、处理和传输的要求。当一个汉字输入计算机后转换为内码，然后才能在机器内传

输、处理。汉字内码的形式也有多种多样。目前，对应于国标码，一个汉字的内码用2个字节存储，并把每个字节的最高二进制位置"1"作为汉字内码的标识，以免与单字节的ASCII码产生歧义。如果用十六进制来表述，就是把汉字国标码的每一个字节加一个80_H（即二进制数10000000）。所以，汉字的国标码与其内码有下列关系：

汉字的内码 = 汉字的国标码 + 8080_H

例如，在前面已知"中"字的国标码为5650_H，则根据上述公式得：

"中"字的内码 = "中"字的国标码 5650_H + 8080_H = $D6D0_H$

由此看出：英文字符的机内编码是7位ASCII码，一个字节的最高位为0。每个西文字符的ASCII码值均小于128。为了与ASCII码兼容，汉字用两个字节来存储，区位码再分别加上20H，就称为汉字的国标码。在计算机内部为了能够区分是汉字还是ASCII码，将国标码每个字节的最高位由0变为1（也就是说机内码的每个字节都大于128），变换后的国标码称为汉字的内码。

③汉字地址码。汉字地址码是指汉字库（这里主要指整字形的点阵式字模库）仲存储汉字字形信息的逻辑地址码。需要想输出设备输出汉字时，必须通过地址码。汉字库中，字形信息都是按一定顺序（大多数按标准汉字交换码中汉字的排列顺序）连续存放在存储介质上，所以汉字地址码也大多是连续有序的，而且与汉字内码间有着简单的对应关系，以简化汉字内码到汉字地址码的转换。

④汉字字形码。经过计算机处理的汉字信息，如果要显示或打印出来阅读，则必须将汉字内码转换成人们可读的方块汉字。汉字字形码又称汉字字模，用于汉字在显示屏或打印机输出。汉字字形码通常有两种表示方式：点阵和矢量表示方式。

用点阵表示字形时，汉字字形码指的就是这个汉字字形点阵的代码。根据输出汉字的要求不同，点阵的多少也不同。简易型汉字为16×16点阵，普通型汉字为24×24点阵，提高型汉字为32×32点阵、48×48点阵，等等。图1-15显示了"次"字的16×16字形点阵和代码。

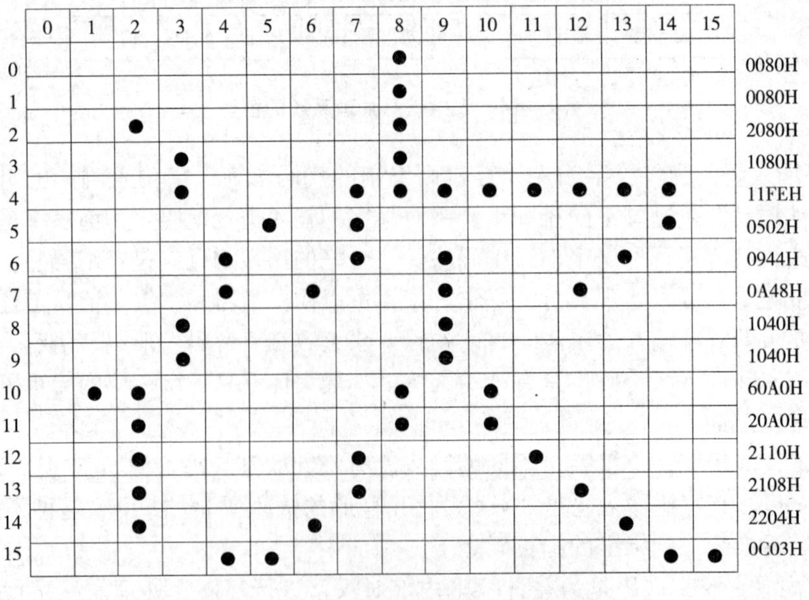

图1-15 汉字字形点阵机器编码实例

在一个 16×16 的网格中用点描出一个汉字,如"次"字,整个网格分为 16 行 16 列,每个小格用 1 位二进制编码表示,有点的用"1"表示,没有点的用"0"表示,这样,从上到下,每一行需要 16 个二进制位,占两个字节。如第一行的点阵编码是 0080H,描述整个汉字的字形需要 32 个字节的存储空间。汉字的点阵字形编码仅用于构造汉字的字库,一般对应不同的字体(如宋体、楷体、黑体),有不同的字库,字库中存储了每个汉字的点阵代码。自模点阵只能用来构成"字库",而不能用于机内存储。输出汉字时,先根据汉字内码从字库中提取汉字的字形数据,然后根据字形数据显示和打印出汉字。

点阵规模愈大,字形愈清晰美观,所占存储空间也愈大。两级汉字大约占用 256KB。缺点是字形放大后产生的效果差。

矢量表示方式存储的是描述汉字字形的轮廓特征,当要输出汉字时,通过计算机的计算,由汉字字形描述生成所需大小和形状的汉字点阵。矢量化字形描述与最终文字显示的大小、分辨率无关,因此可产生高质量的汉字输出。Windows 中使用的 TrueType 技术就是汉字的矢量表示方式,解决了汉字点阵字形放大后出现锯齿现象的问题。

2. 其他汉字内码。GB2312 国标码只能表示和处理 6763 个汉字,为了统一地表示世界各国、各地区的文字,便于全球范围的信息交流,各级组织公布了各种汉字内码。

(1)GBK 码(扩充汉字内码规范)是我国制定的,对多达 2 万余的简、繁汉字进行了编码,是 GB 码的扩充。这种内码仍以 2 字节表示一个汉字,第一个字节为 81H~FEH,第二个字节为 40H~FEH。虽然第二个字节的最左边不一定是 1,但因为汉字内码总是 2 字节连续出现的,所以即使与 ASCII 码混合在一起,计算机也能够加以正确区别。简体版中文 Windows95/98/2000/XP 使用的是 GBK 内码。

(2)UCS 码(通用多八位编码字符集)是国际标准化组织(ISO)为各种语言字符制定的编码标准。ISO/IEC10646 字符集中的每个字符用 4 个字节(组号、平面号、行号和字位号)唯一地表示,第一个平面(00 组中的 00 平面)称为基本多文种平面(BMP),包含字母文字、音节文字以及中、日、韩(CJK)的表意文字等。

(3)Unicode 码是另一个国标编码标准,采用双字节编码统一地表示世界上的主要文字,其字符集内容与 UCS 的 BMP 相同。目前,在网络、Windows 系统和很多大型软件中得到应用。

(4)BIG5 是目前中国台湾、香港地区普遍使用的一种繁体汉字的编码标准。繁体版中文 Windows95/98/2000/XP 使用的是 BIG5 内码。

1.4 多媒体技术简介

多媒体技术是一门跨学科的综合技术,它使得高效而方便地处理文字、声音、图像和视频等多媒体信息成为可能。

1.4.1 多媒体的特征

多媒体技术（Multimedie Technology），就是将文本、图形、图像、动画、视频和音频等形式的信息，通过计算及处理，是多种媒体建立逻辑连接，集成为一个具有实时性和交互性的系统化表现信息的技术。简而言之，多媒体技术就是综合处理图、文、声、像信息，并使之具有集成性和交互性的计算机技术。

1. 多样性。多媒体信息是多样化的，同样媒体的输入、传播、再现和展示手段也是多样化的。多媒体技术使人们的思维不再局限于顺序、单调和狭小的范围，扩大了计算机能处理的信息空间，是计算机不再局限于处理数值、文本等。

2. 交互性。是指用户可以与计算机的多种信息媒体进行交互操作，使用户可以主动地编辑、处理各种信息，为用户提供了更加有效地控制和使用信息的手段。交互性是多媒体技术的关键特征。

3. 集成性。多媒体技术中集成了许多单一的技术，如图像处理技术、声音处理技术等。多媒体能以计算机为中心综合处理多种信息媒体，它包括信息媒体的集成和处理这些媒体的设备的集成。对于用户而言，它们是集成一体的，可以统一获取、存储、组织和合成。

4. 实时性。多媒体系统提供了对声音、图像、视频等媒体实时处理和控制的能力。多媒体系统的一个基本特征就是能够综合地处理信息时有着严格的时序要求和很高的速度要求。在许多方面，实时性已经成为多媒体系统的关键技术。

1.4.2 多媒体的基本类型

1. 图像。图像是多媒体中最基本、最重要的数据。表达或生成图像通常有两种方法：位图法和矢量图法。

位图，也叫做点阵图、像素图，简单地说，就是由像素的单个点构成的图。这些点可以进行不同的排列和染色以构成图样。特点是只要有足够多的不同色彩的像素，就可以制作出色彩丰富的图像，逼真地表现自然界的景象，但是缩放会失真。常用格式有 .BMP、.GIF、.JPG、.PSD 等。

矢量图，也叫做向量图，简单地说，就是缩放不失真的图像格式。矢量图是通过多个几何对象的组合生成的，对其中的每一个对象的记录方式，都是以数学函数来实现的。所以，即使对画面进行倍数相当大的缩放，其显示效果仍然不会变形失真，和分辨率无关。并且文件占用内在空间较小，常用格式有 .AI、.CDR、.FH 等。

2. 声音。声音是一种重要的媒体，其种类繁多，如人的语言、动物的声音、乐器声、机器声等。

声音的文件格式有很多种，常用的主要有：

WAV 文件：是对声音信号进行采样、量化后生成的声音文件。通常文件较大，多用于存储剪短的声音片段。

MPEG 文件：其中 MP3 因为其压缩比高、音质接近 CD、制作简单等优点，被广泛使用，是目前最流行的音频格式。但是音质稍差于 WAV 文件。

MIDI 文件：乐器数字接口文件，要比 WAV 文件小很多，但是整体效果不如 WAV 文件，播放效果比较依赖于播放文件的硬件质量。

3. 动画。动画是利用人的视觉暂留特性，以每秒 25 幅以上的速度快速播放一系列连续图像，显示在人眼中的就是连续的画面。.swf 是比较常用的动画格式。

4. 视频影像。视频影像具有时序性与丰富的信息内涵，类似于电影电视，有声有色，在多媒体中充当了重要的角色。常用的格式：

.avi 文件：Windows 操作系统中数字视频文件的标准格式。

.mov 文件：QuickTime 视频处理软件所采用的视频文件格式，画面质量好于.avi 文件。

.wmv 文件：是微软推出的视频文件格式，是 Windows Media 的核心。

.asf 文件：是高级流格式，主要优点包括本地或网络回放、可扩充的媒体类型、部件下载以及扩展性好等。

> 本节小结：多媒体的数据类型主要包括文本、图像、声音、动画和视频。每一个类型都包括有多种的文件格式，我们可用通过文件格式来判断多媒体数据的类型。通过本节，希望同学们能了解各种常用的多媒体数据文件，加强对多媒体技术的认识。

1.4.3 典型的多媒体硬件设备

典型的多媒体硬件设备主要包括有光驱、光碟、音频卡、视频卡、扫描仪、数码相机和数码摄像机，本节主要介绍各种多媒体硬件设备的作用与分类。

1. 光驱。光驱（见图 1-16）是台式机里比较常见的一个配件。随着多媒体的应用越来越广泛，使得光驱在台式机诸多配件中的已经成标准配置。目前，光驱可分为 CD-ROM 光驱、DVD-ROM 光驱、康宝（COMBO）和刻录机等。

图 1-16 CD-ROM 光驱

2. 光碟。光碟（Compact Disc）（见图 1-17），又称激光光碟，近代发展起来不同于磁性载体的光学存储介质，用聚焦的氢离子激光束处理记录介质的方法存储和再生信息。

由于软盘的容量太小，光盘凭借大容量得以广泛使用。我们听的 CD 是一种光盘，看的 VCD、DVD 也是一种光盘。CD 光盘的最大容量大约是 700MB，DVD 光盘容量大约为 4.7GB，双层 DVD 光盘容量大约为 8.5G。

图 1-17　CD 刻录光盘

相关知识

蓝光（Blu-ray）或称蓝光盘（Blu-ray Disc，BD）利用波长较短（405nm）的蓝色激光读取和写入数据，并因此而得名。蓝光极大地提高了光盘的存储容量。蓝光 DVD 单面单层盘片的存储容量被定义为 23.3GB、25GB 和 27GB。

3. 音频卡的概念。音频卡（见图 1-18）是处理各种类型数字化声音信息的硬件，多以插件的形式安装在微机的扩展槽上，也有的与主板做在一起。音频卡又称声音卡，简称声卡。

音频卡的主要功能包括录制与播放、编辑与合成处理、MIDI 接口。

图 1-18　板卡式音频卡

4. 视频卡的概念。视频卡（见图 1-19）又叫视频采集卡，是将模拟摄像机、录像机、LD 视盘机、电视机输出的视频信号等输出的视频数据或者视频音频的混合数据输入计算机，并转换成可辨别的数字数据，存储在计算机中，成为可编辑处理的视频数据文件。

5. 扫描仪。扫描仪（见图 1-20）是一种计算机外部仪器设备，通过捕获图像并将之转换成计算机可以显示、编辑、储存和输出的数字化输入设备。对照片、文本页面、图纸、美术图画、照相底片、菲林软片，甚至纺织品、标牌面板、印制板样品等三维对象都可作为扫描对象，提取和将原始的线条、图形、文字、照片、平面实物转换成可以编辑及加入文件中的装置。

图1-19　板卡式视频卡

图1-20　平板式扫描仪

6. 数码相机（Digital Camera，DC）。数码相机（图1-21）是一种利用电子传感器把光学影像转换成电子数据的照相机。数码相机的传感器是一种光感应式的电荷耦合器（CCD）或互补金属氧化物半导体（CMOS）。数码相机采用的存储方式一般为闪存卡。

数码相机是集光学、机械、电子一体化的产品。它集成了影像信息的转换、存储和传输等部件，具有数字化存取模式，与计算机交互处理和实时拍摄等特点。光线通过镜头或者镜头组进入相机，通过成像元件转化为数字信号，数字信号通过影像运算芯片储存在存储设备中。

7. 数码摄像机（Digital Video，DV）。数码摄像机（见图1-22）就是DV，译成中文就是"数字视频"的意思，它是由索尼、松下、JVC、夏普、东芝和佳能等多家著名家电公司联合制定的一种数码视频格式。然而，在绝大多数场合DV则是代表数码摄像机。数码摄像机和数码相机的传感器是一样的，广泛使用的是电荷耦合（CCD）元件，也有的使用互补金属氧化物导体（CMOS）器件。

图1-21 单反数码相机

图1-22 硬盘式数码摄像机

1.4.4 多媒体的应用软件简介

多媒体应用软件包括有音频应用软件、图像应用软件和视频应用软件，针对每个方向选取一个主流的软件进行讲解，介绍软件的基本功能和操作方法。

1. 音频应用软件简介——GoldWave。GoldWave 是一款功能强大的数码录音及编辑软件，可以对音乐进行播放、录制、编辑以及转换格式等处理。GoldWave 的操作简便，拥有直观、可定制的用户界面，软件内置多种声音效果。GlodWave 的界面如图1-23所示。

2. 图像处理软件简介——ACDsee。ACDsee9.0 是一款集图片管理、浏览、简单编辑于一身的强大图像管理软件，如图1-24所示，对于一般的初学者来说，该软件完全能够胜任你管理、浏览图片，同时还可以对图片进行简单的编辑，功能强大而又简单易学。

ACDsee9.0 支持所有常用的图片格式，包括有 BMP、JPEG、GIF、PNG、PSD、TGA、TIFF 等。利用 ACDsee9.0 能使图片格式互相进行转换。

3. 视频应用软件简介——Windows Media Player。原来作为 Windows 组件的媒体播放程序——Windows Media Player 升级到9.0后已经发展成为一个全功能的网络多媒体播放软件，

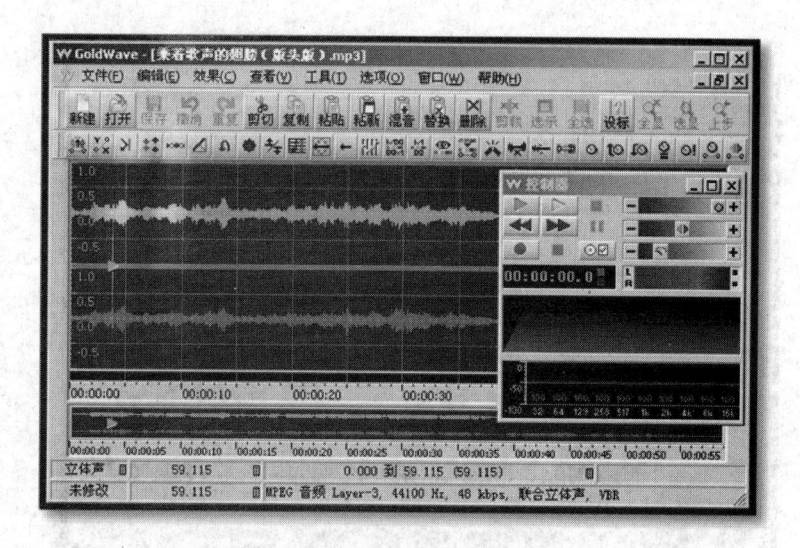

图 1-23 GlodWave 的界面

图 1-24 ACDsee

如图 1-25 所示。提供了最广泛最流畅的网络媒体播放方案。该软件支持目前大多数流行的文件格式，能够播放最新的 MPEG-4 格式的文件。

Windows Media Player 9.0 的界面现代、精美，它可以播放 CD 歌曲、VCD 和 DVD 视频文件，所支持的文件格式包括：WAV、MP3、MPG、AVI、QuickTime Files、Real Media Files 等。

图1-25 Windows Media Player 界面

> 本节小结：多媒体技术已经广泛应用于我们的日常生活之中，主要包括有文字、图像、动画、声音和视频五个类型。多媒体技术包括有多媒体硬件设备和多媒体软件程序，要掌握好多媒体技术必须经常了解硬件的发展方向和软件的操作技巧，能灵活使用计算机处理文字、图像、动画、声音和视频文件。

1.5 计算机的安全使用

随着信息技术的逐渐普及，计算机及计算机网络在日常生活中扮演着越来越重要的角色，人们越来越离不开它们了。那么计算机及计算机网络在使用方面的操作就更加重要了，这些操作直接关系着计算机及计算机网络的信息安全。

1.5.1 计算机日常使用安全

1. 使用计算机的注意事项。计算机作为日常生活中必不可少的一部分已经进入了千家万户，由于使用者对计算机的熟悉程度不同，所以操作计算机给不同程度的用户带来了不同的问题，那么在使用计算机的时候应该注意如下事项：

（1）打开计算机时，先接通显示器的电源，最后再打开主机开关。

（2）尽量避免频繁开关机；关机以后，应至少等待30秒再开机。

（3）注意不要开机状态时搬动计算机；即使在关机以后也不要马上搬动计算机，至少等待1分钟后，等硬盘等部件完全停止工作后再移动。

（4）切勿将水或其他液体泼洒到计算机上，一旦不小心发生这种情况，应立即断掉计算机电源。

（5）不要将计算机放在靠近热源的地方；不要让阳光直射计算机；在使用计算机过程中千万不要用其他物体堵塞主机、显示器等部件的散热孔。

（6）不要将计算机或磁盘放在靠近磁场的地方。建议音箱与显示器的距离不小于10厘米。

（7）一定不要在没有切断电源的情况下对机箱背板上的各连线进行插拔。

（8）长时间工作在灰尘密度大的环境中会使光盘驱动器的读盘能力大大减退，注意光盘驱动器的清洁。

（9）使用音箱时应注意音量不可过大，音量大小以不破坏音质为原则，否则可能损坏功率放大电路和喇叭而造成音质永久性损坏。

（10）一定不要使用来路不明的软盘或光盘，以免感染病毒而造成不可挽回的损失。不要随便删除硬盘上你不了解的文件，否则容易使你的计算机运行异常甚至瘫痪。

（11）在计算机内一定要安装杀毒软件，并随时更新杀毒软件，定期用杀毒软件对计算机进行全盘扫描，检测并清除计算机内的病毒。

（12）定期升级系统安全补丁，定期使用系统克隆软件，如 Ghost 等，对计算机的操作系统进行备份，这样可以保证计算机的操作系统崩溃后，可以在最短的时间内进行系统恢复。

2. 安全使用计算机网络。Internet 是 20 世纪最伟大的发明之一，是由成千上万个计算机内网络组成的，覆盖范围从大学校园网、商业公司的局域网到大型的在线服务提供商，几乎涵盖了社会的各个应用领域（如政务、军事、科研、文化、教育、经济、新闻、商业和娱乐等）。人们只需要用鼠标和键盘，就可以从互联网上找到所需要的任何信息，可以和世界另一端的人们沟通交流。互联网已经深深地影响和改变了人们的工作、生活方式，并正以极快的速度在不断发展和更新。

在网络广泛使用的今天，我们更应该了解网络安全，做好防范措施，提高网络信息的保密性、完整性和可用性。影响计算机网络的因素很多，人为的或非人为的，有意地或恶意的等等。那么安全使用计算机网络可以从以下几个方面着手：

（1）杜绝人为的疏忽。包括失误、失职或误操作等，这些可能是工作人员对安全的配置不当，不注意保密工作，密码选择不慎重等造成的。

（2）防范人为的恶意攻击。这是网络安全的最大威胁，敌意的攻击和计算机犯罪就是这个类别。这种破坏性最强，可能造成极大的危害，导致机密数据的泄露。如果涉及的是金融机构则很可能导致破产，也给社会带来震荡。

（3）安装并随时更新网络防火墙和病毒防火墙。网络防火墙主要对网络连接进行监控，从而达到防止非法入侵的目的。病毒防火墙就是通过在网络数据的传输中对数据进行实时扫描监控，达到截获大多数已知病毒的目的。

（4）随时给系统和网络软件升级最新补丁。在第一时间给操作系统、网络软件升级最新的补丁程序，这样可以保证操作系统和网络软件的安全性更好，最大限度地避免通过系统或网络软件的漏洞对系统攻击，保证数据的安全。一般通过安装 360 安全卫士可以扫描到系统漏洞和网络软件漏洞，并提供下载补丁的链接。

（5）严格遵守相关的法律法规。为了保证互联网的安全和规范，我国制定了相关法律法规来规范互联网的使用，如《中华人民共和国电子签名法》、《全国人大常委会关于维护互联网安全的决定》等。

1.5.2 计算机病毒及防治

什么是计算机病毒？至今众说纷纭，莫衷一是。

Fred. Cohen 首先提出，"病毒程序通过修改（操作）而传染其他程序，即修改其他程序使之含有病毒精确版本、变种或其他的病毒衍体。病毒可看作攻击者愿意使用的任何代码的携带者。病毒中的代码，可经由系统或网络进行扩散，从而强行修改程序和数据。"

20世纪60年代，被称为计算机之父的数学家冯·诺依曼也在其遗著《计算机与人脑》中，详细论述了程序能够在内存中进行繁殖活动的理论。

计算机病毒的出现和发展是计算机软件技术发展的必然结果。

1. 计算机病毒的特点。当前，计算机安全的最大威胁是计算机病毒，计算机病毒实质上是一种特殊的计算机程序。这种程序具有自我复制能力，可非法入侵而隐藏在存储媒体中的引导部分、可执行程序或数据文件中。当病毒被激活时，源病毒能把自身复制到其他程序体内，影响和破坏程序的正常执行和数据的正确性。有些恶性病毒对计算机系统具有极大的破坏性。计算机一旦感染，病毒就可能迅速在计算机或信息网络中传播蔓延。

各个国家对计算机病毒的定义各有不同，在我国的《中华人民共和国计算机信息系统安全保护条例》中计算机病毒被明确定义为："指编制或者在计算机程序中插入的破坏计算机功能或者破坏数据，影响计算机使用并且能够自我复制的一组计算机指令或者程序代码。"

计算机病毒一般具有如下主要特点：

（1）寄生性。计算机病毒是一种特殊的寄生程序。不是一个通常意义下的完整的计算机程序，而是寄生在其他可执行程序中，因此，它能享有被寄生的程序所能得到的一切权利。

（2）破坏性。破坏是广义的，不仅仅指破坏系统，删除或修改数据，甚至格式化整个硬盘，而且包括占用系统资源，降低计算机运行效率等。

（3）传染性。计算机病毒不但本身具有破坏性，更有害的是具有传染性，一旦病毒被复制或产生变种，其速度之快令人难以预防。计算机病毒会通过各种渠道，如光盘、软盘、U盘或计算机网络等，从已被感染的计算机扩散到未被感染的计算机，在某些情况下造成被感染的计算机工作失常甚至瘫痪。

传染性是病毒的基本特征。是否具有传染性是判别一个程序是否为计算机病毒的最重要条件。

（4）潜伏性。病毒程序通常短小精悍，寄生在别的程序上使其难以被发现。在外界激发条件出现之前，病毒可以在计算机内的程序中潜伏、传播，而不被人发现。潜伏性愈好，其在系统中的存在时间就会越长，病毒的传染范围就会越大。

（5）隐蔽性。计算机病毒具有很强的隐蔽性，有的可以通过病毒软件检查出来，有的根本就查不出来，有的时隐时现、变化无常，这类病毒处理起来通常很困难。

当运行受感染的程序时，病毒程序能首先获得计算机系统的监控权，进而能监视计算机的运行，并传染其他程序。不到发作时机，整个计算机系统看上去一切正常。其隐蔽性使广大计算机用户对病毒失去应有的警惕性。

(6) 可触发性。病毒因某个事件或数值的出现，诱使其实施感染或进行攻击的特性称为可触发性。为了隐蔽自己，病毒必须潜伏，少做动作。如果完全不动，一直潜伏的话，病毒既不能感染也不能进行破坏，便失去了杀伤力。病毒既要隐蔽又要维持杀伤力，它必须具有可触发性。

病毒的触发机制就是用来控制感染和破坏动作的频率的。病毒具有预定的触发条件，这些条件可能是时间、日期、文件类型或某些特定数据等。病毒运行时，触发机制检查预定条件是否满足，如果满足，启动感染或破坏动作，使病毒进行感染或攻击；如果不满足，则使病毒继续潜伏。

2. 计算机病毒的分类。目前，常见的计算机病毒按其感染的方式，可以分为如下几类：

(1) 引导区型病毒。通过读优盘、光盘（CD-ROM）及各种移动存储介质感染引导区型病毒，感染硬盘的主引导记录（MBR），当硬盘主引导记录感染病毒后，病毒就企图感染每个插入计算机进行读写的移动存储介质的引导区。这类病毒常常将其病毒程序替代主引导记录中的系统程序。引导区病毒总是先于系统文件装入内存，获得控制权并进行传染与破坏。

主引导记录病毒感染硬盘的主引导区，如大麻病毒、2708 病毒、火炬病毒等；分区引导记录病毒感染硬盘的活动分区引导记录，如小球病毒、Girl 病毒等。

(2) 文件型病毒。文件型病毒主要感染扩展名为 .COM, .EXE, .SYS, .BIN, .OVL 等可执行文件。该病毒通常寄生在文件的首部或尾部，并修改程序的第一条指令。当染毒程序执行时就先跳转去执行病毒程序，进行传染或破坏。这类病毒只有当带毒程序执行时，才能进入内码，一旦符合病毒的激发条件，它就发作。

典型的文件病毒代表-CIH 病毒，该病毒发作时硬盘数据、硬盘主引导记录、系统引导扇区、文件分配表被覆盖，造成硬盘数据特别是 C 盘数据丢失，并破坏部分类型的主板上的 BIOS 导致计算机无法使用，是一种既破坏软件又破坏硬件的恶性病毒。

(3) 混合型病毒。混合型病毒既可以传染磁盘的引导区，也可以传染可执行文件，兼有引导区型病毒和文件型病毒的特点。这类病毒的破坏性更大，传染的机会更多，杀灭病毒也更难。

常见的混合型病毒有 Flip 病毒、新世际病毒、One-half 病毒等。

(4) 宏病毒。宏病毒与上述其他病毒不同，它不感染程序，只感染 Microsoft Word 文档文件（DOC）和模板文件（DOT），与操作系统没有特别的关联。它们大多以 Visual Basic 或 Word 提供的宏程序设计语言编写，比较容易制造。它能通过移动介质中文档的复制、E-mail 下载 Word 文档附件等途径传播。当对感染宏病毒的 Word 文档进行操作时（如打开文档、保存文档、关闭文档等操作），它就进行破坏和传播。

Word 宏病毒的主要破坏表现有：不能正常打印；封闭或改变文件名称或存储路径，删除或随意复制文件；封闭有关菜单；最终导致无法正常编辑文件。如 TaiwanNo.1 Macro 病毒每月 13 日发作，发作时 WORD 中所有编写工作无法进行。

(5) 网络病毒或 Internet 病毒。网络病毒是指在计算机网络中传播、复制及破坏的病毒。它是计算机技术和网络普及发展到一定阶段的必然产物，其具有扩散速度快、范围广、难以彻底清除、破坏性大、激发条件多样化、具有复发性等特点。网络病毒大多是通过E-mail或网络文件下载进行传播的。

如果网络用户收到来历不明的E-mail，不小心执行了附带的"黑客程序"，该用户的计算机系统就会被偷偷修改注册表信息，"黑客程序"也会悄悄地隐藏在系统中。当用户再次运行Windows时，"黑客程序"就会驻留在内存中，一旦该计算机联入网络，远方的"黑客"就可以监控该计算机系统，从而"黑客"可以取得该计算机系统的最高控制权。常见的"黑客程序"有：BO（Back Orifice）、Netbus、Netspy、Backdoor等。

蠕虫病毒以尽量多地复制自身（像虫子一样大量繁殖）而得名，大多感染计算机和占用系统或网络资源，造成计算机和服务器负荷过重反应迟钝而无法正常运行，甚至有可能导致网络系统瘫痪。该病毒发作时不一定马上删除计算机内的数据而让你发现，其隐蔽性较强。比如著名的爱虫病毒和尼姆达病毒。

3. 计算机感染病毒的常见症状。计算机病毒一般情况下很难发现，但是，计算机病毒感染计算机的时候会对系统造成一定的影响，只要细心观察计算机的运行状况，还是可以发现计算机感染病毒的一些异常情况的。例如：

（1）磁盘文件数目无故增多。
（2）系统的内存空间明显变小。
（3）系统的磁盘空间明显变小。
（4）文件的日期或时间值被修改成新近的日期或时间（不是用户自己修改的）。
（5）感染病毒后的可执行文件的长度通常会增加。
（6）正常情况下可以运行的程序却突然因内存区不足而无法装入。
（7）程序加载时间或程序执行时间比正常时的明显变长。
（8）显示器上经常出现一些莫名其妙的信息或异常现象。
（9）经常出现丢失文件、文件被破坏或部分文档被加密码。
（10）自动发送电子邮件或自动链接到一些陌生的网站。
（11）计算机突然变得迟钝起来，反应缓慢，出现蓝屏甚至死机。
（12）计算机经常出现死机或不能正常启动的现象。
（13）计算机的外设经常出现异常现象，如打印机无法正常打印等。

随着制造病毒和反病毒双方较量的不断深入，病毒制造者的技术越来越高，病毒的欺骗性、隐蔽性也越来越好，更不容易被用户发现。只有在实践中细心观察才能发现计算机的异常现象。

4. 计算机病毒的防范。在计算机病毒数量日增几百、病毒技术一日千里的今天，没有人知道下一刻网络中会出现什么样的病毒，没有人能面对汹汹而来的"毒潮"还坦然自若，作为日益信赖计算机网络的我们，在期望反病毒专家、厂商们加紧研发对策的同时，还要必须做的就是提高自己的安全意识，加强警惕，做好一切预防工作，正所谓：亡羊补牢，为时已晚；未雨绸缪，防患未然！

计算机病毒主要通过移动存储介质（如MP3、MP4、优盘、移动硬盘等）和计算机网络两大途径进行传播。人们不断从工作实践中总结出一些预防计算机病毒的简易可行的措施，这些措施实际上要求用户养成良好的使用计算机的习惯。通过提高全民对计算机病毒的防范意识，不给病毒可乘之机。为了最大限度地减少计算机病毒的产生与传播，我们在计算机的具体使用过程中应做到如下几点：

（1）尊重知识产权，不使用盗版或来历不明的软件。尤其是盗版操作系统软件和那些被破解的软件，这些软件得不到原有的技术支持和升级，再加上软件本身的漏洞，很容易被人利用。

（2）专机专用。制定科学的管理制度，对重要任务部门应采用专机专用，禁止与任务无关人员接触，防止潜在的病毒犯罪。

（3）利用写保护。对于那些保存有重要数据文件且不需要经常写入的移动介质盘，应使其处于写保护状态，以防止病毒的入侵。

（4）慎用网上下载的软件。通过 Internet 进行传播是病毒传播的一大途径，对网上下载的软件最好经过杀毒软件检测后再使用。也不要随便阅读从不相识人员发来的电子邮件。

（5）建立备份。对每个购置的软件应拷贝副本，备份硬盘引导区和主引导扇区数据，还要定期备份重要的数据文件，以免受到病毒危害后无法恢复。可以用打包软件将系统备份，以方便系统恢复。

（6）定期检查。杀毒软件要经常升级，一般时间间隔不要超过一周，定期用杀毒软件对计算机系统进行检测，发现病毒及时清除。

（7）采用病毒预警软件或防病毒卡。现在的杀毒软件一般都具有实时监控病毒的功能，当有病毒入侵系统时，它就会报警并对病毒进行处理。采用这种方式往往会占用一定的系统资源。

（8）管理计算机的共享目录。给本机所有共享目录的写入权限设置密码或取消共享目录，防止受到开放网络内其他客户端的感染。

（9）定期检查并修复系统漏洞。要经常性地对操作系统进行打补丁工作以保证系统运行的安全，防止病毒或不法分子利用系统漏洞入侵系统。

5. 计算机感染病毒后的应急处理。当计算机系统感染病毒后，必须采取紧急措施加以处理，最大限度地挽回用户的损失。通过一些简单的方法可以清除大多数的计算机病毒，恢复系统受损部分，但对于网络操作系统，要做到处理迅速及时。下面介绍几种处理方法。

（1）隔离。当某台计算机感染病毒后，应立即将此计算机与其他计算机隔离，即避免相互复制文件等。当网络中某个点上感染病毒时，中央控制系统必须立即切断此接点与网络的连接，以避免病毒向整个网络蔓延。

（2）报警。病毒被隔离后，应立即通知计算机管理人员。报警的方法有很多种。例如，可以设置不同的病毒活动的警报级别，根据事件记录不同级别的报警提示。报警的方式可以是简单的事件记录、电子邮件或设置声音报警等。

（3）跟踪根源。智能化的防病毒系统可以跟踪受感染的计算机和当时登录的用户。

（4）数据修复前，尽可能对重要数据文件进行备份。目前防毒杀毒软件在杀毒前大多能保存重要的数据和感染的文件，以便在误杀后或者造成新的破坏后恢复现场。对于重要的系统数据，建议在杀毒前进行单独的手工备份，不能备份的在被感染的系统内，也不应该与平时常规备份混在一起。

（5）利用杀毒软件，对整个硬盘进行扫描。对重要数据进行备份后，可以利用杀毒软件对染毒的计算机进行全盘杀毒，清除被感染文件中的病毒。

（6）不能清除的被感染文件需要进行隔离或删除。发现计算机病毒后，利用防毒杀毒软件清除文件中的计算机病毒，如果可执行文件中的计算机病毒不能被清除，那么，应该将其进行隔离或彻底删除掉，然后重新安装。

计算机病毒的防治宏观上讲是一个系统工程，除了技术手段之外还涉及诸多因素，如法律、教育、管理制度等。尤其是教育，是防止计算机病毒的重要策略。通过教育，使广大用户认识到计算机病毒的严重危害，了解计算机病毒的防治常识，提高尊重知识产权的意识，增强法律意识，不随便使用盗版软件，最大限度地减少病毒的产生和传播。

1.5.3 常用的杀毒软件

杀毒软件是预防计算机病毒感染的有效工具，建议每台计算机都应配备一套杀毒软件。在杀毒软件的选择上，建议选择适合您的杀毒软件为好，主要是根据您的计算机的配置和您对杀毒软件品牌的信任来进行选择。下面简单介绍一下国内市场占有率较高的几款杀毒软件。

（1）瑞星杀毒软件。瑞星是中国最早的计算机反病毒标志，它以研究、开发、生产及销售计算机反病毒产品、网络安全产品和反"黑客"防治产品为主。它的杀毒产品是基于"云安全"策略和"智能主动防御"技术开发的新一代互联网安全产品，采用全新的软件架构和最新引擎，将杀毒软件与防火墙的无缝集成、整体联动，极大降低计算机资源占用，集"拦截、防御、查杀、保护"四重防护功能于一身，最新版本在原有杀毒引擎的基础上加入了瑞星最先进的决策引擎及基因引擎，将原有的基础引擎和云查杀引擎直接升级为四核，不但提高了病毒查杀率，还让扫描结果更加精准，是计算机安全的整体解决方案。

2011年瑞星公司宣布其个人安全软件产品全面、永久免费。相关软件可登录http：//www.rising.com.cn下载。

（2）金山杀毒软件。金山网络是一家以安全为核心，为互联网用户提供基础应用服务的互联网公司，产品线涵盖了金山毒霸、金山卫士、金山手机毒霸、猎豹浏览器、猎豹浏览器手机版、金山电池医生、金山清理大师等。金山毒霸在查杀病毒种类、查杀病毒速度、未知病毒防治等多方面达到世界先进水平，同时金山毒霸具有病毒防火墙实时监控、压缩文件查毒、查杀电子邮件病毒等多项先进的功能。目前已出品新毒霸（悟空）SP5.0。

从2010年起，金山毒霸（个人简体中文版）的杀毒功能和升级服务永久免费。相关软件可登录http：//www.ijinshan.com下载。

（3）360杀毒软件。360杀毒是奇虎360旗下的一款免费的云安全杀毒软件。360杀毒具有以下优点：查杀率高、资源占用少、升级迅速、兼容其他杀毒软件等。

登录主页http：//sd.360.cn/可免费下载相关软件（见图1-26）。

（4）卡巴斯基杀毒软件。卡巴斯基杀毒软件是一款来自俄罗斯的杀毒软件。该软件能够保护家庭用户、工作站、邮件系统和文件服务器以及网关。除此之外，还提供集中管理工具、反垃圾邮件系统、个人防火墙和移动设备的保护，包括Palm操作系统、手提电脑和智能手机。著名的卡巴斯基反病毒软件（Kaspersky Anti-Virus，原名AVP）被众多计算机专业媒体及反病毒专业评测机构誉为病毒防护的最佳产品。相关软件可登录http：//www.kaspersky.com.cn/baidu&2010/index.htm下载。

图 1-26　360 杀毒软件

（5）诺顿杀毒软件。诺顿杀毒软件是 Symantec 公司个人信息安全产品之一，亦是一个广泛被应用的反病毒程序。它能够严密防范黑客、病毒、木马、间谍软件和蠕虫等攻击。能够自动提取该病毒的特征值，自动升级本地病毒特征值库，实现对未知病毒"捕获、分析、升级"的智能化。即使在 Windows 系统漏洞未进行修复的情况下，依然能够有效检测到黑客利用漏洞进行的溢出攻击和入侵，实时保护计算机的安全。避免因为用户因不便安装系统补丁而带来的安全隐患。拦截远程攻击时，同步准确记录远程计算机的 IP 地址，协助用户迅速准确攻击源，并能够提供攻击计算机准确的地理位置，实现攻击源的全球定位。

相关软件可登录 http：//cn.norton.com 下载。

杀毒软件的种类很多，在这里就不一一介绍了。通常杀毒软件只能检测出已知病毒并消除它们，不能检测出新的病毒或病毒的变种，所以要定时升级杀毒软件的病毒库。

在安装杀毒软件的时候，一台计算机最好安装一种杀毒软件和防火墙，不要在一台计算机上安装几种杀毒软件，这样容易造成杀毒软件之间的冲突，使系统变得缓慢。目前有很多杀毒软件厂商都将杀毒软件和防火墙合二为一。

本节小结：计算机日益成为人们工作和生活中必不可少的工具，良好的使用习惯为计算机安全提供了必要的保障。在计算机技术迅猛发展的同时，计算机病毒的防范也越来越成为重点课题。

本章总结：计算机系统由硬件系统和软件系统两部分组成。硬件是指构成计算机的物理设备，软件是指系统中的程序以及开发、使用和维护程序所需的所有文档的集合。计算机软件与计算机硬件相辅相成，缺一不可。计算机中的数据都是由二进制表示的；多媒体使计算机的应用更加丰富多彩；计算机安装杀毒软件、防火墙软件，可保障计算机安全运行。

第 1 章　计算机基础知识

测 试 题

1. 世界上公认的第一台电子计算机诞生在（　　）。
   A. 1945 年　　　　　B. 1946 年　　　　　C. 1948 年　　　　　D. 1952 年
2. 一个完整的计算机系统包括（　　）。
   A. 主机、键盘、显示器　　　　　　　　B. 计算机及其外部设备
   C. 系统软件与应用软件　　　　　　　　D. 计算机的硬件系统和软件系统
3. 在微型计算机中，微处理器的主要功能是进行（　　）。
   A. 算术逻辑运算及全机的控制　　　　　B. 逻辑运算
   C. 算术逻辑运算　　　　　　　　　　　D. 算术运算
4. 在微机中，应用最普遍的字符编码是（　　）。
   A. ASCII 码　　　　B. BCD 码　　　　　C. 汉字编码　　　　　D. 补码
5. 微型计算机的发展是以（　　）的发展为表征的。
   A. 微处理器　　　　B. 软件　　　　　　C. 主机　　　　　　　D. 控制器
6. 一个字节的二进制位数是（　　）。
   A. 2　　　　　　　　B. 4　　　　　　　　C. 8　　　　　　　　　D. 16
7. 在下列设备中，属于输出设备的是（　　）。
   A. 硬盘　　　　　　B. 键盘　　　　　　C. 鼠标　　　　　　　D. 打印机
8. 在下列存储器中，访问速度最快的是（　　）。
   A. 硬盘存储器　　　　　　　　　　　　B. 优盘存储器
   C. 光盘存储器　　　　　　　　　　　　D. 半导体 RAM（内存储器）
9. 十进制数 123 变换为等值的二进制数是（　　）。
   A. 1110101　　　　　B. 1110110　　　　　C. 1111011　　　　　D. 1110011
10. 下列系统软件中，属于操作系统的软件是（　　）。
    A. Windows 7　　　B. Word2010　　　　C. Photoshop CS　　D. Office2010
11. 存储器的存储容量通常用字节（Byte）来表示，1GB 的含义是（　　）。
    A. 1 024MB　　　　B. 1 024KB　　　　　C. 1 000KB　　　　　D. 1 000K 个 Bit
12. 下列规格的槽口中，只能适用于显卡的是（　　）。
    A. ISA　　　　　　　B. EISA　　　　　　C. PCI　　　　　　　D. AGP
13. 计算机的性能指标主要取决于（　　）。
    A. RAM　　　　　　B. CPU　　　　　　C. 显示器　　　　　　D. 硬盘
14. 单面单层 DVD - ROM 的容量是（　　）。
    A. 100MB　　　　　B. 680MB　　　　　C. 4.7GB　　　　　　D. 17GB
15. 与传统媒体相比，多媒体主要的特点不包括（　　）。
    A. 数字化　　　　　B. 统一化　　　　　C. 实时性　　　　　　D. 交互性

第 2 章　Windows 7 操作系统

　　Windows7 是 MICROSOFT（微软）公司于 2009 年推出的产品，它将成为 Windows XP 的继承者，据统计，Windows 操作系统在目前操作系统的市场占有率在 90% 以上。Windows 7 采用先进的核心技术，使软件的运行更为稳定，使硬件的运作有更高的效率和易用性（即插即用）。本章将从最基础的操作方法开始，详细讲述 Windows 7 的功能以及操作方法。

　　本章主要内容结构见图 2-1。

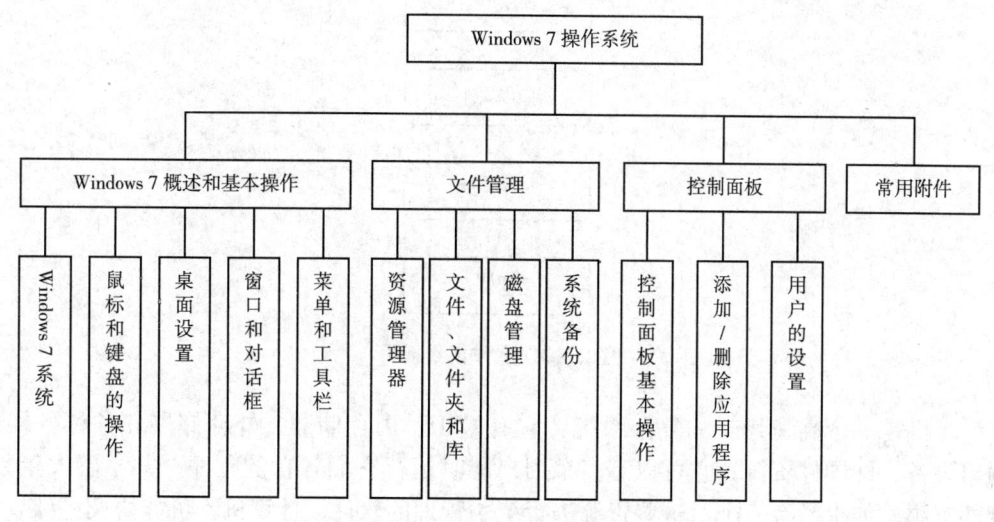

图 2-1　本章主要内容结构

学习目标包括以下几点。
1. 理解操作系统的基本概念。
2. 认识桌面、窗口、对话框、菜单、工具栏等对象。
3. 使用资源管理器管理文件和文件夹。
4. 磁盘的格式化及系统的备份和还原。
5. 系统工作环境的设置。
6. 系统组件及应用程序的添加或删除。
7. 画图、计算器、写字板和记事本程序的使用。

2.1　Windows 7 操作系统概述及基本操作

　　当用户打开计算机时，计算机就开始运行程序，进入工作状态。计算机运行的第一个程序就是操作系统。为什么要先运行操作系统，而不是直接运行像 Word、Internet Explorer 这样的应用程序呢？那是因为操作系统是应用程序与计算机硬件的桥梁，没有操作系统的统一安排和管理，计算机硬件没有办法执行应用程序的命令。操作系统为计算机硬件和应用程序提供了一个沟通的桥梁，为计算机硬件选择要运行的应用程序，并指挥和协调计算机的各部分硬件完成各项工作。

2.1.1 Windows 7 操作系统简介

操作系统（简称 OS）是管理和控制计算机硬件与软件资源的计算机程序，是直接运行在"裸机"上的最基本的系统软件，任何其他软件都必须在操作系统的支持下才能运行，如图 2-2 所示。

图 2-2 操作系统简介

计算机是一个高速运转的复杂系统：它有 CPU、内存储器、外存储器和各种各样的输入输出设备，即硬件资源；它可以有多个用户同时运行它们各自的程序，共享着大量数据，即软件资源。如果没有一个对这些资源进行统一管理的软件，计算机不可能协调一致、高效率地完成用户交给它的任务。

从资源管理的角度，操作系统是为了用户合理、方便地使用计算机系统，而对其硬件资源和软件资源进行管理的软件。它是系统软件中最基本的一种软件，也是每个使用计算机的人员必须先学会使用的一种软件。

Windows 7 是由微软公司开发的操作系统，微软于 2009 年 10 月正式发布 Windows 7，该系统可供家庭及商业工作环境、笔记本电脑、平板电脑、多媒体中心等使用，有 6 个版本：简易版、家庭版、家庭高级版、专业版、企业版和旗舰版。主要有以下特点：

（1）易用。Windows 7 做了许多方便用户的设计，如快速最大化，窗口半屏显示，跳转列表（Jump List），系统故障快速修复等。

（2）快速。Windows 7 大幅缩减了 Windows 7 的启动时间，在中低端配置下运行，系统加载时间比 Windows Vista 提高了近一倍，是一个很大的进步。

（3）简单。Windows 7 将会让搜索和使用信息更加简单，包括本地、网络和互联网搜索功能，直观的用户体验将更加高级，还会整合自动化应用程序提交和交叉程序数据透明性。

（4）安全。Windows 7 包括了改进了的安全和功能合法性，还会把数据保护和管理扩展到外围设备。Windows 7 改进了基于角色的计算方案和用户账户管理，在数据保护和坚固协作的固有冲突之间搭建沟通桥梁，同时也会开启企业级的数据保护和权限许可。

（5）Aero 特效。Windows 7 的 Aero 效果更华丽，有碰撞效果，水滴效果，还有丰富的桌面小工具。这些都比 Vista 增色不少。但是，Windows 7 的资源消耗却是最低的。不仅执行效率快人一等，笔记本的电池续航能力也大幅增加。Windows 7 及其桌面窗口管理器（DWM.exe）能充分利用 GPU 的资源进行加速，而且支持 Direct3D11 API。

2.1.2 鼠标与键盘的操作

Windows 7 采用图形化的用户界面，各种应用程序采用风格统一的界面和基本一致的操作方式。在进行具体操作时，计算机总是会弹出一些相应的元素（例如，窗口、图标、工具栏、对话框、按钮等），用户无须输入命令，而是通过鼠标单击相应元素来告诉计算机要做什么。

1. 鼠标指针及形状解析。

【任务 2-1】 认识"标准选择"状态下和"后台操作"状态下的鼠标指针形态。

操作步骤：

① 移动鼠标选择"计算机"时，鼠标指针显示的形态 ↖ 即为"标准选择"状态。

② 双击鼠标打开"计算机"时，在打开的过程中鼠标指针显示的形态 ↖ 即为"后台操作"状态。

鼠标指针的其他形状如图 2-3 所示。

标准选择	↖	文字选择	I	对角线调整1	↘
帮助选择	↖?	手写	✎	对角线调整2	↗
后台操作	↖	不可用	⊘	移动	✥
忙	⏳	调整垂直大小	↕	其他选择	↑
精度选择	＋	调整水平大小	↔	链接选择	☝

图 2-3 鼠标指针及形状

2. 鼠标的五种基本操作：指向、单击、右击、双击和拖放。

【任务 2-2】 完成鼠标的五种基本操作。

操作步骤：

① 指向：将鼠标指针移到目标位置。

② 单击：指单击鼠标左键一次，主要用来进行"选定"、"执行"等操作。

③ 右击：指单击鼠标右键一次，用来打开"快捷菜单"或执行其他特殊的操作。

④ 双击：指连续单击鼠标左键两次，通常用于启动一个应用程序或打开一个窗口。

⑤ 拖放：按住鼠标左键不放，移动目标地点后松开，主要用来拖动和释放。

3. 键盘操作。在 Windows 7 中，快捷键可以代替鼠标工作。可以利用键盘快捷键打开、关闭和导航"开始"菜单、桌面、菜单、对话框以及进行其他基础操作。

【任务 2-3】 使用快捷键将桌面上用户的文件夹中的所有文件复制一份到 D 盘根目录下。

操作步骤：

① 打开用户的文件夹（如用户名是"admin"，则双击打开桌面名称为"admin"的图标）。
② 按下 Ctrl + A 键选中所有文件。
③ 按下 Ctrl + C 键复制所选文件。
④ 双击打开我的电脑，双击打开 D 盘。
⑤ 按下 Ctrl + V 键粘贴已复制文件。

常用键盘快捷键见表 2-1。

表 2-1　　　　　　　　　　　常规键盘快捷键

按　　键	功　　能
F1	显示帮助
F2	重命名选定项目
F3	搜索文件或文件夹
F5	刷新当前窗口
Ctrl + A	选择文档或窗口中的所有项目
Ctrl + C	复制选择的项目
Ctrl + X	剪切选择的项目
Ctrl + V	粘贴选择的项目
Ctrl + Z	撤销操作
Ctrl + F4	在允许同时打开多个文档的程序中关闭活动文档
Ctrl + 鼠标左键	选择窗口中或桌面上的多个单个项目
Ctrl + 空格	切换中英文输入法
Ctrl + Shift	在所有输入法之间切换
Win + D	显示桌面
Win + E	打开计算机
Win + F	搜索文件或文件夹
Win + R	打开"运行"对话框
Win + Tab	使用 3D 效果循环切换任务栏上的程序
Alt + F4	关闭活动项目或者退出活动程序
Esc	取消当前任务
Delete	删除所选项目并将其移动到"回收站"
Shift + Delete	不先将所选项目移动到"回收站"而直接将其删除
Shift + 鼠标左键	在窗口中或桌面上选择连续多个项目，或者在文档中选择连续文本

> 使用快捷键辅助在用户的文件夹下创建一个名为"财务部"的文件夹，并将电脑桌面上所有 Word 文档移动到该文件夹下，并关闭该文件夹。

2.1.3 桌面

1. 桌面。"桌面"就是在安装好 Windows 7 后，用户启动计算机登录到系统后看到的整个屏幕界面，它包括了桌面图标、桌面背景、开始菜单栏、任务栏及显示桌面按钮，它是用户和计算机进行交流的窗口，上面可以存放用户经常用到的应用程序和文件夹图标，用户可以根据自己的需要在桌面上添加各种快捷图标，在使用时双击图标就能够快速启动相应的程序或文件。

通过桌面，用户可以有效地管理自己的计算机，与以往任何版本的 Windows 相比，Windows 7 桌面有着更加漂亮的画面、更富个性的设置和更为强大的管理功能。

（1）桌面图标。"图标"是指在桌面上排列的小图像，它包含图形、说明文字两部分，如果用户把鼠标放在图标上停留片刻，桌面上会出现对图标所表示内容的说明或者是文件存放的路径，双击图标就可以打开相应的内容。桌面图标如图 2-4 所示。

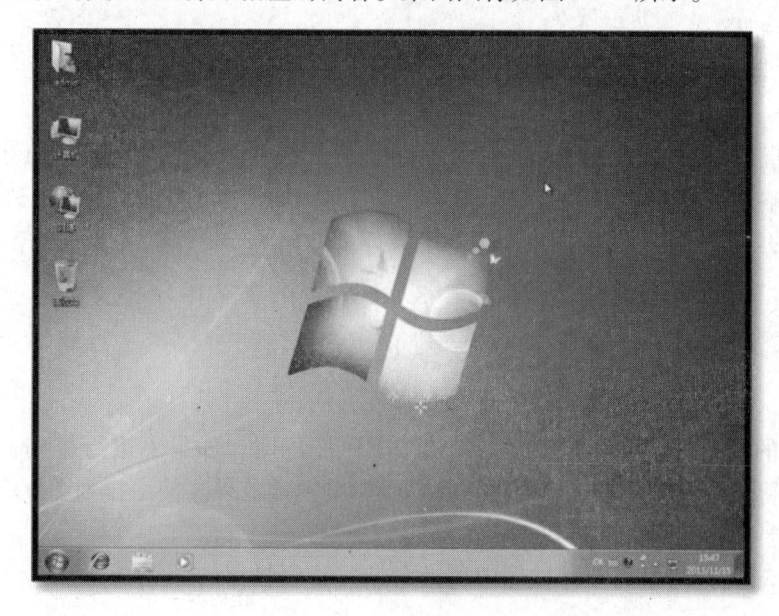

图 2-4 桌面

用户文件夹图标：它用于管理用户文件夹下的文件和文件夹，默认包含 11 个文件夹：保存的游戏、联系人、链接、收藏夹、搜索、我的视频、我的图片、我的文档、我的音乐、下载和桌面，它是系统默认的文档保存位置。

"计算机"图标：用户通过该图标可以实现对计算机硬盘驱动器、文件夹和文件的管理，在其中用户可以访问连接到计算机的硬盘驱动器、照相机、扫描仪和其他硬件以及有关信息。

"网络"图标：该项中提供了网络上其他计算机上文件夹和文件访问以及有关信息，在双击展开的窗口中可以进行查看局域网中的计算机及其共享的文件和打印机等内容。

"回收站"图标：在回收站中暂时存放着用户已经删除的文件或文件夹等一些信息，当用户还没有清空回收站时，可以从中还原删除的文件或文件夹。

（2）图标的创建。桌面上的图标实质上就是打开各种程序和文件的快捷方式，用户可以在桌面上创建自己经常使用的程序或文件的图标，这样使用时直接在桌面上双击即可快速启动该项目。

在默认的状态下，Windows 7 安装之后桌面上只保留了回收站的图标，那么如何找回桌面上的"计算机"、"我的文档"图标呢？这时需要在桌面的右键菜单中单击"个性化"，然后在弹出的设置窗口中单击左侧的"更改桌面图标"，接下来你就会看到相关的设置了。在 Windows 7 中，XP 系统下"计算机"和"我的文档"已相应改名为"计算机"、"用户的文件"，因此在这里勾选上对应选项，桌面便会重现这些图标。

【任务 2-4】 创建桌面图标。

操作步骤：

① 右击桌面上的空白处，在弹出的快捷菜单中选择"新建"命令。

② 利用"新建"命令下的子菜单，用户可以创建各种形式的图标，比如文件夹、快捷方式、文本文档等。

③ 当用户选择了所要创建的选项后，在桌面上会出现相应的图标，用户可以为它命名，以便于识别。

其中当用户选择了"快捷方式"命令后，出现一个"创建快捷方式"向导，该向导会帮助用户创建本地或网络程序、文件、文件夹、计算机或 Internet 地址的快捷方式（建立"快捷方式"的具体操作步骤将在本章 2.3 节做详细介绍）。

请在桌面上创建一个空白的 Word 文档。

（3）图标的排列。当用户在桌面上创建了多个图标时，如果不进行排列，会显得非常凌乱，这样不利于用户选择所需要的项目，而且影响视觉效果。使用排列图标命令，可以使用户的桌面看上去整洁而富有条理。

【任务 2-5】 请对桌面图标按照"修改日期"进行排序。

操作步骤：

① 右击桌面空白处。

② 选择"排序方式"。

③ 在"排序方式"下的子菜单中，选择"修改日期"进行排序。

用户需要对桌面上的图标进行位置调整时，可在桌面上的空白处右击，在弹出的快捷菜单中选择"排序方式"或"查看"命令，在子菜单项中包含了多种排列方式，如图 2-5 和图 2-6 所示。

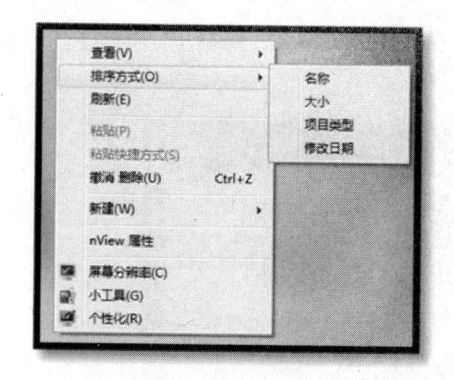

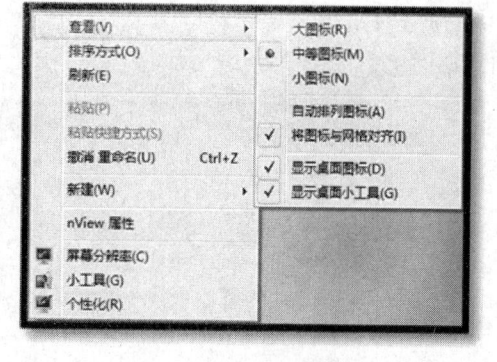

图 2-5 "排序方式"命令　　　　　图 2-6 "查看"命令

（4）图标的重命名与删除。

【任务 2-6】　请将桌面图标"计算机"重命名为"总公司"。

操作步骤：

① 在计算机图标上右击，在弹出的快捷菜单中选择"重命名"命令（也可用"F2"快捷键）。

② 当图标的文字说明位置呈反色显示时，输入新名称"总公司"，然后在桌面上任意位置单击，即可完成对图标的重命名，如图 2-7 所示。

图 2-7　重命名

> 桌面的图标失去使用的价值时，就需要删掉。同样，在所需要删除的图标上右击，在弹出的快捷菜单中执行"删除"命令或在桌面上选中该图标，然后在键盘上按下"Delete"键直接删除。当选择删除命令后，系统会弹出一个对话框询问用户是否确实要删除所选内容并移入回收站。用户单击"是"，删除生效，单击"否"或者是单击对话框的关闭按钮，此次操作取消。

2. 桌面小工具。Windows 7 中包含称为"小工具"的小程序，这些小程序可以提供即时信息以及可轻松访问常用工具的途径。例如，您可以使用小工具显示图片幻灯片或查看不断更新的标题。Windows 7 随附了一些小工具，包括日历、时钟、天气、提要标题、幻灯片放映和图片拼图板。

【任务 2-7】　在桌面添加时钟小工具。

操作步骤：

① 右击桌面的空白处，在弹出的快捷菜单中选择"小工具"命令。

② 在弹出的"小工具"窗口中,右击选择"添加"(或双击"时钟"图标)即可将时钟添加到桌面上,如图2-8所示。

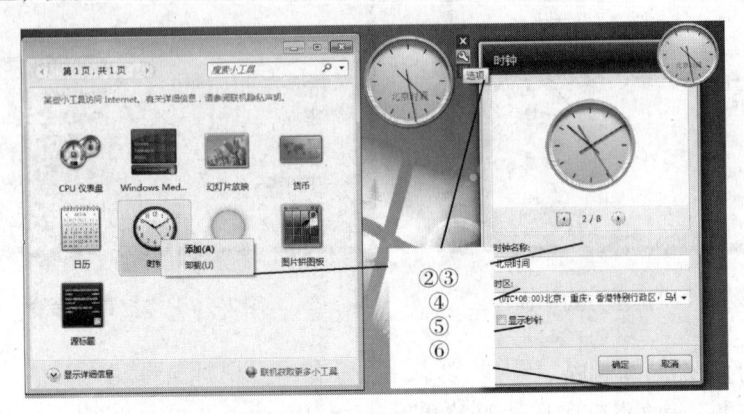

图2-8 添加小工具

③ 添加完成后,当鼠标移动到时钟上,会出现三个按钮,对应的功能分别是:"关闭":关闭当前小工具;"选项":可以设置相关样式;"移动":拖动可将时钟移动到桌面其他位置,其他小工具操作方法类似。

3. 任务栏。任务栏位于桌面下部,分为"开始"菜单按钮、任务按钮栏、通知区域和显示桌面等几部分。程序按钮栏既能切换任务,又能显示状态。常用的应用程序和打开的文件夹均以任务按钮的形式显示在任务栏上,如图2-9所示,其中高亮的图标(如图中的资源管理器和Word程序)说明该程序正在运行,当鼠标移到上面可显示运行界面的缩略图。要切换到某个应用程序或文件夹窗口,只需单击任务栏上相对应的按钮即可。"显示桌面"按钮可以方便快捷地显示桌面内容。

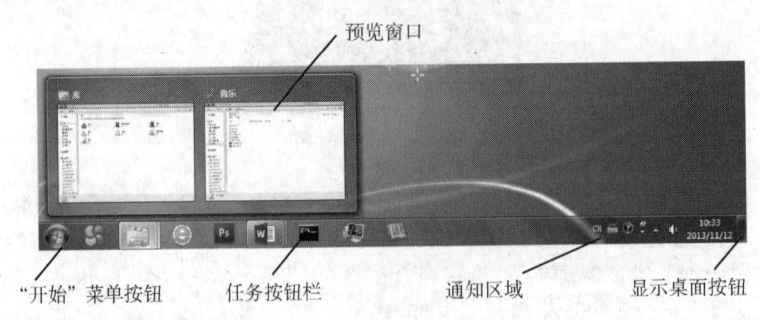

图2-9 任务栏

添加程序到任务栏的三种方法:
(1) 在程序图标右击,选择"锁定到任务栏"。
(2) 直接拖动程序到任务栏。
(3) 打开程序后,在任务栏单击程序图标,选择"锁定此程序到任务栏"。

4. 开始菜单。"开始"菜单在Windows 7中占有重要的位置,通过它可以打开大多数应用程序、查看计算机中已保存的文档、快速查找所需要的文件或文件夹等内容,以及注销用户和关闭计算机。

单击桌面上左下角的 按钮，或者在键盘上按下 Ctrl + Esc 键，就可以打开"开始"菜单，如图 2 – 10 所示，它大体上可分为四部分。

图 2 – 10 "开始"菜单

（1）在"开始"菜单的左侧上方是程序列表，是用户常用的应用程序的快捷启动项，分为上下两部分，由一水平线隔开，上部分为固定程序列表，下部分为按使用频率排序列表，会随使用频率实时更新，可将常用的程序移动到上部分，方法是将程序拖动到上部分即可。在列表的最下方是"所有程序"菜单，单击后可以显示系统已安装的全部应用程序。

（2）在"开始"菜单的左下方的搜索栏，可以快速搜索程序或文件。

（3）在右侧最上方标明了当前登录计算机系统的用户，由一个漂亮的小图片和用户名称组成，单击图标可进行账户管理，单击用户名称可进入用户文件夹。中间是系统控制工具菜单区域，比如用户的文档、图片、音乐等文件夹、"计算机"、"控制面板"等选项，通过这些菜单项用户可以实现对计算机的操作与管理。

（4）在"开始"菜单最下方是计算机控制菜单区域，包括"关闭"按钮和菜单，菜单包括：切换用户、注销、锁定、重新启动和睡眠，单击可执行相应的命令。

2.1.4 窗口与对话框

1. 窗口。当用户打开一个文件或者是应用程序时，都会出现一个窗口，窗口是用户进行操作时的重要组成部分，熟练地对窗口进行操作，会提高用户的工作效率。

在 Windows 7 中有许多种窗口，其中大部分都包括了相同的组件，如图 2 – 11 所示，它由地址栏、搜索栏、菜单栏、工具栏、导航窗格、内容窗格、预览窗格和细节窗格等几部分组成。

图 2-11 资源管理器窗口

（1）标题栏：位于窗口的最上部，它标明了当前窗口的名称，左侧有控制菜单按钮，右侧有最小、最大化或还原以及关闭按钮。而在 Windows 7 中，控制菜单按钮是隐藏的，需单击窗口左上角，才会出现控制菜单；资源管理器窗口的标题也是隐藏的，其他窗口的标题显示在该位置。

（2）地址栏：用于显示当前库或文件夹的位置，Windows 7 没有向上按钮，要返回上级目录直接单击相应的名称即可，如单击 ▶库▶图片▶公用图片▶示例图片 中的"图片"，可直接跳转到"图片"文件夹。

（3）搜索栏：在搜索栏中输入任何内容，将在当前位置中执行一次搜索，并在内容窗格中立即显示结果。搜索栏的宽度可调，拖动它的左边缘即可。

（4）菜单栏：在标题栏的下面，它提供了用户在操作过程中要用到的各种访问途径。

（5）工具栏：其中包括了一些常用的功能按钮，用户在使用时可以直接从上面选择各种工具。

（6）导航窗格：导航窗格默认出现在资源管理器的左侧，它含有 4 个或 5 个节点：收藏夹、库、家庭组（仅在网络位置设为"家庭"时才可见）、计算机和网络。可隐藏导航窗格，调整其宽度，或更改其内容以便只显示"收藏夹"节点和一个文件夹列表。

（7）滚动条：当工作区域的内容太多而不能全部显示时，窗口将自动出现滚动条，用户可以通过拖动水平或者垂直的滚动条来查看所有的内容。

（8）预览窗格：单击工具栏上的 □ 按钮（在搜索框的下面），即可显示或隐藏预览窗格。如当前选定的文件拥有"预览句柄"，文件内容便会在预览窗格中显示。默认预览句柄允许你查看大多数图形文件、文本文件以及 RTF 文档的内容。选定一个媒体文件（比如 MP3 歌曲或视频剪辑），预览窗格会显示一个简化版本的 Media Player。

（9）细节窗格：横贯于窗口底部，显示了当前所选项目的属性。可拖动上边框来调整高度。细节窗格默认显示，但可隐藏。

2. 窗口基本操作。窗口操作在 Windows 系统中是很重要的，不但可以通过鼠标使用窗口上的各种命令来操作，而且可以通过键盘来使用快捷键操作。基本的操作包括打开、缩放、移动等。

（1）打开窗口。

① 选中要打开的窗口图标，然后双击打开。

② 在选中的图标上右击，在其快捷菜单中选择"打开"命令。

（2）移动窗口。用户在打开一个窗口后，不但可以通过鼠标来移动窗口，而且可以通过鼠标和键盘的配合来完成。

移动窗口时用户只需要在标题栏上按下鼠标左键拖动，移动到合适的位置后再松开，即可完成移动的操作。

用户如果需要精确地移动窗口，可以在标题栏上右击，在打开的快捷菜单中选择"移动"命令，当屏幕上出现"✣"标志时，再通过按键盘上的方向键来移动，到合适的位置后单击或者按回车键确认。

（3）缩放窗口。窗口不但可以移动到桌面上的任何位置，而且还可以随意改变大小将其调整到合适的尺寸：

① 当用户只需要改变窗口的宽度时，可把鼠标放在窗口的垂直边框上，当鼠标指针变成双向的箭头时，可以任意拖动。如果只需要改变窗口的高度时，可以把鼠标放在水平边框上，当指针变成双向箭头时进行拖动。当需要对窗口进行等比缩放时，可以把鼠标放在边框的任意角上进行拖动。

② 用户也可以用鼠标和键盘的配合来完成，在标题栏上右击，在打开的快捷菜单中选择"大小"命令，屏幕上出现"✣"标志时，通过键盘上的方向键来调整窗口的高度和宽度，调整至合适位置时，单击或者按回车键结束。

（4）最大化、最小化窗口。当用户在对窗口进行操作的过程中，可以根据自己的需要，把窗口最小化、最大化等。

① 最小化按钮：在暂时不需要对窗口操作时，可把它最小化以节省桌面空间，用户直接在标题栏上单击此按钮，窗口会以按钮的形式缩小到任务栏。

② 最大化按钮：窗口最大化时铺满整个桌面，这时不能再移动或者是缩放窗口。用户在标题栏上单击此按钮即可使窗口最大化。

③ 还原按钮：当把窗口最大化后想恢复原来打开时的初始状态，单击此按钮即可实现对窗口的还原。

用户在标题栏上双击可以进行最大化与还原两种状态的切换。

每个窗口标题栏的左方都会有一个表示当前程序或者文件特征的控制菜单按钮，单击即可打开控制菜单，它和在标题栏上右击所弹出的快捷菜单的内容是一样的，如图 2-12 所示。

用户也可以通过快捷键来完成以上的操作。用"Alt+空格键"来打开控制菜单，然后根据菜单中的提示，在键盘上输入相应的字母，比如最小化输入字母"N"，通过这种方式可以快速完成相应的操作。

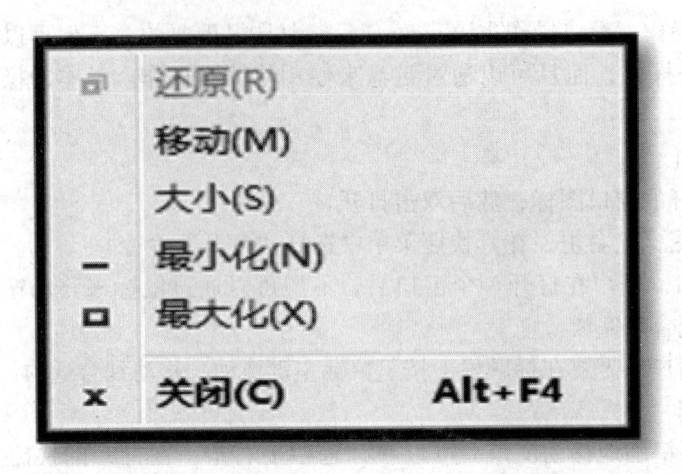

图 2-12 控制菜单

拖动标题栏到桌面的最左边，窗口会自动调整成桌面的一半大小，并对齐到桌面的左边。拖动标题栏到桌面的最右边，窗口会自动调整成桌面的一半大小，并对齐到桌面的右边。拖动标题栏到桌面的最上面，窗口会自动最大化。

(5) 切换窗口。当用户打开多个窗口时，需要在各个窗口之间进行切换，下面是几种切换的方式：

① 当窗口处于最小化状态时，用户在任务栏上选择所要操作窗口的按钮，然后单击即可完成切换。当窗口处于非最小化状态时，可以在所选窗口的任意位置单击，当标题栏的颜色变深时，表明完成对窗口的切换。

② 用 Alt + Tab 快捷键来完成切换，用户可以在键盘上同时按下"Alt"和"Tab"两个键，屏幕上会出现切换任务栏，在其中列出了当前正在运行的窗口，用户这时可以按住"Alt"键，然后在键盘上按"Tab"键从"切换任务栏"中选择所要打开的窗口，选中后再松开两个键，选择的窗口即可成为当前窗口，其中，最后一个为显示桌面，如图 2-13 所示。

图 2-13 切换任务栏

③ 用户也可以使用 Alt + Esc 快捷键，先按下"Alt"键，然后再通过按"Esc"键来选择所需要打开的窗口，但是它只能改变激活窗口的顺序，而不能使最小化窗口放大，所以，多用于切换已打开的多个窗口。

④ 用 Win + Tab 快捷键来完成切换，用户可以在键盘上同时按下"Win"和"Tab"两个键，屏幕上会出现 Aero 三维窗口切换，在其中列出了当前正在运行的窗口，用户这时可以按住"Win"键，然后在键盘上按"Tab"键从中选择所要打开的窗口，选中后再松开两个键（也可单击选择某个窗口），选择的窗口即可成为当前窗口，如图 2 - 14 所示。

图 2 - 14　Aero 三维窗口切换

(6) 关闭窗口。用户完成对窗口的操作后，在关闭窗口时有下面几种方式：
① 直接在标题栏上单击"关闭"按钮 。
② 双击控制菜单按钮。
③ 单击控制菜单按钮，在弹出的控制菜单中选择"关闭"命令。
④ 使用 Alt + F4 快捷键。

如果用户打开的窗口是应用程序，可以在文件菜单中选择"退出"命令，同样也能关闭窗口。

如果所要关闭的窗口处于最小化状态，可以在任务栏上选择该窗口的按钮，然后在右击弹出的快捷菜单中选择"关闭"命令。

用户在关闭窗口之前要保存所创建的文档或者所做的修改，如果忘记保存，当执行了"关闭"命令后，会弹出一个对话框，询问是否要保存所做的修改，选择"是"后保存关闭，选择"否"后不保存关闭，选择"取消"则不能关闭窗口，可以继续使用该窗口。

(7) 窗口的排列。当用户在对窗口进行操作时打开了多个窗口，而且需要全部处于全显示状态，这就涉及排列的问题，Windows 7 为用户提供了三种排列的方案可供选择。

在任务栏上的非按钮区右击，弹出一个快捷菜单，如图 2 - 15 所示。

① 层叠窗口。把窗口按先后的顺序依次排列在桌面上，当用户在任务栏快捷菜单中选择"层叠窗口"命令后，桌面上会出现排列的结果，其中每个窗口的标题栏和左侧边缘是可见的，用户可以任意切换各窗口之间的顺序，如图 2 - 16 所示。

图 2-15　任务栏快捷菜单

图 2-16　层叠窗口

② 堆叠显示窗口。各窗口并排显示，在保证每个窗口大小相当的情况下，使得窗口尽可能往水平方向伸展，用户在任务栏快捷菜单中执行"堆叠显示窗口"命令后，在桌面上即可出现排列后的结果，如图 2-17 所示。

③ 并排显示窗口。在排列的过程中，使窗口在保证每个窗口都显示的情况下，尽可能往垂直方向伸展，用户选择相应的"并排显示窗口"命令即可完成对窗口的排列，如图 2-18 所示。

图 2-17　堆叠显示窗口

图 2-18　并排显示窗口

3. 对话框。对话框在 Windows 7 中占有重要的地位，是用户与计算机系统之间进行信息交流的窗口，在对话框中用户通过对选项的选择，对系统进行对象属性的修改或者设置。

（1）对话框的组成。

对话框的组成和窗口有相似之处，例如都有标题栏，但对话框要比窗口更简洁、更直观、更侧重于与用户的交流，它一般包含有标题栏、选项卡与标签、文本框、列表框、命令按钮、单选按钮和复选框等几部分。对话框的组成如图 4-19 所示。

① 标题栏：位于对话框的最上方；上面左侧标明了该对话框的名称，右侧有关闭按钮，有的对话框还有帮助按钮。

② 选项卡和标签：在系统中有很多对话框都是由多个选项卡构成的，选项卡上写明了标签，以便于进行区分。用户可以通过各个选项卡之间的切换来查看不同的内容，在选项卡中通常有不同的选项组。

③ 文本框：在有的对话框中需要用户手动输入某项内容，还可以对各种输入内容进行修改和删除操作。一般在其右侧会带有向下的箭头，可以单击箭头在展开的下拉列表中查看

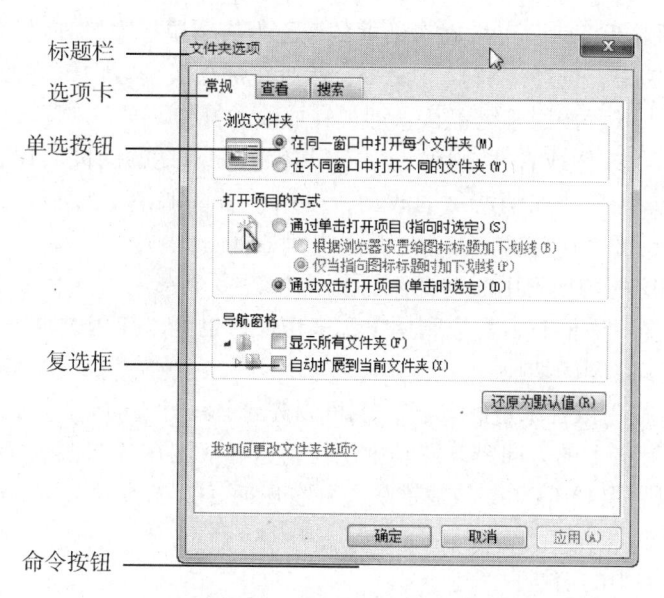

图 2-19 "文件夹选项"对话框

最近曾经输入过的内容。
　　④ 列表框：有的对话框在选项组下已经列出了众多的选项，用户可以从中选取，但是通常不能更改。
　　⑤ 命令按钮：它是指在对话框中圆角矩形并且带有文字的按钮，常用的有"确定"、"应用"、"取消"等。
　　⑥ 单选按钮：它通常是一个小圆形，其后面有相关的文字说明，当选中后，在圆形中间会出现一个绿色的小圆点，在对话框中通常是一个选项组中包含多个单选按钮，当选中其中一个后，别的选项是不可以选的。
　　⑦ 复选框：它通常是一个小正方形，在其后面也有相关的文字说明，当用户选择后，在正方形中间会出现一个绿色的"√"标志，它是可以任意选择的。
　　另外，在有的对话框中还有调节数字的按钮，它由向上和向下两个箭头组成，用户在使用时分别单击箭头即可增加或减少数字，如图 2-20 所示。

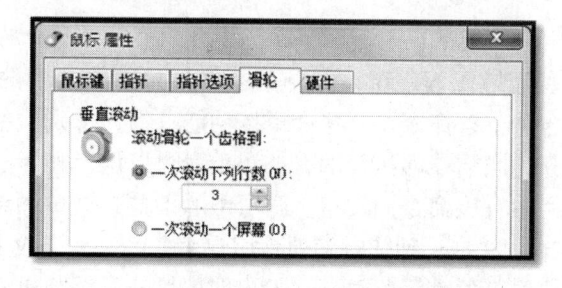

图 2-20 "鼠标属性"对话框

　　对话框的操作包括对话框的移动、关闭、对话框中的切换及使用对话框中的帮助信息等。下面介绍关于对话框的有关操作。
　　(2) 对话框的移动和关闭。

① 用户要移动对话框时，可以在对话框的标题上按下鼠标左键拖动到目标位置再松开，也可以在标题栏上右击，选择"移动"命令，然后在键盘上按方向键来改变对话框的位置，到目标位置时，单击或者按回车键确认，即可完成移动操作。

② 单击"确认"按钮或者"应用"按钮，可在关闭对话框的同时保存用户在对话框中所做的修改。或如果用户要取消所做的改动，可以单击"取消"按钮，或者直接在标题栏上单击关闭按钮，也可以在键盘上按 Esc 键退出对话框。

（3）在对话框中的切换。由于有的对话框中包含多个选项卡，在每个选项卡中又有不同的选项组，在操作对话框时，可以利用鼠标来切换，也可以使用键盘来实现。

在不同的选项卡之间的切换：

① 用户可以直接用鼠标来进行切换，也可以先选择一个选项卡，即该选项卡出现一个虚线框时，然后按键盘上的方向键来移动虚线框，这样就能在各选项卡之间进行切换。

② 用户还可以利用 Ctrl + Tab 快捷键从左到右切换各个选项卡，而 Ctrl + Tab + Shift 快捷键为反向顺序切换。

在相同的选项卡中的切换：

③ 在不同的选项组之间切换，可以按 Tab 键以从左到右或者从上到下的顺序进行切换，而 Shift + Tab 键则按相反的顺序切换。

④ 在相同的选项组之间的切换，可以使用键盘上的方向键来完成。

（4）使用对话框中的帮助。当用户在操作对话框时，如果不清楚某选项组或者按钮的含义，可以在标题栏上单击帮助按钮，这时在鼠标旁边会出现一个问号，然后用户可以在自己不明白的对象上单击，就会出现一个对该对象进行详细说明的文本框，在对话框内任意位置或者在文本框内单击，说明文本框消失。

用户也可以直接在选项上右击，这时会弹出一个文本框，再次单击这个文本框，会出现和使用帮助按钮一样的效果。

2.1.5 菜单和工具栏

1. 菜单。菜单是提供一组相关命令的清单，可以分成：开始菜单、下拉式菜单和弹出式快捷菜单三种。

（1）开始菜单。"开始"菜单在前面章节 0"开始"菜单已有介绍，请参考。

（2）下拉式菜单。位于应用程序窗口标题下方的菜单栏，其中的菜单均采用下拉式菜单方式。菜单中通常包含若干条命令，这些命令按功能分组，分别放在不同的菜单项里，组与组之间用一条横线隔开。当前能够执行的有效菜单命令以深色显示。有些命令前还带有特定的图标，说明在工具栏中有该命令的按钮。画图中的下拉式菜单如图 2 – 21 所示。

（3）弹出式快捷菜单。这是一种随时随地为用户服务的"上下文相关的弹出菜单"。将鼠标指向某个选中对象或屏幕的某个位置，右击，即可打开一个弹出式快捷菜单。该快捷菜单列出了与用户正在执行的操作直接相关的命令，即根据单击时指针所指的对象和位置的不同，弹出的菜单命令内容也不同。图 2 – 22 为关于"计算机"弹出式快捷菜单。

图 2-21 "画图"的下拉式菜单　　　图 2-22 "计算机"弹出式快捷菜单

在菜单中常见的符号约定如表 2-2 所示。

表 2-2　　　　　　　　　　　菜单中常见的符号约定

命令项	说　　明
浅色的命令	不可选用
命令后带"…"	弹出一个对话框
命令名前带"√"	命令有效，再选择一次，"√"消失，命令无效
带符号（●）	被选中
带快捷键	按快捷键直接执行相应的命令，而不必通过菜单
带符号（▶）	鼠标指向它时，会弹出一个子菜单
双向箭头	鼠标指向它时，会显示一个完整的菜单

2. 工具栏。用户打开一个具体的应用程序窗口后，在窗口的菜单栏下就是窗口的工具栏，它由一系列的图标组成，单击这些图标可以快速完成不同的功能，简化操作步骤，每一个图标对应一个菜单命令，Word 工具栏如图 2-23 所示。

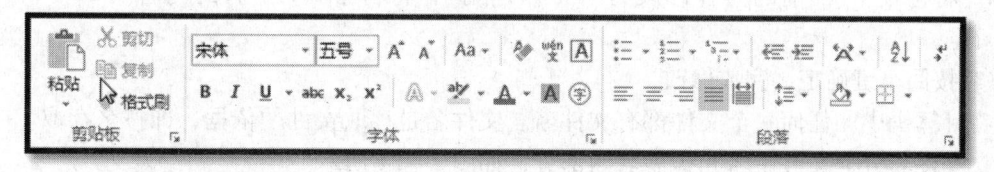

图 2-23　Word 工具栏

本节小结：本节通过对 Windows 7 中桌面、窗口、图标、菜单、工具栏、对话框等内容的了解和学习，逐步学会了 Windows 7 的基本操作方法，为计算机基础课程的学习和计算机的进一步应用打下坚实的基础。

2.2 资源管理器

"资源管理器"是 Windows 系统提供的资源管理工具，可以用它查看本台电脑的所有资源，特别是它提供的树形的文件系统结构，能更清楚、更直观地认识电脑的文件和文件夹。

2.2.1 文件和文件夹

计算机是以文件（File）的形式组织和存储数据的。简单地说，计算机文件就是用户赋予了名字并存储在磁盘上的信息的集合。它可以是用户创建的文档，也可以是可执行的应用程序或一张图片、一段声音等。

在 Windows 7 中文件夹是组织文件的一种方式，可以把同一类型的文件保存在一个文件夹中，也可以根据用途将文件保存在一个文件夹中。它的大小由系统自动分配。将计算机资源统一通过文件夹来进行管理，可以规范资源的管理；用户不仅可以通过文件来组织管理文件，也可以用文件夹来管理其他资源。如"开始"菜单就是一个文件夹；设备也被认为是一个文件夹。文件夹中除了可以包含程序、文档、打印机等设备文件和快捷方式外，还可以包含下一级文件夹。通过文件夹把不同的文件进行分组、归类管理。利用资源管理器可以很容易地实现创建、移动、复制、重命名和删除文件夹操作。

1. 文件

（1）文件名

【任务 2-8】 在桌面创建一个名为"工作计划"的文本文档，并将扩展名改为"docx"。

操作步骤：

① 右击桌面，选择"新建"→"文本文档"。

② 将符号"."前的内容修改为"工作计划"，将符号"."后的内容"txt"修改为"docx"。

③ 按回车键确定，完成修改。

在计算机中，任何一个文件都有文件名。文件名是存取文件的依据，即按名存取。一般来说，文件名分为文件主名和扩展名两部分，如图 2-24 所示。

××××××××.×××
文件主名　扩展名

图 2-24 文件名

文件名命名规则：

一般来说，文件主名应该用有意义的词汇或是数字命名，以便用户记忆和识别。例如，Windows 中"画图工具"的文件名为 Mspaint.exe。

文件名中可以使用的字符包括：汉字字符、26 个大小写英文字母、0~9 十个阿拉伯数字和一些特殊字符。

需要注意的是，Windows 7 系统中英文文件名不区分大小写。如文件 Mspaint.exe 与文件 MSPAINT.EXE 被认为是同名文件。

在 Windows 7 系统中文件名或文件夹名最多可以有 255 个字符。其中包含驱动器和路径名。不能以空格为开头和结束，在文件名或文件夹名中允许有空格，但不能出现以下字符："\"、"/"、"?"、""""、"*"、":"、"<"、">"。

在 DOS 字符界面操作系统下，文件名需要遵循 8.3 规则，即文件主名最多可有 8 个字符组成，扩展名不能超过 3 个字符。除上面不能使用的字符外，文件名或文件夹名中不允许有空格。

被保留的设备名不能被用来作为文件名。例如：CON、PRN、AUX、NUL、COM1、COM2、COM3、COM4、COM5、COM6、COM7、COM8、COM9、LPT1、LPT2、LPT3、LPT4、LPT5、LPT6、LPT7、LPT8、LPT9 等。

> **相关知识**　系统默认下是将文件的扩展名隐藏起来的，如果想要显示扩展名就必须把它显示出来，操作步骤如下：①双击"计算机"，选择"组织"→"文件夹和搜索选项"，如图 2-25 所示；②单击"查看"选项卡，在"高级设置"里面，去掉"隐藏已知文件类型的扩展名"，单击"确定"，如图 2-26 所示。

图 2-25　显示扩展名操作步骤①　　　　图 2-26　显示扩展名操作步骤②

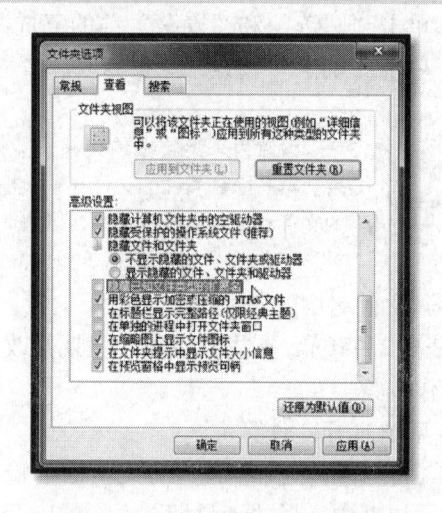

（2）文件类型。在绝大多数的操作系统中，文件的扩展名表示文件的类型。不同类型的文件其显示的图标不同，处理的方式也不同。常见的文件扩展名及其表示的意义如表 2-3 所示。

表 2-3　　　　　　　　　　　　文件扩展名及其含义

文件类型	扩展名	含　　义
可执行程序	EXE、COM	可执行程序文件
源程序文件	C、CPP、BAS、ASM	程序设计语言的源程序文件
目标文件	OBJ	源程序文件经编译后生成的目标文件
MS Office 文档文件	DOCX、XLSX、PPTX	Word、Excel、PowerPoint 创建的文档

续表

文件类型	扩展名	含 义
图像文件	BMP、JPG、GIF	图像文件,不同的扩展名表示不同格式的图像
流媒体文件	WMV、RM、QT	能通过 Internet 播放的流式媒体文件
压缩文件	RAR、ZIP、ARJ	压缩文件
音频文件	WAV、MP3、MID	声音文件,不同的扩展名表示不同格式的音频
网页文件	HTM、ASP	一般来说,前者是静态的,后者是动态的

一般来说没有必要记住特定应用文件的扩展名。在进行文件保存操作时,使用的软件通常会在文件名后自动追回正确的文件扩展名。通过文件的扩展名,用户可以判断用于打开该文件的应用程序。

(3) 文件属性。文件属性除了文件名、文件大小、占用空间等信息外,还包括如下属性:只读属性、隐藏属性、存档属性。

【任务2-9】 将文件"工作计划.docx"的属性修改为"只读"和"隐藏"。

操作步骤:

① 右击文件"工作计划.docx",选择"属性"。

② 单击"只读"和"隐藏"前的复选框,使其呈现"√"状态。

③ 单击"确定"按钮,保存修改。

> 设置为只读属性的文件只能读,不能修改,当删除时会给出提示信息,起保护作用。具有隐藏属性的文件在一般情况下是不显示的。如果设置了显示隐藏文件,则隐藏的文件和文件夹是浅色的,以表明它们与普通文件不同。

(4) 文件名中的通配符。

【任务2-10】 查找 D 盘中上星期修改过的 Word 文档文件。

操作步骤:

① 双击打开"计算机"。

② 在右上角"搜索框"的文本框中输入"*.docx",在下拉框中选择"修改日期",在新的下拉框中选择"上星期",如图 2-27 所示。

图 2-27 在 D 盘查找上星期修改过的 Word 文档

> 在搜索中，文件主名和扩展名中配符"?"和"＊"的含义如下："?"代表所在位置上的任意一个字，"＊"代表所在位置起的任意多个字符，利用这两个特殊字符，可以组成多义文件名，例如，A?.exe 表示文件主名由两个字符组成，前一个为字符 A，后一个为任意字符，而扩展名为 .exe 的一组文件；FILE.＊表示文件主名为 FILE，而扩展名为任意的一组文件；＊.＊表示文件主名为任意字符，而扩展名也为任意字符的文件，即＊.＊代表所有文件。

2. 文件夹。文件夹是系统组织和管理文件的一种形式，是为方便用户查找、维护和存储而设置的，用户可以将文件分门别类地存放在不同的文件夹中。在文件夹中可存放所有类型的文件和下一级文件夹、磁盘驱动器及打印队列等内容。

计算机的磁盘中可以存放很多文件，一个大容量的硬盘可以容纳成千上万个文件。为了便于管理，可以把文件存放在不同的"文件夹"中。一个文件夹可以存放文件也可以存放其他的文件夹（或称子文件夹），同样子文件夹也可以存放文件和下属子文件夹。

Windows 7 的文件组织结构是分层次的，这种结构像一棵倒置的树，故 Windows 的文件夹结构也称为树状文件夹结构，如图 2-28 所示。

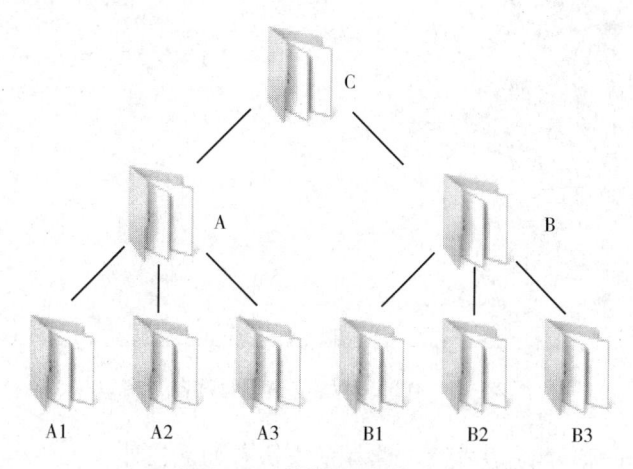

图 2-28 树状文件夹结构

在树状文件夹结构中，树根为根文件夹，树中的每一分支为子文件夹，树叶为文件。用户可以将与同一个项目有关的文件放在同一个子文件夹中，也可以按文件类型或用途将文件分类存放；同名文件可以放在不同的文件夹中，但不能放在同一文件夹中。

在 Windows 7 文件夹树状结构中，处于顶层（树根）的文件夹是桌面，计算机上所有的资源都组织在桌面上，从桌面开始可以访问任何一个文件和文件夹。桌面上有用户的文件、"计算机"、"网络"、"回收站"等。这些系统专用的文件夹，被称为系统文件夹。计算机中所有的磁盘及控制面板也以文件夹的形式组织在"计算机"中。

当一个磁盘的文件夹结构被建立后，所有的文件可以分门别类地存放在所属的文件夹中，接下来的问题是如何访问这些文件。若要访问的文件不在同一个文件夹中，就必须加上文件夹路径，以便文件系统可以查找到所需的文件。

路径是操作系统描述文件位置的一条通路，文件夹的路径有两种：绝对路径和相对路径。

(1) 绝对路径。从根文件夹开始,到找到该文件所顺序经过的全部文件夹。
(2) 相对路径。从当前文件夹开始,到找到该文件所顺序经过的全部文件夹。

2.2.2 文件和文件夹的操作

Windows 7 提供了"资源管理器"这个实用工具,它可以以分层的方式显示计算机内所有文件的详细图表。使用资源管理器可以更方便地实现浏览、查看、移动和复制文件或文件夹操作,用户可以不必打开多个窗口,而只在一个窗口中就可以浏览所有的磁盘和文件夹,便于查看和管理计算机上的所有资源。"资源管理器"窗口如图 2-29 所示。

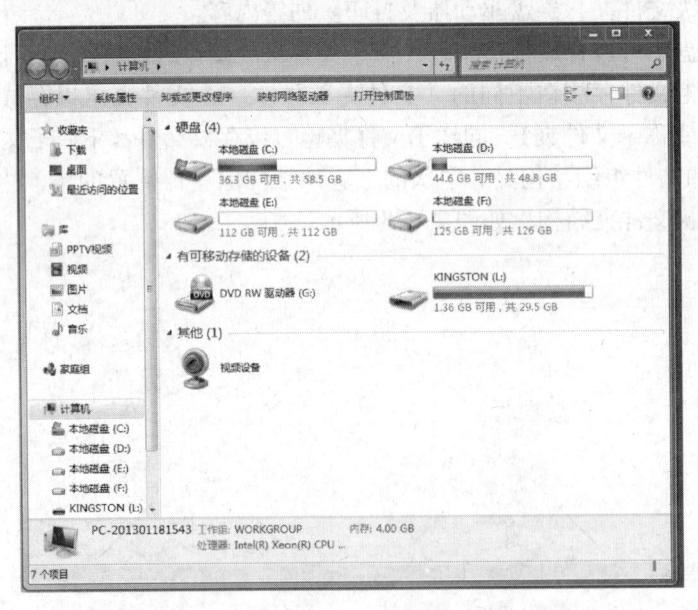

图 2-29　Windows 7"资源管理器"窗口

启动"资源管理器"的方法很多,常用的方法有如下三种:
(1) 双击桌面上的"计算机"图标。
(2) 选择"开始→所有程序→附件→Windows 资源管理器"命令。
(3) 右击"开始"按钮,在弹出的快捷菜单中选择"打开 Windows 资源管理器"命令。

1. 创建、打开文件。

【任务 2-11】　在桌面上建立"开会通知.docx"文件。
操作步骤:
① 在桌面上右击,选择"新建"→"Microsoft Word 文档"命令,如图 2-30 所示;
② 在新建文档的文件名框中输入"开会通知.docx",如图 2-31 所示,创建"开会通知.docx"完成。双击"财政学校学生会名单.docx"图标,系统自动启动 Word 2010 打开该文档,输入文档内容,然后保存文件即可。

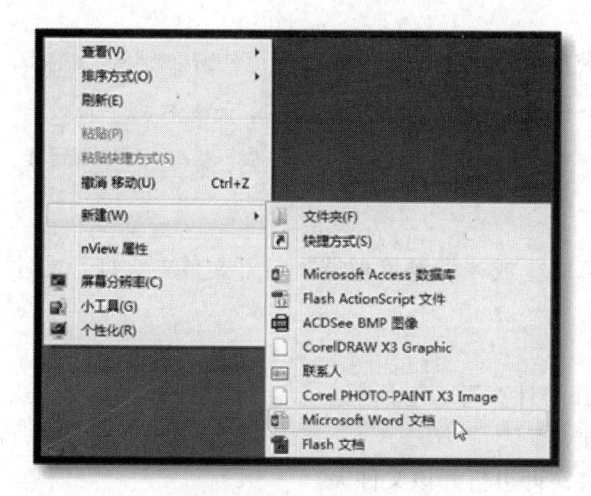

图 2-30 创建新文档

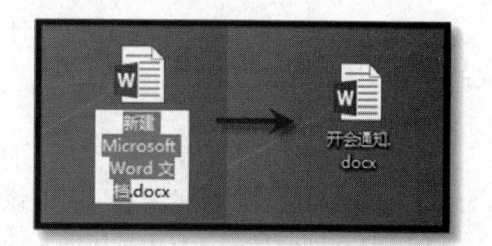

图 2-31 新建"开会通知.docx"

请在桌面上创建名为"开会内容.pptx"的文件。

2. 创建、打开文件夹。
(1) 创建文件夹。
【任务 2-12】 请在 D 盘根目录下创建名为"公司文档"的文件夹。
操作步骤：
① 双击"计算机"图标；双击"D:"盘。
② 选择"文件"→"新建"→"文件夹"命令，或在空白处右击，在弹出的快捷菜单中选择"新建"→"文件夹"，如图 2-32 所示。
③ 在新建的文件夹名称文本框中输入文件夹的名称"公司文档"，单击 Enter 键或单击其他地方即可，创建文件夹操作完成，如图 2-33 所示。

图 2-32 创建新文件夹

图 2-33 创建"公司文档"

> 在"资源管理器"的左窗口格中,有的文件夹图标左边有一个小方框标记,其中标有 ▷ 或 ◢,有的则没有。标记 ▷ 表示此文件夹下包含有子文件夹,但该文件夹目前处于折叠状态,看不到其包含的子文件夹;标记 ◢ 表示此文件夹处于展开状态,可以看到其包含的子文件夹。

(2)打开文件夹。用户可以通过"计算机"或"资源管理器"打开文件夹,打开文件夹的操作方法如下:

方法一:
① 在桌面上双击"计算机"图标,打开"计算机"对话框。
② 双击要打开文件夹的磁盘,打开该磁盘。
③ 在打开的磁盘上,双击选中的文件夹,即可打开该文件夹。

方法二:
① 右击桌面上的"计算机"图标,在弹出的快捷菜单中选择"资源管理器"命令,打开"资源管理器"窗口,"资源管理器"窗口如图2-29所示。
② "资源管理器"的左窗口显示了所有磁盘和文件夹的列表,右窗口用于显示选定的磁盘和文件夹中的内容。在左窗口选择磁盘并将处于折叠状态的文件夹展开,显示出其包含的子文件夹。
③ 在左窗口中的文件夹图标,即可打开该文件夹,内容显示在右窗口中。打开文件夹操作完成。

> 打开D盘上"公司文档"文件夹,然后在"公司文档"文件夹下分别创建子文件夹"财务部"、"人力部"、"生产部"、"市场部"、"销售部"、"信息部"。

3. 选定文件和文件夹。在管理文件等资源的过程中,通常需要选定要操作的对象(一个或多个的文件或文件夹),即"选定后操作"。被选定的对象将以反白形式显示。具体操作方法如下:

(1)选取一个文件或文件夹。单击要选定的文件或文件夹(即单击其图标)。对于键盘操作,可先把光标移到工作区(可通过按 Tab 键来达到),再按箭头键(←、→、↑、↓)来选择。

(2)选取多个连续的文件或文件夹。如果要选取的文件或文件夹在窗口中的排列位置是连续的,则可单击所要选定的第一个文件或文件夹,然后在按住 Shift 键的同时单击最后一个文件或文件夹,即可一次性选取多个文件或文件夹。对于键盘操作,可先把光标移到要选定的内容的开始位置,再按住 Shift 键不放和连续按下箭头键(←、→、↑、↓)来选择。按 Ctrl+A 键可以选取当前文件夹下的所有文件和文件夹,如图2-34所示。

(3)选取多个不连续的文件或文件夹。

【任务2-13】 打开D盘根目录下的"公司文档"文件夹,选中文件夹"财务部"、"生产部"、"销售部"。

财经计算机应用基础(第3版)

操作步骤：

① 双击"计算机"，进入 D 盘→"公司文档"文件夹。

② 单击选中"财务部"。

③ 按住 Ctrl 键的同时依次单击"生产部"、"销售部"如图 2 - 35 所示。

图 2 - 34　选取连续的文件夹　　　　　图 2 - 35　选取不连续的文件夹

（4）全部选定和反向选择。在"资源管理器"窗口的"编辑"菜单中，系统提供了两个用于选取对象的命令："全部选定"和"反向选择"。前者用于选取当前文件夹中的所有对象，后者用于选取当前没有被选中的对象。

4. 复制、移动文件或文件夹。移动文件或文件夹就是将文件或文件夹放到其他地方，执行移动命令后，原位置的文件或文件夹消失，出现在目标位置；复制文件或文件夹就是将文件或文件夹复制一份，放到其他地方，执行复制命令后，原位置和目标位置均有该文件或文件夹。

（1）用鼠标"拖放"的方法移动和复制文件夹或文件夹。将选定的文件或文件拖放到目标位置，可以快速地完成文件的复制或移动，这种方法既简单又直观，但操作容易失误。在"计算机"中需要同时打开源位置文件夹窗口和目标位置文件夹窗口来进行拖放；在资源管理器中只要将右窗口中选定的内容拖放到左窗口中可见到的目标位置文件夹中。至于鼠标"拖放"操作到底是执行复制还是移动，取决于源文件夹和目的文件夹的位置关系。

① 相同磁盘。在同一磁盘上拖放文件或文件夹默认执行移动操作。若拖放对象时按下 Ctrl 键则执行复制操作。

② 不同磁盘。在不同磁盘上拖放文件或文件夹默认执行复制操作。若拖放对象时按下 Shift 键则执行移动操作。

如果希望自己决定鼠标"拖放"操作到底是执行复制还是移动，则可用鼠标右键把对象拖放到目的地。当释放右键时，将弹出一个快捷菜单，从中可以选择是移动还是复制该对象，或者为该对象在当前位置创建快捷方式图标。

拖放操作中，用户可以根据鼠标指针形状来判断当前进行的是复制还是移动操作。当指针形状中含有"+"号时是复制操作，含有"→"号时为移动操作，含有禁止符号时表示无效的目标位置。如图 2 - 36 所示。

（2）使用剪贴板移动和复制文件夹或文件夹。

【任务 2 - 14】　将【任务 2 - 11】在桌面上建立的"开会通知.docx"文件移动到 D 盘"公司文档"文件夹中；将"试一试"在桌面上新建的"开会内容.pptx"复制到"公司文档"文件夹。

复制：

移动：

目标位置无效：

图 2-36 拖动对象时的各种鼠标指针形状

图 2-37 文件剪切

操作步骤：

① 在桌面上选中"开会通知.docx"文件；

② 选择"编辑"→"剪切"命令，如图 2-37 所示；

③ 打开"资源管理器"窗口，在"资源管理器"左边窗口选中"公司文档"文件夹。

④ "资源管理器"右边窗口右击，在弹出的快捷菜单中选择"粘贴"命令，文件移动操作完成，结果如图 2-38 所示。

⑤ 在桌面上右击"开会内容.pptx"文件，在弹出的快捷菜单中选择"复制"命令。

⑥ 打开"公司文档"文件夹，右击，在弹出的快捷菜单中选择"粘贴"命令，复制操作完成，如图 2-39 所示。

图 2-38 文件移动结果

图 2-39 复制文件结果

5. 删除、重命名文件或文件夹。

【任务 2-15】 删除 D 盘根目录下"公司文档"文件夹中的"销售部"文件夹，将"开会内容.pptx"文件夹重命名为"表扬名单.pptx"。

操作步骤：

① 打开"资源管理器"，在左边窗口选择 D 盘上的"公司文档"文件夹，然后在右边窗口选中"销售部"文件夹。

② 右击"销售部"文件夹，在弹出的快捷菜单中选择"删除"命令，如图 2-40 所示。在弹出的确认文件删除对话框中点"是（Y）"按钮，文件删除操作完成。

③ 右击"开会内容.pptx"文件，在弹出的快捷菜单中选择"重命名"命令。在弹出的文件

名称框中输入"表扬名单.pptx",回车确认,结果如图 2-41 所示,文件夹重命名操作完成。

图 2-40　删除文件夹　　　　　图 2-41　文件重命名

> 删除后的文件或文件夹将被放到"回收站"中,用户可以选择将其彻底删除或还原到原来的位置。
> 若想直接删除文件或文件夹,而不将其放入"回收站"中,可在拖到"回收站"时按住 Shift 键,或选中该文件或文件夹,按 Shift + Delete 键。

6. 查看文件或文件夹的属性。

【任务 2-16】将"公司文档"文件夹中的"开会通知.docx"文件设置为只读属性。

操作步骤:

① 打开"资源管理器",在左边窗口选择 D 盘上的"公司文档"文件夹,然后在右边窗口选中"开会通知.docx"文件;

② 右击"开会通知.docx"文件,在弹出的快捷菜单中选择"属性"命令,在弹出的文件属性对话框中勾选"只读"属性,如图 2-42 所示。最后单击"确定"按钮,文件属性修改操作完成,如图 2-43 所示。

图 2-42　文件夹属性对话框　　　　　图 2-43　文件属性修改

第 2 章　Windows 7 操作系统

> 1. 查看文件或文件夹的属性。在 Windows 7 中，每个文件和文件夹都有各自的属性，属性信息包括文件或文件夹的名称、类型、位置、大小、创建时间、只读、隐藏、存档等。
>
> 　　文件夹属性对话框如图 2-42 所示。
>
> 　　文件和文件夹的"属性"有三种：只读、隐藏和存档。其含义如下："只读"表示只能读，不能修改，当删除时会给出提示信息，起保护作用；"隐藏"表示一般情况下不能看到和使用它；"存档"主要提供给某些备份程序用，通常不需要用户设置。

7. 搜索文件和文件夹。有时候用户需要察看某个文件或文件夹的内容，却忘记了该文件或文件夹存放的具体的位置或具体名称，这时候 Windows 7 提供的搜索文件或文件夹功能就可以帮用户查找该文件或文件夹。

搜索文件或文件夹的操作步骤请参照【任务 2-10】。

8. 创建快捷方式。

【任务 2-17】　在 D 盘上创建"开会通知.docx"文件的快捷方式。

操作步骤：

① 在桌面上双击"计算机"→双击"D 盘"。

② 在窗口中右击，在弹出的快捷菜单中选择"新建"→"快捷方式"命令。

系统打开"创建快捷方式"对话框，单击对话框中的"浏览"按钮，在弹出的"浏览文件夹"对话框中找到并选择中"开会通知.docx"文件，如图 2-44 所示。

③ 单击"浏览文件夹"对话框中的"确定"按钮，"创建快捷方式"对话框如图 2-45 所示。

④ 单击"下一步"按钮，系统弹出如图 2-46 所示"选择程序标题"对话框。

⑤ 单击"完成"按钮，创建"开会通知.docx"文件的快捷方式完成。

图 2-44　创建、选择文件

图 2-45 "创建快捷方式"对话框 　　　　图 2-46 "选择程序标题"对话框

相关知识　　在"计算机"和资源管理器窗口中，用户可以在指定文件夹下为文件或文件夹创建快捷方式，快捷方式是一种对相应对象的链接，利用快捷方式可以达到快速打开文档、文件夹和运行应用程序的目的。对快捷方式的修改、删除都不会对原应用程序造成任何影响。

9. 设置文件夹共享。Windows 7 网络方面的功能设置更加强大，用户不仅可以使用系统提供的公用文件夹，公用文件夹位置是"C：\用户\公用"文件夹，也可以设置自己的共享文件夹，与其他用户共享自己的文件夹。

【任务 2-18】 将 D 盘目录下的"公司文档"设置成共享文件夹，并设置只能读取，不能修改文件内容。

操作步骤：

① 网络环境设置：右击桌面上的"网络"，在快捷菜单中选择"属性"，在弹出的属性页中单击窗口左上方的"更改高级共享设置"，在新的对话框中，按网络类型设置选项，这里以"工作网络"为例，设置"家庭或工作"下的选项：将"网络发现"设置为"启用网络发现"；将"文件和打印机共享"设置为"启用文件和打印机共享"；将"密码保护的共享"设置为"关闭密码保护共享"，如图 2-47 所示。

② 设置共享文件夹：右击 D 盘"公司文档"文件夹，选择属性，在属性对话框中选择"共享"选项卡，然后单击"高级共享"，在"高级共享"对话框中，选中"共享文件夹"复选框，再单击"权限"按钮，设置"Everyone"的读取属性为"允许"，如图 2-48 所示，最后按"确定"完成设置。

③ 查看共享文件夹：在另一台电脑的桌面上双击"网络"图标，可查看同一工作组的计算机，找到本机的计算机名，双击"打开"，查看是否有"公司文档"的文件夹，验证共享是否成功。

10. 共享文件夹的管理。当设置了共享文件夹之后，需要进行相应的管理，及时取消不需要共享的文件夹，以保证数据的安全。

右击桌面上"计算机"的图标，选择"管理"菜单，在弹出的对话框中，选择"计算机管理→系统工具→共享文件夹→共享"选项，可以查看本机上所有共享的文件夹，包括一些系统默认共享的文件夹，在文件夹上右击可进行相应的操作，如图 2-49 所示。

图 2-47 网络环境设置

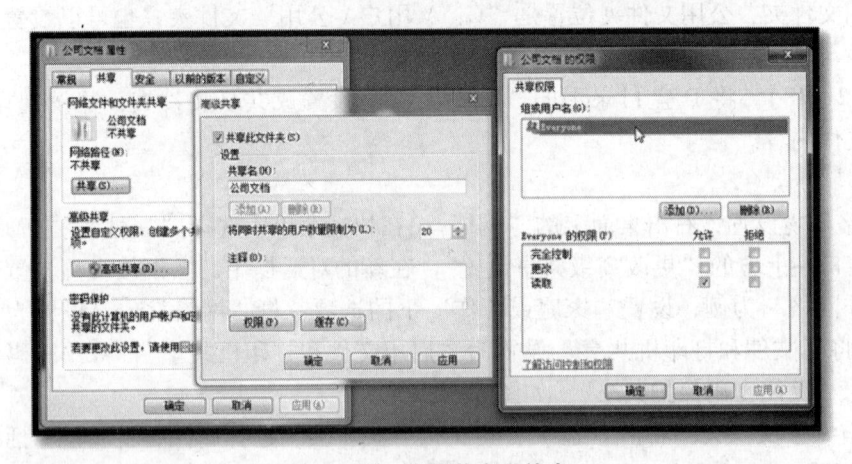

图 2-48 设置共享文件夹

图 2-49 共享文件夹的管理

2.2.3 库

Windows 7 中,引进了"库"的概念,可以把存放在不同位置的文件夹添加到一个"库"中,使文件管理更方便。库跟文件夹有很多相似的地方,比如和文件夹一样,在库中也可以包含各种各样的子库与文件,但是其本质上跟文件夹有很大的区别,在文件夹中保存的文件或者子文件夹,都是存储在同一个目录下的,而在库中存储的文件则可以来自不同位置,如可以来自于用户电脑上的文件或者来自于移动磁盘上的文件,这是传统文件夹与库之间的最本质的差异。库会随着原始文件夹的变化而自动更新,并且可以以同名的形式存在于同一个库中。默认情况下,已经包含了视频、图片、文档、音乐等常用库。

【任务 2-19】 将 D 盘中的"公司文档"文件夹添加到"文档"库中。

操作步骤:

① 双击桌面上的"计算机"的图标,以打开"资源管理器";

② 在窗口的导航窗格中选择"库→文档",在内容窗格中,单击"文档库"下方的"包括:2 个位置";

③ 出现"文档库位置"对话框,单击"添加"按钮,选择 D 盘中的"公司文档"文件夹,然后单击"确定"按钮,结果如图 2-50 所示。

图 2-50 库的管理

> 用户也可以创建自己的库,右击"库",在弹出菜单中,选择"新建→库",并输入库名即可。请新建一个"作业"的库。

2.2.4 磁盘管理

随着电脑技术的日益完善,使用磁盘维护和管理来增大数据存储的空间和保护数据的安全,已经成为电脑维护和管理的一个重要的方面。Windows 7 提供了多种磁盘管理工具,这些工具不仅使用方便，而且功能强大，使用户不需要专业的磁盘工具就能完成各种磁盘维护和管理工作。

1. 查看磁盘属性。磁盘的属性通常包括磁盘的类型、文件系统、空间大小、卷标信息等常规信息，以及磁盘的查错、碎片整理等处理程序和磁盘的硬件信息等。这一节学习如何查看磁盘的属性及使用磁盘处理程序。

（1）查看磁盘的常规属性。

【任务2-20】 查看D盘的常规属性，包括磁盘的类型、文件系统、空间大小、卷标信息。

操作步骤：

① 双击"计算机"图标，打开"计算机"对话框。

② 右击D盘图标，在弹出的快捷菜单中选择"属性"命令，如图2-51所示。

③ 打开"磁盘属性"对话框，选择"常规"选项卡，如图2-52所示。

④ 在"常规"选项卡中，用户可以在文本框中输入该磁盘的卷标；中部显示了该磁盘的相关信息；下部用饼图的形式显示了该磁盘的容量。单击"磁盘清理"按钮，可启动磁盘清理程序，进行磁盘清理。

⑤ 单击"应用"按钮，即可应用在该选项卡中更改的设置。也可以按"确定"按钮，确认设置并退出磁盘属性对话框。

图2-51 右击磁盘图标　　　　图2-52 磁盘"属性"对话框

（2）进行磁盘查错。

【任务2-21】 对此D盘进行差错，修复系统的错误、恢复坏扇区。

操作步骤：

① 右击"D盘"，选择"属性"，单击"工具"选项卡，如图2-53所示。

② 在该选项卡中有"查错"和"碎片整理"两个选项组，单击"查错"选项组中的"开始检查"按钮，弹出"检查磁盘"对话框，如图2-54所示。

③ 在该对话框中单击"开始"按钮，开始检查磁盘，检查磁盘结束后单击"确定"按钮。

图 2-53 "工具"选项卡　　　　图 2-54 "检查磁盘"对话框

小技巧　① 如果在打开或保存文件时遇到问题,则应该立即进行磁盘检查。② 可以用"计划任务"在规定的日期和时间里检查并修复磁盘错误,应该选择不使用计算机的时间,例如午餐时间或晚上。

(3) 查看磁盘的硬件信息及更新驱动程序。

【任务 2-22】 查看 D 盘的硬件信息及更新驱动程序。

操作步骤:

① 打开"D 盘"属性对话框,选择"硬件"选项卡,如图 2-55 所示。

② 在该选项卡中的"所有磁盘驱动器"列表框中显示了计算机中的所有磁盘驱动器。单击某一磁盘驱动器,在"设备属性"选项组中即可看到关于该设备的信息。

③ 单击"硬件"选项卡中的"属性"按钮,可打开设备属性对话框,如图 2-56 所示。在该对话框中显示了该磁盘设备的详细信息。

④ 若用户要更新驱动程序,可选择"驱动程序"选项卡,如图 2-57 所示。

⑤ 单击"更新驱动程序"按钮,即可在弹出的"硬件升级向导"对话框中更新驱动程序。单击"卸载"按钮,可卸载该驱动程序。

图 2-55 "硬件"选项卡　　　　图 2-56 "设备属性"对话框

图2-57 "驱动程序"选项卡

为了对硬盘进行分类管理,有人对"计算机"中的硬盘名称进行个性化命名(如图2-58所示)。它是怎样做到的?你想试试吗?

图2-58 硬盘图标

2. 磁盘格式化。

【任务2-23】 请对E盘进行NTFS格式化操作,并命名为"客户资料"。

格式化磁盘就是在磁盘内进行分割磁区,作内部磁区标示,以方便存取。格式化磁盘主要是指格式化硬盘。格式化硬盘又可分为高级格式化和低级格式化,高级格式化是指在WindowsXP操作系统下对硬盘进行的格式化操作;低级格式化是指在高级格式化操作之前,对硬盘进行的分区和物理格式化。

操作步骤:

① 单击"计算机"图标,打开"计算机"对话框。

② 选中"E盘",执行"文件→格式化"命令。

③ 打开"格式化"对话框,如图2-59所示。

④ 在"文件系统"下拉列表中可选择NTFS,"分配单元大小"为默认配置大小,在"卷标"文本框中可输入"客户资料"。

⑤ 单击"开始"按钮,将弹出"格式化警告"对话框(见图2-60),若确认要进行格式化,单击"确定"按钮即可开始进行格式化操作。

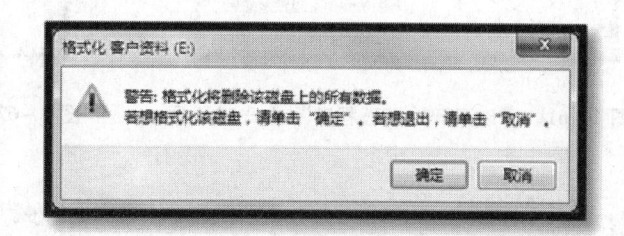

图 2-59 "格式化"对话框　　　　图 2-60 "格式化警告"对话框

> 格式化磁盘将删除磁盘上的所有数据，快速格式化不扫描磁盘的坏扇区而直接从磁盘上删除文件。只有在磁盘已经进行过格式化而且确信该磁盘没有损坏的情况下，才使用该选项。

3. 碎片整理。

【任务 2-24】 分析 D 盘存储空间的碎片情况，并进行碎片整理。

磁盘（尤其是硬盘）经过长时间的使用后，难免会出现很多零散的空间和磁盘碎片，一个文件可能会被分别存放在不同的磁盘空间中，从而影响了运行的速度。同时由于磁盘中的可用空间也是零散的，创建新文件或文件夹的速度也会降低。使用磁盘碎片整理程序可以重新安排文件在磁盘中的存储位置，将文件的存储位置整理到一起，同时合并可用空间，实现提高运行速度的目的。

操作步骤：

① 单击"开始"按钮，执行"所有程序→附件→系统工具→磁盘碎片整理程序"命令，打开"磁盘碎片整理程序"之一对话框，如图 2-61 所示。

② 选择"D 盘"，单击"分析磁盘"按钮，系统即可分析该磁盘是否需要进行磁盘整理。

③ 单击"磁盘碎片整理"按钮，即可开始磁盘碎片整理程序，系统会显示"磁盘整理程序"之二对话框，以百分比来显示文件的零碎程度及碎片整理的进度，如图 2-62 所示。

④ 整理完毕后，单击"关闭"按钮即可结束"磁盘碎片整理程序"。

图 2-61 "磁盘碎片整理程序"之一对话框 　　　图 2-62 "磁盘碎片整理程序"之二对话框

> 进行磁盘碎片整理所需的时间取决于多种因素，包括文件的零碎程度、驱动器上剩余空间的大小和是否正在对电脑上文件进行操作。一般磁盘碎片整理需要较长的时间，最好在不使用电脑时进行磁盘碎片整理。

2.2.5　系统备份和还原

1. 系统备份。

【任务 2-25】　对 Windows 7 系统进行备份。

使用电脑时，为了避免因磁盘故障、电脑病毒以及偶然的误操作等破坏磁盘中储存的重要数据，可使用 Windows 7 提供的"备份"工具把重要的数据转存到别的磁盘中。如果这些数据遭到破坏，可利用备份数据进行还原。

操作步骤：

① 单击"开始"按钮，执行"所有程序→维护→备份和还原"命令，打开"备份和还原"对话框，如图 2-63 所示。

② 选择右边的"设置备份"，出现设置备份对话框，需要设置备份的位置，选择后单击"下一步"按钮，如图 2-64 所示。

③ 出现"您希望备份哪些内容"对话框，有两个选项："让 Windows 选择"和"让我选择"。"让 Windows 选择"将备份系统文件、桌面和用户库的内容，选择后，单击"下一点"按钮。

④ 出现"查看备份设置"，这里可以设置定时备份计划，单击"更改计划"，可以设置"每天"、"每周"和"每月"，并设置备份的时间点，按"确定"返回，按"保存设置并运行备份"按钮，如图 2-65 所示。

⑤ 出现备份进度界面，系统开始进行备份，如图 2-66 所示，备份结束后，将在备份保存位置出现三个项目："admin-pc"、"WindowsImageBackup"和"MediaID.bin"，请不要删除。

图 2-63 "备份和还原"对话框　　　　图 2-64 选择保存位置

图 2-65 设置备份计划　　　　图 2-66 备份进度

> (1) 要根据资料文件的重要性来决定文件备份的间隔时间,例如,如果承担不起丢失一天完成的工作的损失,就至少应该每天备份一次。(2) 为了减少丢失信息的可能性,可以使用两套备份设备。将一份放在电脑旁,另一份放在一个远离电脑且不会遭受火灾和被偷窃的地方。

【任务 2-26】 在 Windows 7 操作系统使用备份文件还原文件或文件夹。

当原文件遭到破坏,文件丢失或误删除时,可将备份文件还原,将数据恢复到备份前的状态。

操作步骤:

① 单击"开始"按钮,执行"所有程序→维护→备份和还原"命令,打开"备份和还原"对话框。单击"还原我的文件"按钮,如图 2-67 所示。

② 在"还原文件"对话框单击"浏览文件夹"按钮,选择要还原的文件夹,如图 2-68 所示。

③ 在"您想在何处还原文件?"对话框中,选择"在原始位置",单击"还原",出现"正在还原文件"界面,如图 2-69 所示。

④ 直到出现"已还原文件",单击"完成",文件还原完成,如图 2-70 所示。

图 2-67 "备份和还原"对话框

图 2-68 选择之前备份的文件或文件夹

图 2-69 "正在还原文件"对话框

图 2-70 "已还原文件"对话框

2. 系统还原。

【任务 2-27】 请将 Windows 7 系统进行系统还原。

"系统还原"是一个重要工具，当某些更改使整个电脑系统濒临瘫痪时，可以使用该工具来恢复系统的运行。如果正在安装某些程序、添加新硬件设备、更改注册表，或者正在对系统做某些重大的更改操作，导致了系统无法正常运转，都可以使用"系统还原"工具恢复这些更改前的状态。

操作步骤：

① 单击"开始"按钮，执行"所有程序→附件→系统工具→系统还原"命令，打开"系统还原"对话框，单击"下一步"按钮，"将计算机还原到所选事件之前的状态"界面，如图 2-71 所示，选择还原点后，单击"下一步"按钮。

② 出现"确认还原点"对话框，单击"完成"按钮，出现"启动后，系统还原不能中

断,您希望继续吗?",如图 2-72 所示,单击"是"按钮。

③ 出现"正在准备系统还原…"进度条,然后系统开始还原并自动重启,系统还原完成。

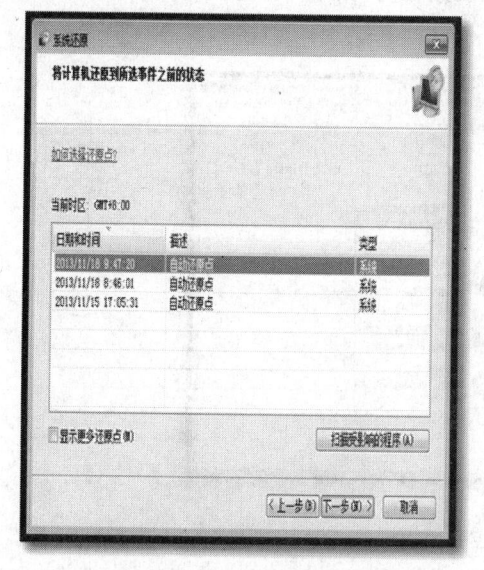

图 2-71 选择还原点对话框   图 2-72 "确认还原点"对话框

完成还原系统的操作,电脑将重新启动,用户会在屏幕上看到是否还原成功的消息。对于一些不可能恢复的事件,使用还原程序也无济于事,可再次运行"系统还原"程序,然后取消上一次的还原操作,或者重新设置更早的日期和还原点,以便使系统还原更早一些的状态。

本节小结:资源管理器是进行文件和文件夹管理操作的主要途径。在进行文件和文件管理操作时,应遵循"选定后操作"的原则,明确操作对象。此外,在资源管理器中,还可以进行磁盘管理以及系统备份还原等操作。

2.3 控制面板

控制面板是 Windows 操作系统的一个重要系统文件夹,是用户对电脑系统进行设置和控制的重要界面,它可以修改系统设置,添加新的软硬件,对多媒体、输入/输出设备、网络等进行管理和控制。

2.3.1 "控制面板"的打开

在"开始"菜单中选择"控制面板",可以打开"控制面板"窗口。

Windows 7 的控制面板设置跟以往有所不同，主要分成了 8 大模块，分别是系统和安全，网络和 Internet，硬件和声音，程序，用户账户和家庭安全，外观和个性化，时钟，语言和区域，轻松访问，如图 2-73 所示。我们还可以根据自身习惯，通过修改控制面板右上角的"查看方式"，来选择不同的显示方式。

图 2-73 控制面板

2.3.2 计算机个性设置

1. 主题设置。Win7 主题是计算机上的微软 Windows 7 操作系统下的所有图片、颜色和声音的组合。它包括桌面背景、屏幕保护程序、窗口边框颜色和声音方案。

【任务 2-28】 请将 Windows 7 操作系统显示的"主题"设置为"Windows 7"，将"屏幕保护程序"设置为"彩带"，并将该主题命名为"我喜欢的主题 1"。

操作步骤：

① 右击桌面任意空白处，在弹出的快捷菜单中选择"个性化"命令（或单击"开始"按钮，选择"控制面板"命令，在弹出的"控制面板"窗口中单击"更改主题"图标，打开"更改主题"窗口），如图 2-74 所示。

② 在"更改计算机上的视觉效果和声音"中，选择 Aero 主题的 Windows 7。

③ 单击"桌面保护程序"打开"桌面保护程序设置"对话框。

④ 在该对话框中单击"屏幕保护程序"下拉列表框中选择"彩带"，如图 2-75 所示，并单击"确定"返回"个性化"窗口。

⑤ 单击"保存主题"，在弹出的"将主题另存为"对话框中输入主题名称"我喜欢的主题 1"。

图2-74 "个性化"窗口

图2-75 "屏保程序设置"对话框

【任务2-29】 请将 Windows 7 操作系统的窗口颜色设置为巧克力色,并去掉透明效果。

操作步骤:

① 在"个性化"窗口中,单击"窗口颜色"按钮,进入"窗口颜色和外观"窗口,如图2-76所示。

② 在"更改窗口边框、「开始」菜单和任务栏的颜色"中选择"巧克力色";并将"启用透明效果"前的"√"去掉。

图2-76 "窗口颜色和外观"窗口

第2章 Windows 7 操作系统

1. 你能把自己喜欢的照片或图画设置为桌面背景吗？
2. 如何设置屏幕保护程序的启动时间呢？

2. 优化视觉效果。

【任务 2-30】 将系统视觉效果调整为性能最佳模式。

操作步骤：

① 右键单击桌面"计算机"图标，选择"属性"，在弹出的"系统"窗口的右边单击"高级系统设置"按钮，进入"系统设置"的"高级"选项卡，在"性能"栏中，单击"设置"按钮，如图 2-77 所示。

② 在"性能选项"对话框中，选择"视觉效果"选项卡，选择"调整为最佳性能"，单击"确定"按钮完成操作，如图 2-78"视觉效果"选项卡所示。

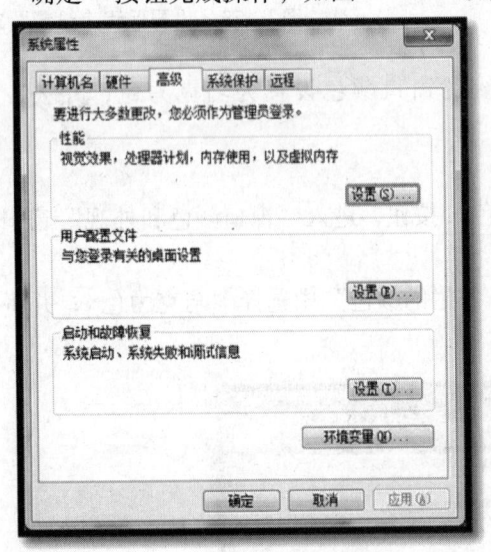

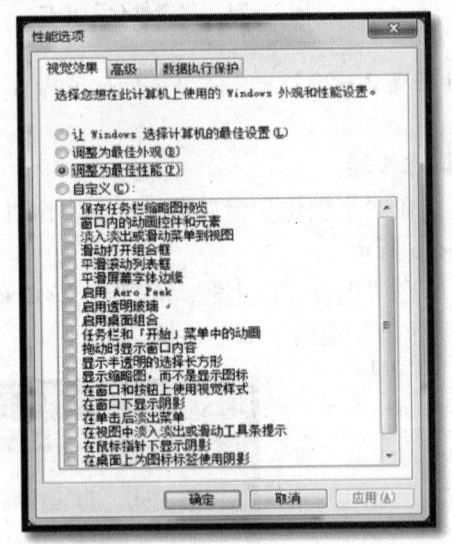

图 2-77 "高级"选项卡　　　　　图 2-78 "视觉效果"选项卡

3. 声音设置。

Windows 7 操作系统以及很多应用程序尤其是游戏，都带有声音效果。如果在 Windows 7 中设置好声音和音频设备，这些程序就可以自动利用这些设备处理声音。

【任务 2-31】 将系统音量调到最大，并将系统声音的声音方案设置成"书法"。

操作步骤：

① 单击"开始"按钮，选择"控制面板"命令，在弹出的"控制面板"窗口中单击"硬件和声音"图标，打开"硬件和声音"窗口，如图 2-79 所示。

② 单击"调整系统音量"按钮，打开"音量合成器→扬声器"对话框，将应用程序中的系统声音调到最大，如图 2-80 所示。

③ 单击"硬件和声音"（见图 2-80）中的"更改系统声音"按钮，弹出"声音对话框"，在"声音"选项卡下的声音方案中选择"书法"，如图 2-81 所示，单击"确定"完成操作。

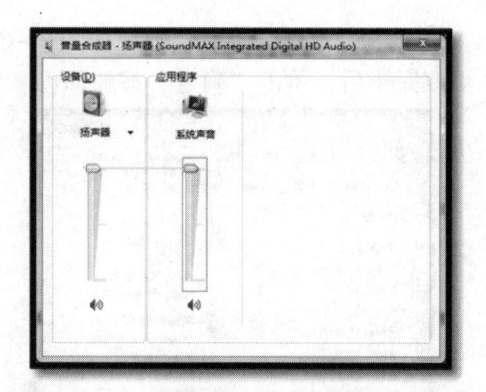

图 2-79 "硬件和声音"窗口　　　　图 2-80 "音量合成器——扬声器"对话框

图 2-81 "声音"选项卡

2.3.3　系统设置与管理

1. 设置日期和时间。由于生活习惯和地域的差异，各个地区或国家存在着时差、语言、时间和日期的格式等不同，而 Windows 7 系统默认的相关设置是按照美国的习惯来设置的。如果用户不习惯这种默认的设置，可根据自己的需要来设置。

【任务 2-32】　请将系统时间设定为 2013 年 12 月 11 日星期四 13 点 12 分 11 秒。

操作步骤：

① 单击"时间栏"选择"更改日期和时间设置"，或在"控制面板"中选择"时间、语言和区域"，打开"时间、语言和区域"窗口，如图 2-82 所示。

② 单击"设置时间和日期"按钮，打开"日期和时间"对话框，在"日期和时间"选项卡中单击"更改日期和时间"按钮，打开"日期和时间设置"对话框。

③ 在"日期"选项组中将日期设置成 2013 年 12 月 11 日，在"时间"选项组中的"时

间"文本框中可输入13：12：11，如图2-83所示。

更改完毕后，单击"确定"按钮即可。

图2-82 "时间、语言和区域"窗口　　　图2-83 "日期和时间设置"对话框

2. 区域和语言设置。

（1）区域设置。

① 在"时间、语言和区域"窗口（见图2-83）中选择"更改时区"按钮，打开"日期和时间"对话框，在"日期和时间"选项卡中，单击"更改时区"按钮，弹出"时区设置"对话框，如图2-84所示。

② 在"时间、语言和区域"窗口（见图2-82）中选择"更改日期、时间或数据格式"按钮，打开"区域和语言"对话框"格式"选项卡，在"日期和时间格式"栏内可以设置日期和时间的格式，如图2-85和图2-86所示。

③ 如果想对日期和时间格式进行个性化设置，可在"区域和语言"对话框"格式"选项卡中，单击"其他设置"按钮，在"自定义格式"对话框中选择"时间"选项卡（见图2-87），可设置系统时间的显示格式，通过相应的下拉列表框选择或者输入新的值来更改"时间格式"。

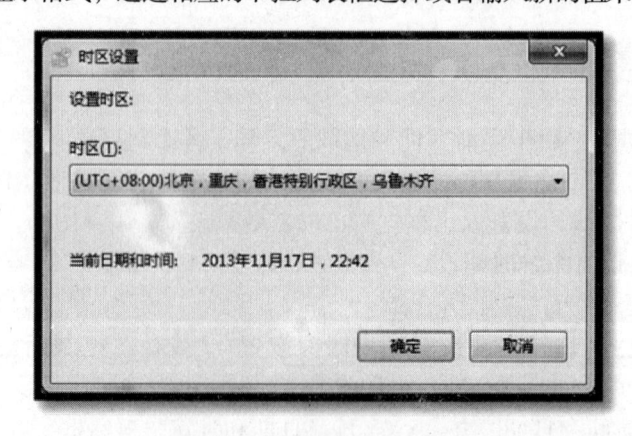

图2-84 "时区设置"对话框

图 2-85 "格式"选项卡　　　　图 2-86 "时间"选项卡

(2) 语言设置。Windows 7 提供了多种中文输入法，用户可以根据自己的需要安装或删除某种输入法。

【任务 2-33】 将 Windows 7 操作系统的默认输入法设置为"搜狗拼音输入法"，并添加"智能 ABC"输入法。

操作步骤：

① 在"控制面板"窗口中单击"时间、语言和区域"按钮，打开"时间、语言和区域"窗口（见图 2-82），并单击"更改键盘或其他输入法"按钮，打开"区域和语言"对话框"键盘和语言"选项卡，单击"更改键盘"按钮，打开"文本服务和输入语言"对话框"常规"选项卡，如图 2-87 所示。

② 在"默认输入语言"区域中选择"搜狗拼音输入法"，如图 2-87 所示。

③ 在"已安装的服务"区域中，单击"添加"按钮，弹出"添加输入语言"对话框中选择"全拼"输入法，如图 2-88 所示。

④ 单击"确定"按钮，就可以完成输入法的添加。

图 2-87 "常规"选项卡　　　　图 2-88 "添加输入语言"对话框

第 2 章　Windows 7 操作系统

3. 用户账户设置。用户在实际操作中经常会遇到多个用户共用一台电脑的情况，而每个用户都有自己固定的使用习惯，如鼠标按键的反应快慢、开始菜单和桌面的设置、声音提示的设置等。Windows 7 允许系统管理员设定多个用户，并赋予每个用户不同的权限，从而使得各个用户在使用同一台电脑时不至于相互干扰。并且，Windows 7 还通过电脑安全策略的设置，允许管理员对其他账户进行约束，使本地电脑的安全得以保证。

（1）创建用户账户。多用户账户管理的基础是创建用户账户。创建用户账户可以赋予访问本地电脑的其他使用者一定的使用权限，如登录到电脑、新建文件或文件夹等，但同时又不影响到本地的使用者安全。

【任务 2-34】 在当前系统下创建一个名为"财务部"的标准用户账户。

操作步骤：

① 以电脑管理员权限身份登录到 Windows 7 系统。

② 执行"开始→控制面板→用户账户和家庭安全"命令，打开"用户账户和家庭安全"窗口，单击"添加或删除用户账户"按钮，打开"管理账户"窗口，如图 2-89 所示。

③ 单击"创建一个新账户"按钮，打开"创建新账户"窗口，输入"财务部"，并选择"标准用户"如图 2-90 所示。

④ 单击"创建账户"按钮，完成用户账户的创建，返回"用户账户"窗口。

注意：当重新启动或注销后，用户将会发现登录画面上多了刚刚添加的新用户账户，单击新用户账户的图标就可以其身份登录使用电脑。

图 2-89 "管理账户"窗口　　　　图 2-90 "创建新账户"窗口

（2）设置用户账户属性。电脑管理员类型的账户可以设置自己以及其他账户的名称、图片、账户类型；受限账户只能设置自己账户的图片，若要更改自己的名称、账户类型，应由电脑管理员更改。

【任务 2-35】 将用户账户名称由"财务部"更改为"总经理"，并将账户类型更改为"管理员"。

操作步骤：

① 以电脑管理员权限身份登录到 Windows 7 系统。

② 打开"管理账户"窗口（见图 2-89），单击"财务部",打开"更改账户"窗口，单击"更改账户名称"按钮，输入"总经理",如图 2-91 所示。

③ 单击"改变名称"按钮，完成更改，返回"更改账户"对话框。

④ 在"更改账户"对话框，单击"更改账户类型"按钮。

⑤ 在"更改账户类型"窗口中，选择"管理员"（见图 2-92），并单击"更改账户类型"按钮，完成更改。

图 2-91　"重命名账户"窗口　　　图 2-92　"更改账户类型"窗口

（3）用户账户密码管理

用户账户创建后，是没有创建密码的，因此任何人都可以使用该账户登录电脑，这样不能保护个人隐私和系统安全性，所以建议用户对自己的账户创建密码。系统还允许用户更改、删除密码。

【任务 2-36】 将用户账户"总经理"的登录密码设置为"boss"，并设置提示为"老大"。

操作步骤：

① 打开"管理账户"窗口，单击"总经理",打开"更改账户"窗口，单击"创建密码"按钮。

② 打开"创建密码"对话框，在"新密码"文本框中输入密码"boss",在"确认新密码"文本框中再一次输入密码"boss"。

③ 在"输入密码提示"框中输入"老大"，如图 2-93 所示。

④ 单击"创建密码"按钮，完成更改。

【任务 2-37】 删除用户账户"总经理"的密码。

操作步骤：

①打开"管理账户"窗口，单击"删除密码"按钮。

②打开"删除密码"对话框，单击"删除密码"按钮，如图 2-94 所示，完成更改。

图 2-93 "创建密码"窗口　　　　图 2-94 "删除密码"对话框

如果要将用户账户"总经理"的密码由"boss"更改为"myboss",请问该怎么操作呢?

4. 电源设置。Windows 7 为用户提供了不同的电源管理方案,用户可以根据自己的实际情况进行设定,这样不但可以节省电能,而且能更有效地保养计算机,延长其寿命。

设置电源选项的具体步骤如下:

① 在"硬件和声音"窗口(见图 2-79)中单击"更改电源设置"图标,即可打开"电源选项"窗口,如图 2-95 所示。

② 在"选择电源计划"栏中,用户可以依据实际需要选择适当的电源计划,并可单击"更改计划设置"按钮,打开"电源选项属性"窗口进行详细设置,如图 2-96 所示。

图 2-95 "电源选项"窗口　　　　图 2-96 "电源选项属性"窗口

2.3.4 软硬件的安装和卸载

1. 程序和功能。

（1）安装程序。安装应用程序的一般方法是：双击应用程序的安装文件，然后在打开的安装向导中根据提示进行操作。

（2）卸载或更改程序。Windows 7 操作系统已安装的应用程序若不再需要了，则可以通过"卸载程序"来删除，这样不但能够节省磁盘空间，还能提高系统性能。

【任务 2-38】 请卸载掉 Windows 7 操作系统上的"迅雷 5"软件。

操作步骤：

① 单击"开始→控制面板"对话框。
② 在该对话框中，单击"卸载程序"，进入"程序和功能"窗口。
③ 选中"迅雷 5"，单击"卸载"按钮，如图 2-97 所示。
④ 在弹出的对话框中，单击"是"按钮，系统将自动卸载该应用程序。

> 请在 Windows 7 操作系统中安装下载软件"迅雷"。

（3）打开或关闭 Windows 功能。Windows 7 默认自带了许多功能，当不需要某些功能或需要使用某些功能完成更多的任务时，可以进行打开或关闭 Windows 7 功能的操作。

【任务 2-39】 关闭 Windows 7 操作系统"游戏"功能。

操作步骤：

① 在"控制面板"窗口中，选择"程序→打开或关闭 Windows 7 功能"选项，打开"Windows 7 功能"对话框，如图 2-97 所示。
② 将"游戏"前复选框的"√"去掉，如图 2-98 所示，单击"确定"完成操作。

图 2-97 "程序和功能"窗口　　　　图 2-98 关闭"游戏"功能

请将 Windows 7 的 "Internet 信息服务（IIS）"功能打开。

2. 设备和打印机。

【任务 2-40】 请将打印机添加到 Windows 7 中，并命名为"发票打印专用打印机"。

打印机是电脑常见的输出设备之一，用户可以用它打印文件、图形、照片或计算结果等。电脑也是一种共享资源，所有的应用程序都可以使用同一个打印机资源，而不需要自带打印机驱动程序。Windows 7 操作系统还允许添加或删除打印机。

操作步骤：

① 在电脑关闭状态下，用数据线将打印机与电脑相连，在分别启动打印机、电脑。

② 执行"开始→设备和打印机"命令，打开"设备和打印机"窗口，如图 2-99 所示。

③ 单击"添加打印机"图标，打开"添加打印机"对话框，单击该对话框中的"添加本地打印机"选项。

④ 打开"选择打印机端口"对话框，选中"使用现有的端口"单选项，在其下拉列表中选择 LPT1 端口，单击"下一步"按钮。

⑤ 打开"安装打印机驱动程序"对话框，选择打印机的相应厂商和型号，如图 2-100 所示，单击"下一步"按钮。

⑥ 打开"输入打印机名称"对话框，输入打印机名称"发票打印专用打印机"，如图 2-101 所示，单击"下一步"，系统开始安装选中打印机的驱动程序。

⑦ 安装完成后，将打开"打印机共享"对话框，选中"共享这台打印机"单选项，如图 2-102 所示，单击"下一步"按钮，在得到成功添加打印机的提示后，单击"完成"按钮，完成安装。

图 2-99 "设备和打印机"窗口　　　图 2-100 选择打印机厂商和型号窗口

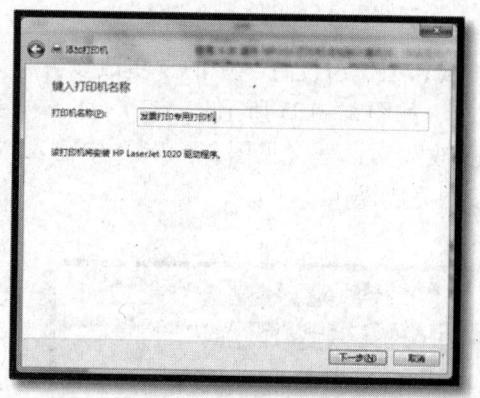

图 2-101　打印机命名设置窗口 　　　　　图 2-102　打印机共享设置窗口

> **小技巧**　如果用户的所安装的打印机制造商和型号未在列表中显示，可以使用打印机所附带的安装光盘进行安装。单击"从磁盘安装"按钮，打开厂商的安装盘，然后在"制造商文件复制来源"文本框中输入驱动程序文件的正确路径，或者单击"浏览"按钮，在打开的窗口中选择所需的文件，然后单击"确定"按钮。

2.3.5　系统安全与维护

Windows 7 已经自动设置来给用户提供足够的性能，但是还可以进一步改善 Windows 7 性能，通过对系统的设置来提高性能，主要是磁盘性能。在"系统"窗口中用户可以查看和更改系统的属性和配置。

1. 查看系统属性。执行"开始→控制面板→系统和安全"命令，打开"系统和安全"窗口（见图 2-103），在"系统和安全窗口"中单击"系统"按钮，打开"系统"窗口（见图 2-104），用户就可以了解系统信息了。

图 2-103　"系统和安全"窗口 　　　　　图 2-104　"系统"窗口

2. 查看/更改计算机名称。

【任务 2-41】　请将电脑名称更改为"财经计算机基础教材编写组专用"。

第 2 章　Windows 7 操作系统　　　　　　　　　　　　　　　　　　　　　　　　　87

操作步骤：

① 打开"系统"窗口，选择"计算机名称、域和工作组设置"中的"更改设置"，打开"系统属性"对话框，选择"计算机名"选项卡，如图2-105所示。

② 单击"更改"按钮，在"计算机名称/域更改"对话框（见图2-106）中输入"财经计算机基础教材编写组专用"，单击"确定"按钮完成操作。

③ 重新启动计算机。

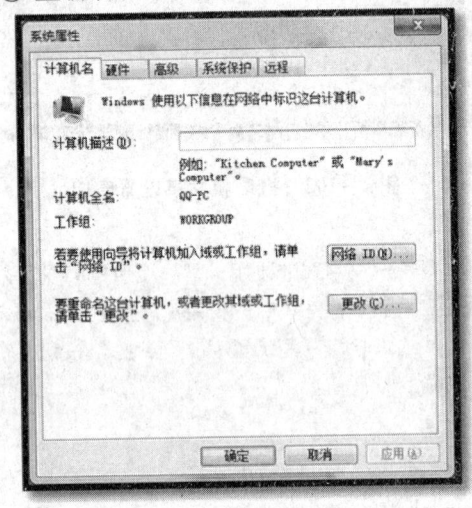

图2-105 "计算机名"选项卡   图2-106 "计算机名称/域更改"对话框

> 本节小结：控制面板是用户对电脑系统进行配置的重要界面，它主要包括对了系统的外观、属性、软硬件、安全4大方面。

2.4 常用附件

Windows 7的"附件"程序为用户提供了许多使用方便而且功能强大的工具，比如使用"计算器"来进行基本的算术运算；使用"画图"工具可以创建和编辑图画，以及显示和编辑扫描获得的图片；使用"记事本"进行文本文档的创建和编辑工作。进行以上工作虽然也可以使用专门的应用软件，但是运行程序要占用大量的系统资源，而附件中的工具都是非常小的程序，运行速度比较快，这样用户可以节省很多的时间和系统资源，有效地提高工作效率。在这一章中将介绍计算器、画图、记事本等工具的使用。

2.4.1 计算器

计算器可以帮助用户完成数据的运算，它可分为"标准计算器"、"科学计算器"、"程序员计算器"和"统计信息计算器"4种，"标准计算器"可以完成日常工作中简单的算术运算,"科学计算器"可以完成较为复杂的科学运算,"程序员"可以完成程序员工作中简单的逻辑运算,"统计信息"可以完成日常统计工作中的统计计算。它的使用方法与日常生活中所使用的计算器的方法一样,可以通过鼠标单击计算器上的按钮来取值,也可以通过从键盘上输入来操作。

1. 启动计算器。在使用计算器工具时,可选择"开始→所有程序→附件→计算器"命令,就可以进入计算器窗口,系统默认为"标准计算器"。

2. 标准计算器。在处理一般的数据时,用户使用"标准计算器"就可以满足工作和生活的需要了。计算器窗口包括标题栏、菜单栏、数字显示区和工作区共4部分,工作区由数字按钮、运算符按钮、存储按钮和操作按钮组成,如图2-107所示。

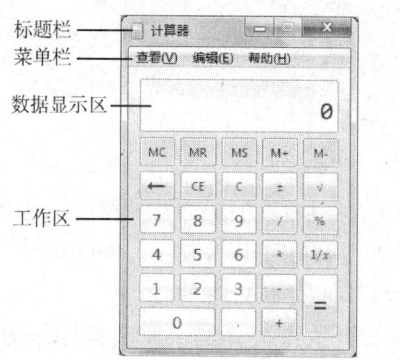

图2-107 标准计算器组成

存储按钮MC、MR、MS、M+、M-的意思分别是:M表示Memory,即存储器,是指一个中间数据缓存器;MC = Memory Clear,即清除存储器内容;MR = Memory Read 即读取存储器内容;MS = Memory Save,保存数值进存储器,M+ = Memory Add,即将存储器数值与当前数值相加,并存入存储器;M- = Memory Minus,即将存储器数值与当前数值相减,并存入存储器。

【任务2-42】 利用标准计算器计算1000 + 21 * 50 + 10000 * 5%的结果。

操作步骤:

① 选择"开始"→"程序"→"附件"→"计算器",打开计算机。

② 依次单击按键:1000、MS、21、*、50、=、M+、100 000、*、0.05、+、MR、=,计算结果为7050元。

> 计算器上通常用一个星号(*)来表示乘法运算,而不是用×号或圆点。因此,当在计算器中输入一个算式时,例如,2乘以3,实际上应输入2*3。除法运算用"/"符号来表示,例如,10除以5,实际上应输入10/5。

3. 科学计算器。当用户从事复杂的数学计算时,可以选择"查看→科学型"命令,弹出"科学计算器"窗口,科学计算器增加数学函数运算符号,如三角函数、代数函数等。

【任务2-43】 请用科学计算器计算sin30度 + com45度等于多少。

4. 程序员计算器。当用户从事逻辑运算时,可以选择"查看→程序员"命令,弹出"程序员计算器"窗口,程序员计算器增加了数制转换、逻辑运算等运算符号。

【任务2-44】 请用程序员计算器计算十进制数108转换成二进制数是多少？

5. 统计信息计算器。当用户从事统计计算时，可以选择"查看→统计信息"命令，弹出"统计信息计算器"窗口，统计信息计算器增加了平均值、平方平均值、和、平方和、标准差等运算符号。

【任务2-45】 请用统计信息计算器计算数列 {1，2，3，4，5} 的平均值、平方平均值、和、平方和分别是多少？

> 你注意到了吗？Windows 7 的计算器除了以上计算模式以外，还提供了单位转换、日期计算、抵押、汽车租赁、耗油等常用的计算工具。去试一试这些功能吧。

2.4.2 画图

"画图"程序是一个位图编辑器，可以对各种位图格式的图画进行编辑，用户可以自己绘制图画，也可以对扫描的图片进行编辑修改，在编辑完成后，可以以 PNG、JPEG、BMP、GIF 等格式存档，用户还可以发送到桌面和其他文本文档中。

1. 启动画图程序。在使用画图工具时，可执行"开始→所有程序→附件→画图"命令，就可以进入画图窗口。

> 如何在桌面创建"画图快捷方式"？操作步骤如下：(1) 选择"开始→所有程序→附件→画图"；(2) 用鼠标对准"画图"选项，右击；(3) 在弹出窗口中选择"发送到→桌面快捷方式"命令；(4) 单击左键，操作完毕，在桌面就会出现"画图"的快捷方式。

2. 认识画图窗口。画图工具的程序界面由标题栏、菜单栏、工具栏、状态栏、绘图区构成，如图2-108所示。

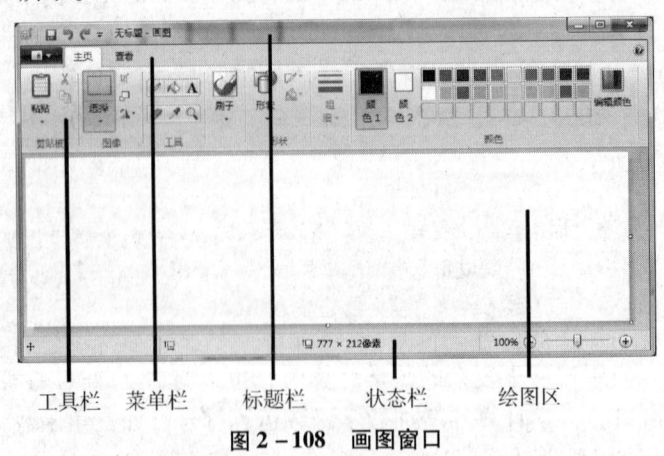

图2-108 画图窗口

3. 页面设置。在用户使用画图程序之前，首先要根据自己的实际需要进行画布的选择，也就是要进行页面设置，确定所要绘制的图画大小以及各种具体的格式。用户可以通过选择

"画图→打印→页面设置"命令来实现,如图2-109所示。在"页面设置"对话框中,可以进行相应的设置。

图2-109 "页面设置"对话框

4. 工具栏使用。

【任务2-46】 请使用画图工具画出彩色"奥迪轿车标志"(如图2-110彩色的"奥迪"标志),并将图片命名为"彩色奥迪",以JPEG格式保存。

操作步骤:

① 选择"开始"→"所有程序"→"附件"→"画图"打开画图工具。

② 在"主页"命令栏下,单击"形状"区域中的椭圆标志。

③ 将"颜色"选区中的"颜色1(前景色)"修改为"红色"。

④ 在绘图区按住 Shift 键的同时,单击鼠标左键,拖出一个圆圈,如图2-111所示。

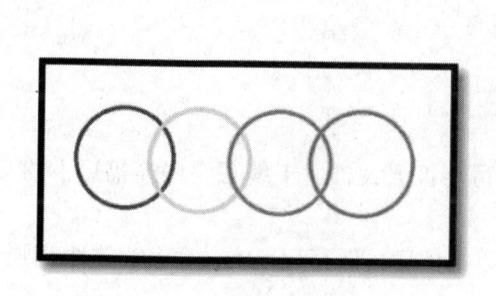

图2-110 彩色的"奥迪"标志

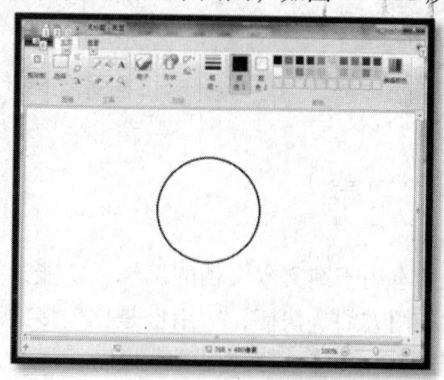

图2-111 圆圈

⑤ 根据要求选择不同的颜色,重复步骤④,直至完成操作,如图2-110所示。

⑥ 选择"画图→另存为→JPEG 图片"按钮,在"另存为"对话框的文件名处输入"彩色奥迪"并单击保存按钮。

5. 文件处理。

(1) 保存文件。"画图"软件默认以位图格式保存图片,以位图格式保存的文件一般以 .PNG 为扩展名。也可以以其他的格式(如 BMP、JPEG、GIF 等)存档。执行"画图→保存/另存为"命令(见图2-112),弹出"保存为"对话框(见图2-113),用户可在"保存在"选项组中选择文件保存位置,在"文件名"选项组中填写文件名,在"保存类型"选项组中选择文件格式,最后单击"保存"按钮确定保存。

(2) 设置为墙纸/打印:当用户的一幅作品完成后,可以设置为墙纸,还可以打印输出,具体的操作都是在"文件"菜单(见图2-112)中实现的,用户可以直接执行相关的命令。

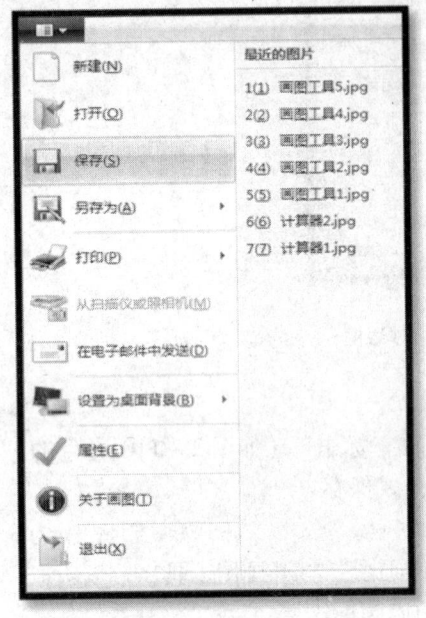

图2-112 "文件"菜单　　　　图2-113 "保存为"对话框

> 利用"画图"工具,绘画出具有自己个性特点的图画,并设置为电脑的桌面。

2.4.3 记事本

记事本用于纯文本文档的编辑,功能没有写字板强大,适于编写一些篇幅短小的文件,由于它使用方便、快捷,应用也是比较多的。

【任务2-47】 打开记事本程序,将输入以下信息,保存记事本并命名为"李克强总理的两堂经济公开课"。

录入内容:十多天前,国务院总理李克强在人民大会堂主讲了一堂形象生动的经济公开课。10月21日,在中国工会第十六次全国代表大会上,他所作的经济形势报告,对中国经济发展现状和未来中长期走势做出了深入浅出的分析阐述,并且从头到尾"没有讲稿"。

操作步骤:
① 选择"开始"→"程序"→"附件"→"记事本"。
② 在记事本中输入上述内容,如图2-114所示。
③ 单击"文件"→"保存",再"另存为"对话框的"文件名"处输入"李克强总理的两堂经济公开课"并单击保存按钮。

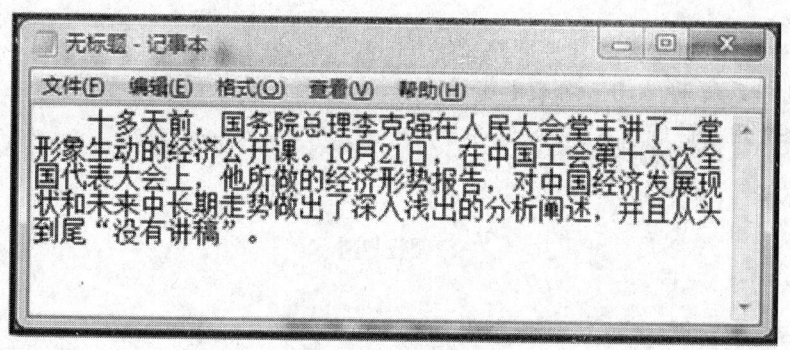

图 2-114 记事本

小技巧

(1) "格式"菜单中的"自动换行"选项,是一个开关命令。选中此项后,输入文字的过程中按当前窗口的宽度进行自动换行;

(2) 记事本中获取当前系统时间的快捷键为 Windows + F5;

(3) 让记事本自动记录上次打开的时间的方法:在记事本的第一行加上 .log。

2.4.4 录音机

【任务 2-48】 请一位同学朗诵"李克强总理的两堂经济公开课"(见图 2-114),并录制下来。

操作步骤:

① 单击"开始"按钮,选择"所有程序→所有附件→录音机"命令,如图 2-115 所示。

② 单击 ● 开始录制(S) 按钮,即可开始录音。

③ 录制完毕后,单击 ■ 停止录制(S) 按钮,系统自动打开"另存为"对话框,选择好保存路径及名称即可。

注意:停止录制以后,如果想继续录制的话,可在"另存为"对话框中单击"取消"按钮,再单击 ● 继续录制(S) 即可。

图 2-115 "录音机"窗口

总结

本节小结:(1) 使用"计算器"程序的操作与使用普通袖珍型计算机相同;(2) 使用"画图"程序能够绘制图片,并且能够对照片和其他图形图像进行一些基本的编辑操作;(3) 使用"记事本"程序可处理纯文本文档,即无格式的文本;(4) 使用录音机录制声音。

本章总结：本章全面详细地介绍了 Windows 7 的各项功能及其操作和管理方法，包括系统的功能、发展和分类等基本知识，系统的资源管理器、控制面板、常用软件等基本技巧。

测试题

1. 在 Windows 7 环境下，整个显示屏幕称为（　　）。
   A. 窗口　　　　　　　　B. 桌面　　　　　　　　C. 对话框　　　　　　　　D. 资源管理器
2. 如果在对话框要进行各个选项卡之间的切换，可以使用的快捷键是（　　）。
   A. Ctrl + Tab 快捷键　　B. Ctrl + Shift 快捷键　　C. Alt + Shift 快捷键　　D. Ctrl + Alt 快捷键
3. 若想直接删除文件或文件夹，而不将其放入"回收站"中，可在拖到"回收站"时按住（　　）键。
   A. Shift　　　　　　　　B. Alt　　　　　　　　C. Ctrl　　　　　　　　D. Delete
4. 当一个窗口已经最大化后，下列叙述中，错误的是（　　）。
   A. 该窗口可以被关闭　　B. 该窗口可以移动　　C. 该窗口可以最小化　　D. 该窗口可以还原
5. 将运行中的应用程序窗口最小化后，应用程序（　　）。
   A. 还在继续运行　　　　B. 停止运行　　　　C. 被删除掉　　　　D. 出错
6. 以下对话框元素中，只有（　　）中能输入文本。
   A. 文本框　　　　　　　B. 单选框　　　　　　C. 复选框　　　　　　D. 列表框
7. 下列文件名中，合法的文件名是（　　）。
   A. My. PROG　　　　　B. A \ B \ C　　　　　C. TEXT * . TXT　　　　D. A/S. DOC
8. 回收站是（　　）的一块区域，而剪贴板是（　　）的一块区域。
   A. 内存中　　　　　　　B. 软盘上　　　　　　C. 硬盘上　　　　　　D. CPU 中
9. 在 Windows 7 的"回收站"中，存放的（　　）。
   A. 只能是硬盘上被删除的文件或文件夹　　B. 只能是软盘上被删除的文件或文件夹
   C. 可以是所有外存储器中被删除的文件或文件夹　　D. 可以是硬盘或软盘上被删除的文件或文件夹
10. 文件的类型可以根据（　　）来识别。
    A. 文件的大小　　　　　B. 文件的扩展名　　　C. 文件的用途　　　　D. 文件的存放位置
11. 在 Windows 7 操作系统中，显示桌面的快捷键是（　　）。
    A. "Win" + "P"　　　B. "Win" + "Tab"　　C. "Win" + "D"　　　D. "Alt" + "Tab"
12. 在 Windows 7 操作系统中，关于快捷方式的叙述不正确的是（　　）。
    A. 快捷方式是一种扩展名为 .LNK 的特殊文件　　B. 快捷方式文件的图标左下角有一个小箭头
    C. 文件中存放的是一个指向另一个文件的指针　　D. 删除快捷方式文件意味着删除它所指向的文件
13. 在常用软件的使用中，鼠标的复制、剪切、粘贴操作可以通过键盘的快捷键方式来实现，以提高工作效率。以下复制、剪切、粘贴快捷键的正确组合是（　　）。
    A. Ctrl + D、Ctrl + X、Ctrl + V　　　　B. Ctrl + C、Ctrl + X、Ctrl + V
    C. Ctrl + X、Ctrl + D、Ctrl + C　　　　D. Ctrl + V、Ctrl + D、Ctrl + X
14. 执行硬盘格式化后，硬盘原有的数据会（　　）。
    A. 全部丢失　　　　　　B. 被放入回收站　　　C. 变得有条理　　　　D. 更安全

第3章 计算机网络基础与 Internet 基本应用

计算机网络是计算机技术与通信技术结合的产物。Internet（又称互联网）是 20 世纪最伟大的发明之一。Internet 将世界上不计其数的计算机及计算机网络互联起来的网络，Internet 是一个庞大的数据资源网，它将全世界各部门、各领域的信息资源集成为一体，供全人类享用。Internet 是一个面向公众的社会团体，它是一个全球性论坛，允许人们在 Internet 上来进行信息查询、交流与获取，并将自己的资源加入其中。网络已经无处不在，网络正在改变人们的生活。

本章主要内容结构见图 3-1。

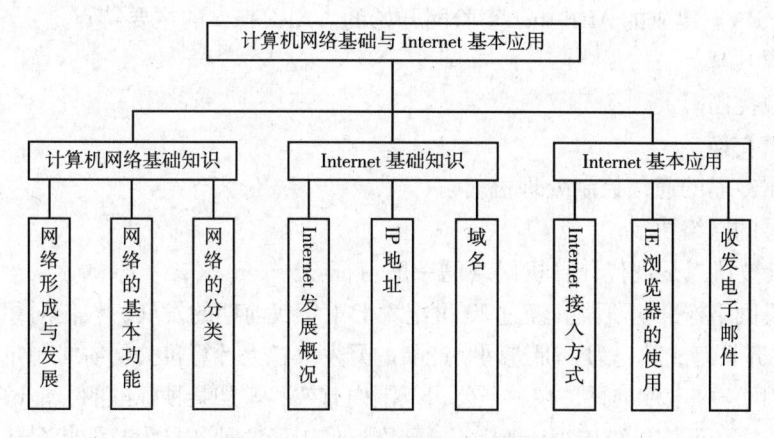

图 3-1 本章主要内容结构

学习目标包括以下几点。
1. 认识计算机网络的基本概念、功能与分类。
2. 掌握计算机网络的安全使用。
3. 掌握 IP 地址和域名基本知识。
4. 学会浏览网页、收发电子邮件、信息搜索等 Internet 应用。

3.1 计算机网络基础知识

计算机网络是计算机技术与通信技术相结合的产物。计算机网络从形成、发展到广泛应用已经历了近 50 年的时间。目前，人们可以将自己的个人电脑、PDA 或手机等通过有线方式或无线方式连接到互联网，享受互联网所提供的各种各样的服务。

3.1.1 计算机网络形成与发展

计算机诞生初期，所有计算机都是以单机的方式运行，其利用率较低、运行成本高。人们渴望能在计算机间共享资源；在计算机上进行大型项目合作以及通过计算机相互传递信息，这些需求在单机运行环境下是无法实现的。因此，人们开始利用通信技术将各自独立运行的计算机相互连接，形成计算机网络，满足人们应用计算机的需求。计算机网络的发展大致可以分为以下几个阶段：

1. 早期的计算机网络。在1951年，美国麻省理工学院林肯实验室开始为美国空军设计半自动化地面防空系统（称为SAGE），该系统最终于1963年建成，被认为是计算机和通信技术结合的先驱。在这一类计算机通信网络中，已经使用了多点通信线路、终端集中器以及前端处理机等现代通信技术。

2. 现代计算机网络的发展。现代意义上的计算机网络是从1969年美国国防部高级研究计划局（DARPA）建成的ARPAnet实验网开始的。ARPAnet的主要特点是：

（1）资源共享。
（2）分散控制。
（3）分组交换。
（4）采用专门的通信控制处理机。
（5）分层的网络协议。

这些特点被认为是现代计算机网络的一般特征。

3. 计算机网络标准化阶段。经过20世纪六七十年代前期的发展，人们对组网的技术、方法和理论的研究日趋成熟，为了促进网络产品的开发，各大计算机公司纷纷制定自己的网络技术标准，这些网络技术标准只是在一个公司范围内有效，遵从某种标准的、能够互联的网络通信产品，只是同一公司生产的同构型设备。网络通信市场这种各自为政的状况使得用户在投资方向上无所适从，也不利于多厂商之间的公平竞争，1977年，国际标准化组织（ISO）开始着手制定开放系统互连参考模型（Open System Interconnect，OSI）作为国际标准。OSI规定了可以互联的计算机系统之间的通信协议，遵从OSI协议的网络通信产品都是所谓的"开放系统"。今天，几乎所有的网络产品厂商都声称自己的产品是开放系统，不遵从国际标准的产品逐渐失去了市场。这种统一的、标准化产品互相竞争的市场进一步促进了网络技术的发展。

4. 微机局域网的发展时期。自20世纪70年代开始，随着大规模集成电路技术和计算机技术的飞速发展，硬件价格急剧下降，微机得以广泛应用，广大计算机局域网开发者和厂商迫切需要一个与OSI相对应的分层体系结构。使局域网中大量价格中等的物理设备有效地实现互联，确保由不同厂家生产的计算机及设备的兼容性。电气与电子工程师学会IEEE成立了IEEE802学会，并于1980年制定了IEEE802局域网通信协议标准。据此，局域网技术得到迅速发展。局域网的发展也促使计算机网络的模式发生了变革，即由早期的以大型机为中心的集中式模式转变为由微机构成的分布式计算机模式。

5. 国际互联网发展时期。国际互联网（Internet）是一个由各种不同类型和规模的独立运行和管理的计算机网络组成的全球范围的计算机网络，组成Internet的计算机网络包括局域网（LAN）、城域网（MAN）以及大规模的广域网（WAN）等。这些网络通过普通电话线、高速率专用线路、卫星、微波和光缆等通讯线路把不同国家的网络连接起来，采用的基本协议是 TCP/IP。Internet 是全世界最大的图书馆，用户可以利用 Internet 提供的各种工具去获取 Internet 提供的巨大信息资源，任何一个地方的任意一个 Internet 用户都可以从 Internet 中获得任何方面的信息。

3.1.2 计算机网络的基本功能

计算机网络的功能主要体现在如下三方面：

1. 资源共享。计算机网络主要功能之一是网络用户对资源的共享。资源共享有以下几种情况：

（1）硬件资源共享：即共享主机、大容量存储设备和特殊外围设备，从而避免硬件的重复投资和提高设备的利用率。如：局域网内建立一台共享打印机，可以为局域网所有用户提供打印服务。

（2）软件资源共享：即共享各种语言处理程序、支持软件与应用软件，从而避免在软件开发、维护和管理上的重复投资。

（3）数据资源共享：计算机网络通过共享文件和数据库，不仅可以提高数据处理的效率和准确性，而且可以大大减少存储数据所需的设备。常见的便是文件共享服务，采用 FTP 和 TFTP 服务，使用户能够在工作组计算机上方便而安全地访问共享服务器上的资源。

2. 信息传送。利用传输线路使网络中的计算机之间或计算机与终端之间能迅速、可靠地相互传送数据、程序或各种不同形式的信息，从而实现计算机视频监控、电子邮件、计算机会诊、文献检索等许多功能。例如，可以通过计算机网络建立国家经济信息系统、气象数据收集系统。企业内部各部门之间可以相互查询、传送数据、自动转账、上下级之间转送报表等。

3. 分布式处理。分布式处理是指由多个自主的、相互连接的信息处理系统，在一个高级操作系统协调下共同完成同一任务的处理方式。计算机网络也因此可以分散负荷，把数据处理任务分散到网络中不同计算机进行处理，防止计算机的大型化，提高系统的效率和降低投资开销和软件设计的复杂性。

3.1.3 计算机网络的分类

计算机网络的分类方式有很多种，可以按拓扑结构、地理范围、传输速率和传输介质等分类。

1. 按照网络拓扑结构分类。

（1）星形拓扑。星型网是指网络中的各节点设备通过一个网络集中设备（如交换机 Switch）连接在一起，各节点呈星状分布的网络连接方式，如图 3-1（a）所示。星形拓扑的优点是网络结构简单，容易实现，便于集中式管理；缺点是所需线材较多，成本高，同时一旦网络集中设备发生故障，整个网络将会瘫痪。

（2）环形拓扑。环型拓扑结构是使用公共电缆组成一个封闭的环，各节点直接连到环上，信息沿着环按一定方向从一个节点传送到另一个节点，如图 3-2（b）所示。环形拓扑的优点是每一个节点均有信号增强功能，故网络信号稳定；缺点是由于每一节点需加装信号增强器，故成本高，同时网络中一旦有一个节点发生故障，整个网络将瘫痪。

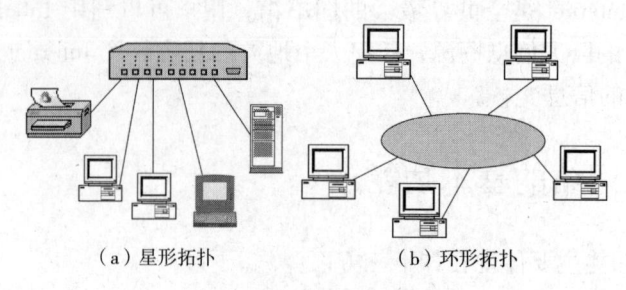

(a) 星形拓扑　　　　　(b) 环形拓扑

图 3-2　网络拓扑结构

(3) 总线形拓扑。总线形拓扑采用单根传输线作为传输介质，所有的节点都通过相应的硬件接口直接连接到传输介质或总线上。任何一个站点发送的信息都可以沿着介质传播，而且能被所有其他站点接收，如图 3-3（a）所示。总线形拓扑的优点是所有节点均共用一条传输线路，布线成本低；缺点是该结构无中央节点装置（如交换机），网络一旦发生故障不易找到故障点。

(4) 树形拓扑。树形拓扑结构中从根节点开始向下分级，且任何两个节点之间都不形成回路的互联结构。它像一棵倒置的树，顶端是树根，树根以下带分支，每个分支还可带子分支，如图 3-3（b）所示。优点是易于扩展，故障隔离较容易；缺点是节点对根依赖性太大，若根发生故障，则全网不能正常工作。

(5) 网状拓扑。网状拓扑没有上述四种拓扑那么明显的规则，节点的连接是任意的，没有规律，如图 3-3（c）所示。优点是应用广泛，不受瓶颈问题和失效问题的影响；缺点是结构较复杂，网络协议也复杂，建设成本高。

(a) 总线型拓扑　　　(b) 树形拓扑　　　(c) 网状拓扑

图 3-3　网络拓扑结构

2. 按网络覆盖的地理范围不同分类。

(1) 局域网（Local Area Network，LAN）。局域网是在一个局部的地理范围内（如学校、工厂和机关内），将各种计算机、外部设备和数据库等互相连接起来组成的计算机通信网。它可以通过数据通信网或专用数据电路，与远方的局域网、数据库或处理中心相连接，构成一个较大范围的信息处理系统。其传送距离一般在几千米之内，最大距离不超过 10 千米。局域网具有高数据传输速率（10Mbps－10Gbps）、低误码率、成本低、组网容易、易管理、易维护、使用灵活方便等优点，见图 3-4（a）。

(2) 城域网（Metropolitan Area Network，MAN）。城域网是介于局域网和广域网之间，作用距离可达几十甚至 100 千米左右，具有传输速率较高、网络结构灵活等特点，一般服务于一个城市或一个地区。常用于组建银行、税务、公司或者其他公共事业网络，见图3-4（b）。

（3）广域网（Wide Area Network，WAN）。广域网又称为远程网，所覆盖的地理范围要比局域网大得多，从几十千米到几千千米，传输速率比较低，一般在96Kbps~45Mbps。通常以巨型机或大型机为网络的骨干结点，微机、终端则通过与骨干结点的连接而入网。广域网一般使用电话之类的公共通信设备、地面无线电通信及卫星通信设备为通讯网络，见图3-4（c）。

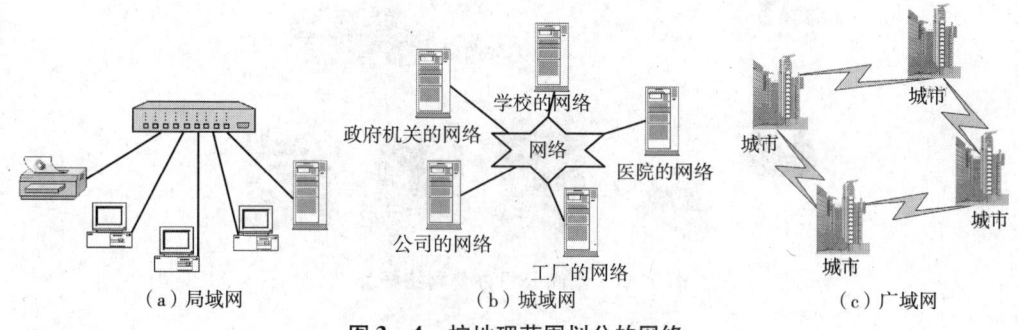

图3-4 按地理范围划分的网络

【任务3-1】雨润公司只有20台电脑，每台电脑都配有10/100MB网卡。公司已经接入电话，购买了一台打印机和一台传真机进行日常办公。为提高办公效率，共享资源，提高公司形象与竞争力，想组建小型办公网络，并接入Internet。公司办公场所在同一楼层，所有电脑连线距离不超过100米。具体需求如下：

（1）提供网内文件共享、打印机共享服务。
（2）所有电脑自动获得IP地址配置信息。
（3）为公司网接入Internet。
（4）建立公司内部无线网络，实现移动办公。

组建网络步骤：
① 需求分析，根据雨润公司对组建小型办公网络的需求，确定该网络的功能，见表3-1。

表3-1　　　　　　　　　　雨润公司办公网络功能

公司需求	网络功能
提供网内文件共享、打印机共享服务	Windows的文件共享、打印机共享
所有电脑自动获得IP地址配置信息	DHCP服务
为公司网接入Internet	接入Internet
建立公司内部无线网络，实现移动办公	接入无线路由器

② 网络规划，依据网络功能，结合当前最常用的局域网技术，这次组建的局域网确定为：星型结构的快速以太网，网络拓扑如图3-5所示。

操作步骤：
① 中心节点选用24口的千兆交换机，其中21个100MB端口连接工作站计算机，3个1 000MB端口连接Internet、无线路由和服务器等，因为服务器将为网络提供WEB、FTP、DHCP服务和无线网络。

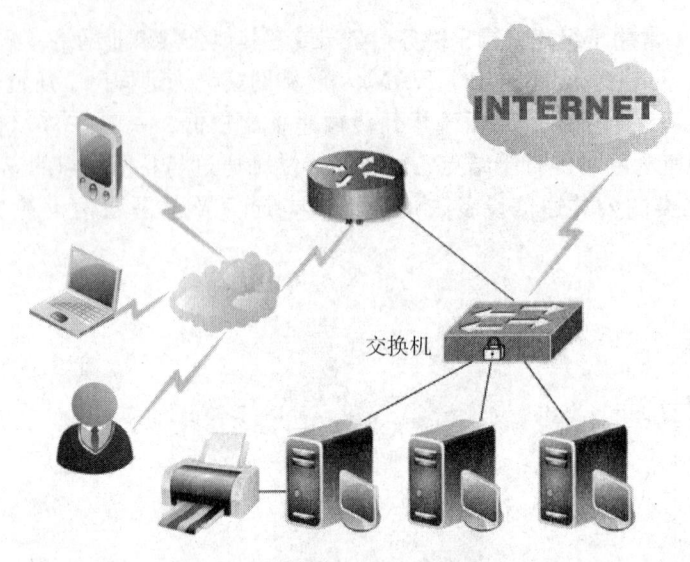

图 3-5 雨润公司办公网络拓扑

② 接入互联网，由于公司已安装了电话，选择使用电信部门提供的 ADSL + 宽带路由器的方式，既有相对"宽"的速度，又有相对低廉的价格。

③ 服务器，稳定性及安全性是办公网络的首要追求目标，最好选择品牌优良的专业服务器。根据本局域网的规划，服务器需具备 1 000MB 的以太网接口。

④ 传输介质，本局域网的最大传输距离不超过 100 米，选择双绞线足矣。

⑤ 设备安装，依据图 3-4（a）进行布线，将选择的设备连接组建成网络。

⑥ 软件安装设置，包括系统软件和应用软件，工作站计算机的操作系统主要取决于用户的需求，一般安装 Windows 7 是较好的选择。对服务器而言则应根据不同的服务选择不同的网络操作系统，如 Windows Server、Linux 和 Unix 等。

⑦ 共享打印机，选择一台计算机安装本地打印机并将其设置为共享，其他计算机安装网络打印机即可通过网络在这台打印机上实现打印。如果你购买的是网络打印机，打印机可以直接通过双绞线连接入网。

⑧ 无线路由器一般选择四口的即可，把无线路由器与交互机连接，设置无线路由的账号和密码，实现无线网络覆盖。

> 本节小结：计算机网络是由多台计算机（或其他计算机网络设备）通过传输介质和软件物理（或逻辑）连接在一起组成的。计算机网络的组成包括：计算机、网络操作系统、传输介质以及相应的应用软件四部分。

3.2 Internet 基础知识

Internet 是最大的广域网，是全人类最大的知识宝库之一。从通讯的角度来看，Internet 是一个理想的信息交流媒介，利用 Internet 能够快捷、安全、高效地传递信息；从获得信息的角度来看，Internet 是一个庞大的信息资源库，网络上有遍布全球的图书馆，还有政府、学校和公司企业等机构的详细信息；从娱乐休闲的角度来看，Internet 是一个花样众多的娱乐厅；从经商的角度来看，Internet 是一个既能省钱又能赚钱的场所，利用 Internet，足不出户，就可以将生意做到全世界。

3.2.1 Internet 发展概况

Internet 起源于 1969 年，当时美国国防部为了能在爆发核战争时保障军队内部的通信联络，建立了一个由 4 台计算机互联而成的试验性的分组交换网络 ARPAnet（阿帕网）。1982 年，美国国防部通过命令方式要求所连入 ARPAnet 的网络必须采用 IP 协议（即 INTERNET 协议）互联。并且，在 1983 年完成了这种转换，这也是国际互联网叫 INTERNET 的原因。同年，美国国防部通信署（Defense Communication Agency，DCA）将 ARPAnet 分成了两个独立的网络：一个仍叫 ARPAnet（用于进一步的研究）；一个叫 MILnet（用于军事通信）。1985 年，NSF（美国国家科学基金会）出资在全美建立了五大超级计算中心，1986 将五大计算机中心互联，形成 NSFnet，并连入了 ARPAnet。这样 NSFnet 取代了 ARPAnet 成为 INTERNET 的主干网。NSFnet 同样采用 TCP/IP 协议且面向全社会开放，使 INTERNET 进入了以资源共享为中心的实用服务阶段。从此，INTERNET 开始迅速发展，很快走向了整个世界。

Internet 在中国的发展历程可以大略地划分为三个阶段：

第一阶段：1987～1993 年，主要为理论研究与电子邮件服务。1990 年 4 月，我国启动中关村地区教育与科研示范网（NCFC），1992 年该网络建成，实现了中国科学院与北京大学、清华大学三个单位的互联。

第二阶段：1994～1997 年，建立国内的计算机网络并实现了与 Internet 的全功能连接。1994 年 4 月，NCFC 工程通过美国 SPRINT 公司连入 INTERNET 的 64K 国际专线开通，实现了与 INTERNET 的全功能连接。中国教育和科研计算机网 CERNET，中国公用计算机互联网 CHINANET，中国科技网 CSTNET，中国金桥信息网 China GBN，是中国的四大网络，于 1997 年实现了四网互联互通。

第三阶段从 1997 年至今，是快速增长阶段。中国互联网络发展状况统计报告（2011 年 7 月）发布，截至 2011 年 6 月底，中国现有网站 183 万个。中国网民数量达到 4.85 亿，家庭宽带网民 3.90 亿，手机上网用户首超 3.18 亿，网民规模稳居世界第一位。

3.2.2 IP 地址

Internet 通过路由器将成千上万个不同类型的物理网络互联在一起，是一个超大规模的网络，为了使信息能够准确到达互联网上指定的目的节点，必须给互联网上每个节点（主机、路由器等）指定一个全局唯一的地址标识，就像每一部电话都具有一个全球唯一的电话号码一样。在互联网通信中，可以通过 IP 地址和域名实现明确的目的地指向。

尽管 Internet 上连接了无数的服务和电脑，但它们并不是处于杂乱无章的无序状态，而是每一个主机都有唯一的地址，作为该主机在 Internet 上的唯一标志，称为 IP 地址（Internet Protocol Address）。IP 地址的长度为 32 位，分为 4 段，每段 8 位，用十进制数字表示，每段数字范围为 0~255，段与段之间用小数点隔开。例如，159.226.1.12。IP 地址由两部分组成，一部分为网络号，另一部分为主机号，如表 3-2 所示。

表 3-2　　　　　　　　　　　　　IP 地址结构图

网络号	主机号

根据 IP 地址的第一段分为 A、B、C、D、E 共 5 类，如表 3-3 所示。常用的是 A、B 和 C 三类，在全球范围内统一分配。0~127 为 A 类；128~191 为 B 类；192~223 为 C 类，D 类和 E 类留做特殊用途。

表 3-3　　　　　　　　　　　　　　IP 地址分类

网络类别	最大网络数	IP 地址范围	最大主机数	私有 IP 地址范围
A	126	1.0.0.0 ~ 126.255.255.255	16 777 214	10.0.0.0 ~ 10.255.255.255
B	16 384	128.0.0.0 ~ 191.255.255.255	65 534	172.16.0.0 ~ 172.31.255.255
C	2 097 152	192.0.0.0 ~ 223.255.255.255	254	192.168.0.0 ~ 192.168.255.255

【任务 3-2】　用 Ping 命令查询网易（www.163.com）IP 地址。

操作步骤：

① 单击"开始"→"所有程序"→"附件"→"命令提示符"菜单，如图 3-6 所示。

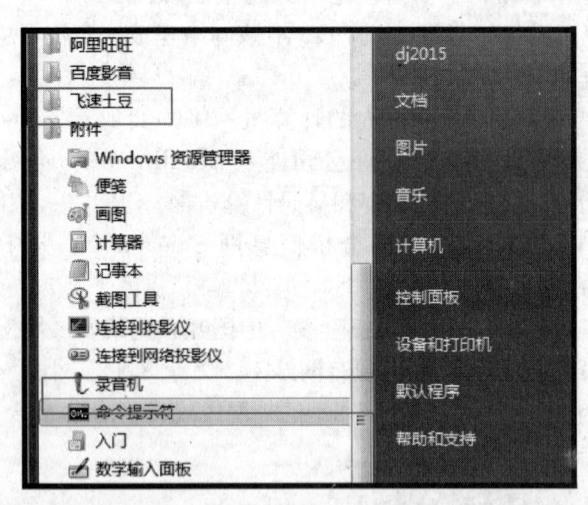

图 3-6　打开命令提示符

② 在命令提示符输入 ping　www.163.com，回车，查询到 IP 地址是：121.11.92.178，如图 3-7 所示。

图 3-7 "命令提示符"窗口

目前 Internet 使用的是 IPV4, 即 IP 地址第四版本。但随着上网人数的增加而面临 IP 地址资源短缺的局面, 为了解决这个问题, IPV6 诞生, 在 IPV6 协议中包括新的协议格式, 其地址长度为 128 位。IPV6 地址空间是 IPV4 的 296 倍, 能提供多达超过 3.4×10^{38} 个地址, 很好地解决了 IP 地址短缺的问题。

【任务 3-3】 检查计算机的 IP 地址, 并根据当前网络进行 IP 地址、子网掩码、网关和 DNS 服务器地址的设置。

操作步骤:

① 单击"开始"→"控制对话框", 打开"网络和 Internet"中的"查看网络状态和任务"命令, 如图 3-8 所示。

图 3-8 "查看网络状态和任务"对话框

② 选择"更改适配器设置", 进入"网络连接"对话框, 右击"本地连接", 选择"属性"命令, 如图 3-9 所示。

③ 选择"Internet 协议版本 4", 再单击"属性"按钮, 进入设置对话框, 根据当前网络的配置对计算机进行网络设置, 如图 3-10 所示。

第 3 章 计算机网络基础与 Internet 基本应用

图3-9 "网络连接"对话框与本地连接属性

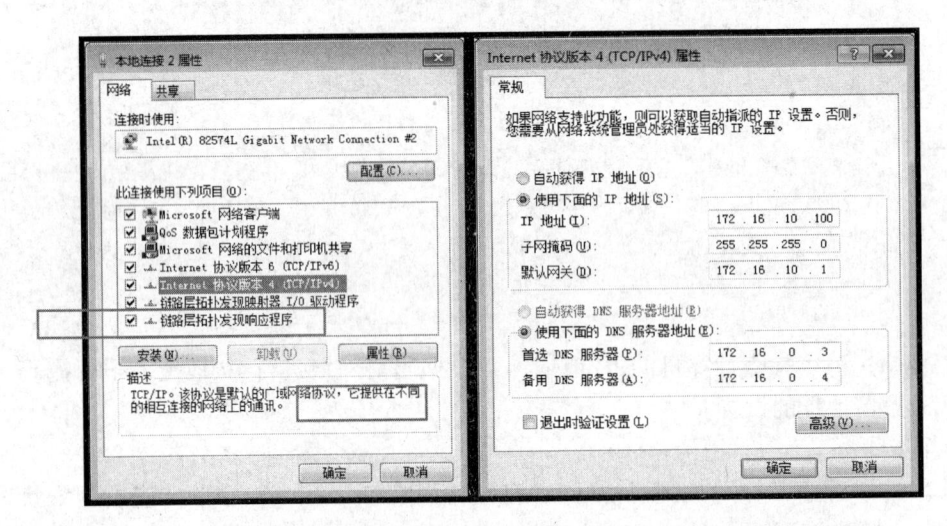

图3-10 "本地连接2属性"对话框与"Internet协议版本4属性"对话框

3.2.3 域名

由于IP地址是数字且位数较多，使用时难以记忆，因此在IP地址的基础上又发展出一种符号化的地址方案，来代替数字型的IP地址。每一个符号化的地址都与特定的IP地址对应。这个与网络上的数字型IP地址相对应的字符型地址，就被称为域名。

域名采用层次结构，各层次的子域名之间用圆点"."隔开，从右至左分别是第一级域名（或称顶级域名），第二级域名，……，直到主机名。其结构如下：

主机名.…….第二级域名.第一级域名

第一级域名又分为两类：一是国家一级域名（national top-level domainnames，nTLDs），目前200多个国家都按照ISO3166国家代码分配了顶级域名，例如，中国是cn，美国是us，日本是jp等；二是国际一级域名（international top-level domain names，iTDs），例如，表示工商企业的.com，表示网络提供商的.net，表示非营利组织的.org等。二级域名是指一级域名之下的域名，在国际一级域名下，它是指域名注册人的网上名称，例如，ibm、yahoo、microsoft等；在国家一级域名下，它是表示注册企业类别的符号，例如，com、edu、gov、net等。表3-4列出了常见的域名代码。

表3-4　　　　　　　　　　　　　　常见的域名代码

域名代码	意义	域名代码	代表国家或地区
com	商业组织	cn	中国
net	主要网络支持中心	us	美国
org	非营利组织	gb	英国
gov	政府机关	jp	日本
edu	教育机构	tw	中国台湾
int	国际组织	hk	中国香港特别行政区
mil	军事部门	mo	中国澳门特别行政区

我国在国际互联网络信息中心正式注册并运行的顶级域名是 CN，这也是我国的一级域名。在顶级域名之下，我国的二级域名又分为类别域名和行政区域名两类。类别域名共 6 个，包括用于科研机构的 ac；用于工商金融企业的 com；用于教育机构的 edu；用于政府部门的 gov；用于互联网络信息中心和运行中心的 net；用于非营利组织的 org。而行政区域名有 34 个，分别对应于我国各省、自治区和直辖市。三级域名用字母（A~Z，a~z，大小写等）、数字（0~9）和连接符（-）组成，各级域名之间用实点（.）连接，三级域名的长度不能超过 20 个字符。如无特殊原因，建议采用申请人的英文名（或者缩写）或者汉语拼音名（或者缩写）作为三级域名，以保持域名的清晰性和简洁性。

例如，www.tsinghua.edu.cn 是清华大学的一个域名，其中 tsinghua 是清华大学的英文缩写，edu 表示教育机构，cn 表示中国，www 是主机名。

> 域名是如何与 IP 地址联系在一起的呢？是通过 DNS 域名系统。DNS 在互联网的作用是：把域名转换成为网络可以识别的 IP 地址。比如：当你在浏览器地址栏输入 www.163.com，DNS 自动将其转换为 121.11.92.178，你使用的计算机便与网易公司网站服务器实现连接。

3.2.4　Internet 接入的基本方式

目前 Internet 接入方式通常有专线连接、局域网连接、无线连接和电话拨号连接 4 种。其中使用 ADSL 方式拨号连接是最经济、简单、采用最多的一种接入方式。无线连接由于上网方便，现在正流行开来。

1. ADSL。目前用电话线接入 Internet 的主流技术是 ADSL（非对称数字用户线路），ADSL 是一种新兴的高速通信技术。上行（指从用户电脑端向网络传送信息）速率最高可达 1Mb/s，下行（指浏览 www 网页、下载文件）速率最高可达 8Mb/s。上网的同时可以打电话，互不影响，而且上网时不需要另交电话费。安装 ADSL 也极其方便快捷，只需在现有电话线上安装 ADSL MODEM，而用户现有线路不需改动（改动只在交换机房内进行）即可使用。

2. 电话拨号。电话拨号入网可分为两种：一是个人计算机经过调制解调器和普通模拟电话线，与公用电话网连接。二是个人计算机经过专用终端设备和数字电话线，与综合业务数字网（Integrated Service Digital Network，ISDN）连接。通过普通模拟电话拨号入网方式，数据传输能力有限，传输速率较低（最高 56kb/s），传输质量不稳，上网时不能使用电话。通过 ISDN 拨号入网方式，信息传输能力强，传输速率较高（128kb/s），传输质量可靠，上网时还可使用电话。

3. 无线连接。所谓无线上网分两种，一种是通过手机开通数据功能，以电脑通过手机或无线上网卡来达到无线上网，速度则根据使用不同的技术、终端支持速度和信号强度共同决定。另一种无线上网方式即无线网络设备，它是以传统局域网为基础，以无线 AP 和无线网卡来构建的无线上网方式。一般认为，只要上网终端没有连接有线线路，都称为无线上网。

4. 局域网连接。目前，学校、企事业单位及住宅小区几乎都建有自己的局域网，这些局域网一般采用光缆＋双绞线的方式进行综合布线，带宽在 10M 以上。当局域网接入 Internet，网内的用户不仅可以通过局域网享受到 Internet 提供的服务，同时可实现实时监控、智能化物业管理、小区/大楼/家庭保安、家庭自动化等，可提供智能化、信息化的办公与家居环境，满足不同层次的人们对信息化的需求。

> 本节小结：TCP/IP 协议是当前最流行的计算机网络协议，IP 地址是 TCP/IP 协议中使用的网络层地址标识。域名通过 DNS 服务转换为 IP 地址，让网站更容易记忆。通过不用的 Internet 接入方式，可以轻松在网络漫游，享受网络带来的各种服务。

3.3 Internet 基本应用

Internet 已成为人们获取信息的重要渠道，看新闻、收发电子邮件、下载资料、与好友在网上交流、上微博发表自己的观点等。本小节将介绍常见的一些 Internet 应用和使用技巧。

3.3.1 IE 浏览器的使用

浏览网页是 Internet 最基本的应用之一，用户可以随心所欲地在信息的海洋中冲浪，获取各种有用的信息。在开始使用浏览器上网浏览之前，先简单介绍几个与浏览相关的概念。

1. 相关概念

（1）万维网。万维网（也称"Web"、"WWW"、"W3"，英文全称为"World Wide Web"），于 1990 年 11 月 13 日出现，是一个由许多互相链接的超文本文档组成的系统，通过互联网访问。在这个系统中，每个有用的事物，称为一样"资源"；这些资源通过超文本传输协议（Hypertext Transfer Protocol）传送给用户。

（2）超文本和超链接。超文本（Hypertext）是一种文本，通常以网页的形式呈现在用户面前。与传统的文本文件相比，它们之间的主要差别是：传统文本是以线性方式组织的，而超文本是以非线性方式组织的。这里的"非线性"是指文本中遇到的一些相关内容通过链接组织在一起，用户可以很方便地浏览这些相关内容。这种文本的组织方式与人们的思维方式和工作方式比较接近。

超链接（Hyperlink）是指文本中的词、短语、符号、图像、声音剪辑或影视剪辑之间的链接，或者与其他的文件、超文本文件之间的链接，也称为"热链接"（Hotlink），或者称为"超文本链接"（Hypertextlink）。词、短语、符号、图像、声音剪辑、影视剪辑和其他文件通常被称为对象或者称为文档元素（Element），因此超链接是对象之间或者文档元素之间的链接。建立互相链接的这些对象不受空间位置的限制，它们可以在同一个文件内也可以在不同的文件之间，也可以通过网络与世界上的任何一台联网计算机上的文件建立链接关系。

（3）统一资源定位器。统一资源定位器又称统一资源定位符（Uniform Resource Locator，URL）。Internet上几乎所有功能都可以通过在WWW浏览器里输入URL地址实现，通过URL标识Internet中网页的位置。URL格式如下：

协议：//IP地址或域名/路径/文件名

如：http://finance.sina.com.cn/china/hgjj/20090610/10006328517.shtml
其中：
http——超文本传输协议
finance.sina.com.cn——域名
china/ngii/20090610——路径
1000638517.shtem——文件名

（4）网页浏览器。网页浏览器是个显示网页服务器或档案系统内的文件，并让用户与这些文件互动的一种软件，是用户最经常使用到的客户端程序。它用来显示在WWW或局部局域网络等内的文字、影像及其他资讯。个人电脑上常见的网页浏览器包括微软的Internet Explorer、Netscape的Navigator、Mozilla的Firefox、Google的Chrome等。

（5）文件传输协议。文件传输协议（File Transfer Protocol，FTP）是不同计算机间传输文件的软件标准，是Internet提供的基本服务之一。无论计算机间位置相距多远，采用什么操作系统，也不管它们通过什么方式接入Internet，通过FTP协议都可以实现Internet上两个站点间的文件传输。

2. 浏览网页。浏览WWW必须使用浏览器。下面以Windows 7系统上的Internet Explorer 9（简称IE9）为例，介绍浏览器的常用功能及操作方法。本书中使用的浏览器除另外说明外，均指IE9。

【任务3-4】 在Internet Explorer浏览器地址栏输入网址http://www.gdczt.gov.cn/登录"广东省财政厅"网站。

操作步骤：

① 双击桌面图标 启动浏览器，在地址栏输入网址www.gdczt.gov.cn，打开"广东省财政厅"首页，如图3-11所示。

② 单击收藏夹符号"★"→添加到"收藏夹"按钮，弹出如图3-12所示的对话框，在对话框指定名称和位置，单击"添加"按钮将当前页面添加到收藏夹。

③ 在首页选择"本厅子网链接"选项，再单击"广东省会计信息服务平台"，进入该页面后找到"中华人民共和国会计法"，打开"中华人民共和国会计法"页面，如图3-13所示。

第3章 计算机网络基础与Internet基本应用

图 3-11 广东省财政厅首页

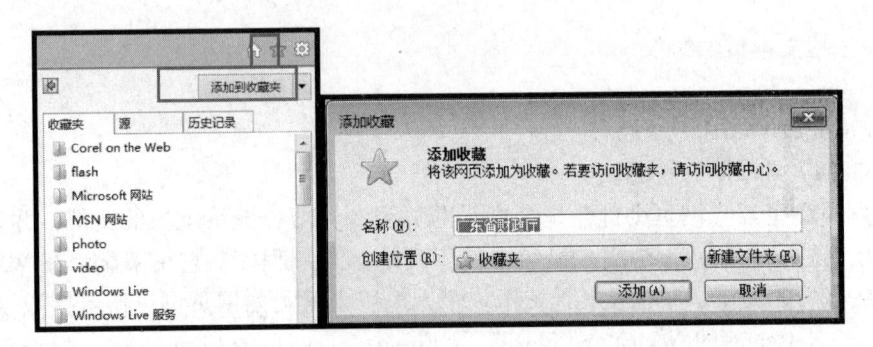

图 3-12 添加收藏

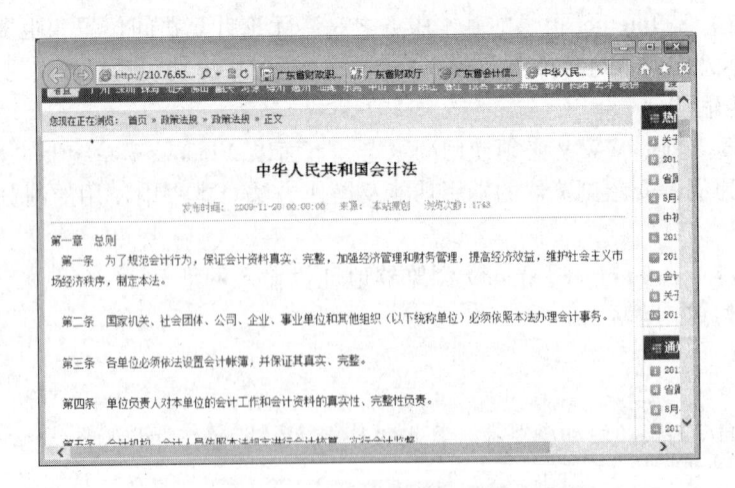

图 3-13 "中华人民共和国会计法"页面

④ 单击"工具"→"文件"→"另存为"命令，在保存网页对话框指定保存位置、文件名和保存类型，如图 3-14 所示。

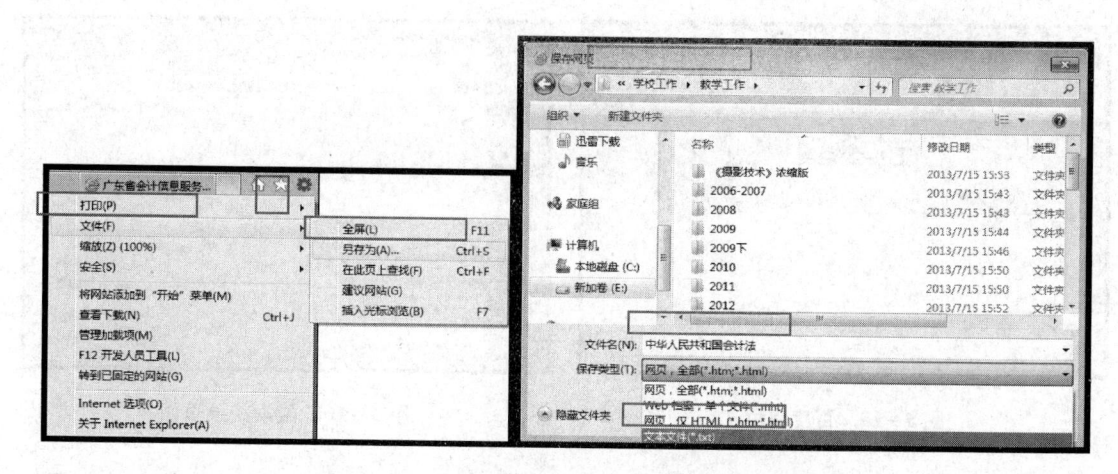

图3-14 "另存为"命令与"保存文件"选项

其中，保存类型有四种形式，它们的区别是：

① "网页，全部（*.htm；*.html）"类型：文件保存 HTML 代码，如中华人民共和国会计法.htm；页面的图片、CSS、JS 等资源存放在 *.files 文件夹。如中华人民共和国会计法.files。

② "web 档案，单个文件（*.mht）"类型：顾名思义，就是网页中包含的图片、CSS 文件以及 HTML 文件全部放到一个 MHT 文件里面。如中华人民共和国会计法.mht。

③ "网页，仅 HTML（*.htm；*.html）"类型：文件仅仅保存 HTML 代码，如中华人民共和国会计法.html；页面的图片、CSS、JS 等资源还在网络上。如果没联网该文件无法不开。

④ 文本文件是一种由若干行字符构成的计算机文件，常用文本文件格式为 TXT 文件。TXT 格式文件通常是指那些能够被系统终端或者简单的文本编辑器接受的格式。任何能读取文字的程序都能读取带有.txt 扩展名的文件，因此，通常认为这种文件是通用的、跨平台的。

> （1）除了使用收藏夹，还有以下方法可以方便浏览网页：主页设置、链接栏的使用、"历史"按钮的使用。（2）除了将整个页面保存到本地外，也可以选择页面上自己喜爱的内容，如文档、图片、动画等保存到本地存储设备。

3. 信息的搜索。

【任务3-5】 登录百度搜索引擎（www.baidu.com），查找你感兴趣的"财经信息"。
操作步骤：

① 在 IE 的地址栏中输入 www.baidu.com，打开百度搜索引擎的页面。在文本框中输入关键词，如"财经信息"，如图3-15 所示。

② 单击文本框后面的"百度一下"按钮，开始搜索。最后，得到搜索结果页面如图 3-16 所示。

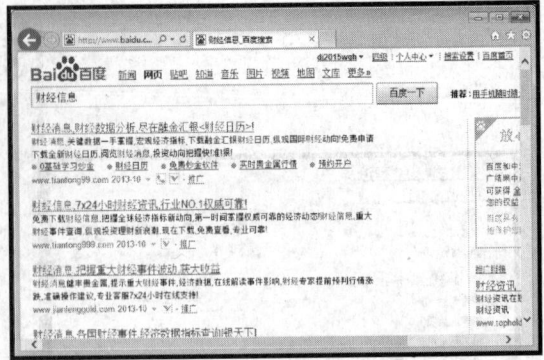

图 3-15 百度首页　　　　　　　　图 3-16 搜索结果页面

③ 在搜索结果页面中列出了所有包含关键词"财经信息"的网页地址，单击某一项就可以转到相应网页查看内容了。

另外，如图 3-15 所示，可以看到，关键词文本框上方除了默认选中的"网页"之外，还有"新闻"、"知道"、"MP3"、"图片"、"视频"、"地图"等标签。在搜索的时候，选择不同标签，就可以针对不同的目标进行搜索，大大提高搜索的效率。

其他搜索引擎的使用，和百度的使用基本类似。

4. IE9 下载图片与文件的方法。

【任务 3-6】 登录百度搜索引擎（www.baidu.com），搜索图片与歌曲并进行下载。

操作步骤：

① 在 IE 的地址栏中输入 www.baidu.com，打开百度搜索引擎的页面。单击"图片"按钮，进入"百度图片"页面，在文本框中输入关键词，如"风光"，单击"百度一下"进行搜索。

② 选择你喜欢的图片，右键鼠标，在菜单中选择"目标另存为..."，即可把图片保存到计算机中。如图 3-17 所示。

③ 在页面上方导航栏中单击"音乐"按钮，进入"百度音乐"页面，在文本框中输入关键词，如"我的歌声里"，单击"百度一下"进行搜索。如图 3-18 所示。

图 3-17 图片下载页面　　　　　　　　图 3-18 音乐下载页面

④ 选择你喜欢的歌曲，单击下载按钮，IE9 将会出现"下载提示对话框"，如图 3-19 所示。单击"保存"按钮右边的下拉箭头，会出现"保存"和"另存为"的选项，选择"保存"命令，则直接下载到 IE9 默认的文件夹，选择"另存为"命令将可以把文件保存到自己想保存的位置，此任务单机"另存为"按钮。如图 3-18 所示。

⑤ 在"另存为对话框"中设定文件存放的路径，可以修改文件的名字和检查文件的保存类型。如图 3-20 所示。

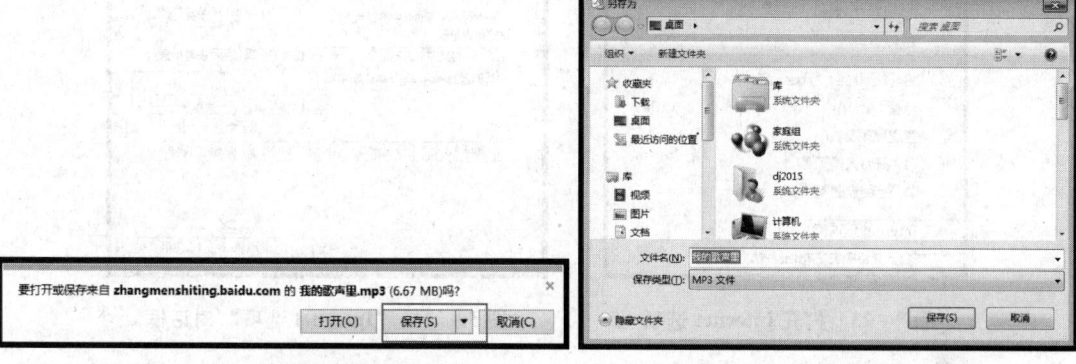

图 3-19 下载提示对话框　　　　　图 3-20 "另存为"对话框

⑥ 当"下载提示对话框"提示下载已完成，表示下载成功。如图 3-21 所示。通过"查看下载"按钮，可以打开"查看下载对话框"检查下载的情况。如图 3-22 所示。

图 3-21 下载完成　　　　　图 3-22 查看下载对话框

5. IE9 的属性。

【任务 3-7】 设置浏览器的主页与"历史记录"设置。

操作步骤：

① 右键单击桌面 图标，在下拉菜单中选择属性命令。或者，打开 IE9 浏览器，单击工具按钮，在下拉菜单中选择属性命令，打开 IE9 的属性对话框。如图 3-23 所示。

② 在"常规"选项卡中设置 IE9 的主页。直接在对话框中输入，如 http：//www.gdfi.com.cn。如图 3-24 所示。

第 3 章　计算机网络基础与 Internet 基本应用　　　　　　　　　　　　　　　111

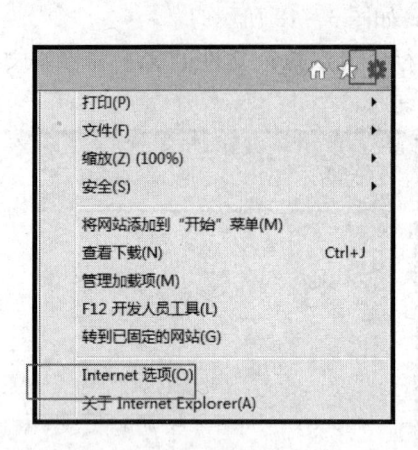

图 3-23 打开 Internet 选项

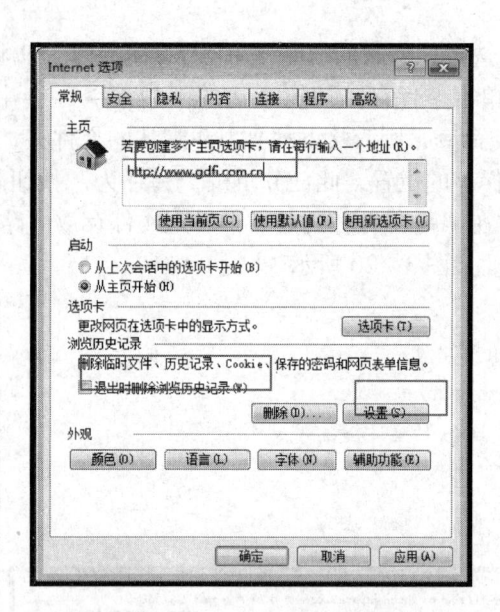

图 3-24 "Internet 选项"对话框

③ IE9 会自动将浏览过的网页地址按日期先后保留在历史记录中，灵活使用历史记录可以提高 IE 的工作效率。例如，设置 Internet 临时文件的空间，保存位置，历史记录保存天数等。用户也可以随时删除历史记录，勾选"退出时删除浏览历史记录"即可。如图 3-25、图 3-26 所示。

图 3-25 "Internet 临时文件"对话框

图 3-26 "历史记录"对话框

3.3.2 利用 Outlook 2010 收发电子邮件

E-mail 是 Internet 上使用最广泛的一种服务。用户只要能与 Internet 连接，具有能收发电子邮件的程序及个人的 E-mail 地址，就可以与 Internet 上具有 E-mail 所有用户方便、快速、经济地交换电子邮件，可以在两个用户间交换，也可以向多个用户发送同一封邮件，或将收到的邮件转发给其他用户。

电子邮件地址的格式一般如下：

<用户标识>@<电子邮件服务器域名>

它由收件人用户标识(如姓名或缩写)、字符"@"和电子邮件所在服务器的域名三部分组成。例如,dj2015@126.com 就是一个电子邮件地址,它表示在"126.com"邮件服务器上有一个名为 dj2015 的电子邮件用户。在 Internet 上收发电子邮件不受地域或时间的限制,双方的计算机不需要同时打开。

Outlook 2010(简称 OE)是 Windows 操作系统所带的 POP3 电子邮件收发软件,使用 OE 必须先设置你的电子邮件账户。下面将以电子邮件信箱:dj2015@126.com 为例来说明如何设置和使用 Outlook 2010,如图 3-27 所示。

1. 设置 Outlook 2010。

【任务 3-8】 启动 Outlook 2010 进行账户设置。

操作步骤:

① 双击桌面上的"Outlook 2010"图标，或单击"开始"按钮,选择"程序"→"Outlook 2010"命令,启动 Outlook 2010。如果是首次使用 OE,会出现图 3-27 所示界面。如果已有用户账号,需要重新添加,可以在"文件"→"信息"中找到 添加账户 按钮,单击按钮即可进入"添加新账户"向导。在"添加新账户"对话框中,选择"电子邮件账户"项,再单击"下一步"按钮。如图 3-28 所示。

图 3-27 Outlook 账户信息　　　　　图 3-28 "添加新账户"对话框

② 接下来进入"自动账户设置"选项,系统以一个自动向导来指导你一步一步地配置 Email 账户。在"电子邮件账户"中,输入你的姓名(可以是任意的形式),例如,dj2015。输入你的 Email 地址,例如,dj2015@126.com。再输入该邮箱的密码,并确认你的密码,再单击"下一步"如图 3-29 所示。

③ 此时,Outlook 会自动联系邮箱服务器进行账户配置,如显示图 3-30 的内容,证明账户配置成功。

④ 单击"完成"按钮,即可进入 Outlook 邮箱管理软件,进行收发邮件的操作。如图 3-31 所示。

2. 使用 Outlook 2010 发送邮件。

【任务 3-9】 使用 Outlook 2010 将"调试报告.docx"文档发送到 test@sina.com.cn 邮箱,并抄送到 test@126.com。

图 3-29 设置账户信息　　　　　　　图 3-30 添加账户成功

操作步骤：

① 打开 Outlook 2010，在工具栏上单击"新建项目"按钮，选择"电子邮件"命令。如图 3-32 所示。

图 3-31　Outlook 预览邮件窗口　　　　图 3-32　新建项目

② 在"收件人"和"抄送"框中，输入每位收件人的电子邮件地址。如果需要同时寄给多位收件人，可以在每个邮箱地址后分别用英文逗号（,）或分号（;）隔开。

"抄送"——就是你发给"收信人"邮件的同时，再向另一人（或几个人）同时发送该邮件，"收信人"从邮件中知道你都把邮件"抄送"给了谁。

③ 在"主题"框中，输入邮件主题"测试邮件"。

④ 将插入点光标移到信体部分，撰写邮件的正文内容。如图 3-33 所示。

⑤ 在快捷菜单中找到 附加文件 按钮，单击添加附件，如 F 盘中的"调试报告.docx"文件，然后单击"插入"按钮。如图 3-34 所示。

⑥ 单击工具栏上的"发送"按钮，邮件发送完成。

3．接收邮件并转发邮件。

【任务 3-10】 接收测试邮件，保存邮件中的附件，并进行转发。同时，把邮件通过秘密抄送的方式发送出去。

操作步骤：

① 检查收件箱，接收新邮件，打开接收到的"测试邮件"。如图 3-35 所示。

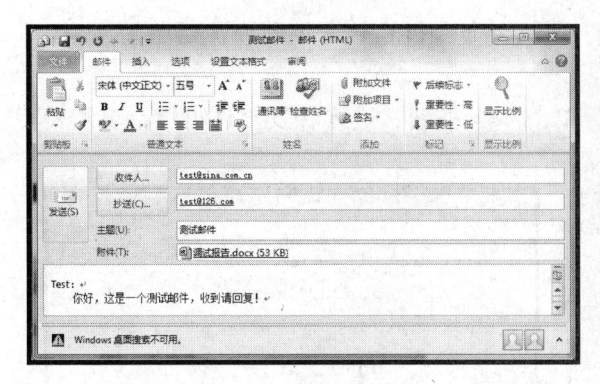

图 3-33 撰写邮件窗口　　　　　　　　　图 3-34 "插入文件"对话框

图 3-35 打开收到的邮件

② 如果邮件含有附件，则在邮件中提示附件的名称。需要查看附件内容时，可单击附件名称，在 Outlook 中预览。某些不是文档的文件无法在 Outlook 中预览，则可双击打开。如图 3-36 所示。

③ 保存附件到计算机中，可以鼠标右击文件名，在弹出菜单中选择"另存为"，在打开的"保存附件"窗口中指定保存路径，并单击"保存"按钮，如图 3-37 所示。

图 3-36 附件预览窗口　　　　　　　　　图 3-37 附件另存为

第 3 章　计算机网络基础与 Internet 基本应用

④ 如果需要回复邮件，单击 答复 按钮，进入答复邮件窗口，回复完成后单击"发送"按钮即可。如图3-38所示。

⑤ 收到的邮件也可以转发给其他用户，单击 转发 按钮，进入转发邮件窗口，填入要转发的联系人地址即可发送。如图3-39所示。

图3-38 答复邮件窗口　　　　　　　　图3-39 转发邮件窗口

⑥ 在发送邮件的过程中，如果有些联系人的地址需要保密，不希望收件人看到这个邮件都发给了谁，就可以使用"密件抄送"发送方式。在写邮件窗口中，单击"选项"菜单→"密件抄送"按钮，"密件抄送"地址栏就会显示，输入收件人的地址即可。如图3-40所示。

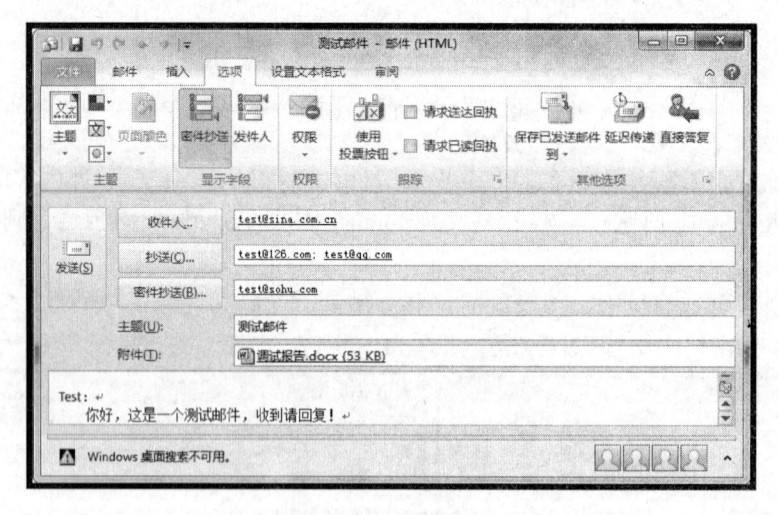

图3-40 密件抄送

"密件抄送"——邮件会按照"密件"的原则，将传送给"收信人"的邮件信息中无法知道你都把邮件发给了谁，"收信人"只知道你把邮件发给了他一个人，也就是把"抄送"对象"保密"起来了。

4. Outlook 添加联系人地址。联系人是 Outlook 中十分有用的工具之一。利用它不但可以像普通通信录那样保存联系人的 E-mail 地址、邮编、通讯地址、电话和传真号码等信息，还可以自动填写电子邮件地址、电话拨号等功能。

【任务3-11】 添加联系人信息。

操作步骤：

① 在Outlook"开始"选项卡的左下角选择"联系人"，打开联系人管理视图。在这个视图中可以看到已有的联系人名片，双击名片就可以修改联系人的信息。选择某个联系人名片，在功能区上单击"电子邮件"按钮，即可给该联系人编写并发送邮件。如图3-41所示。

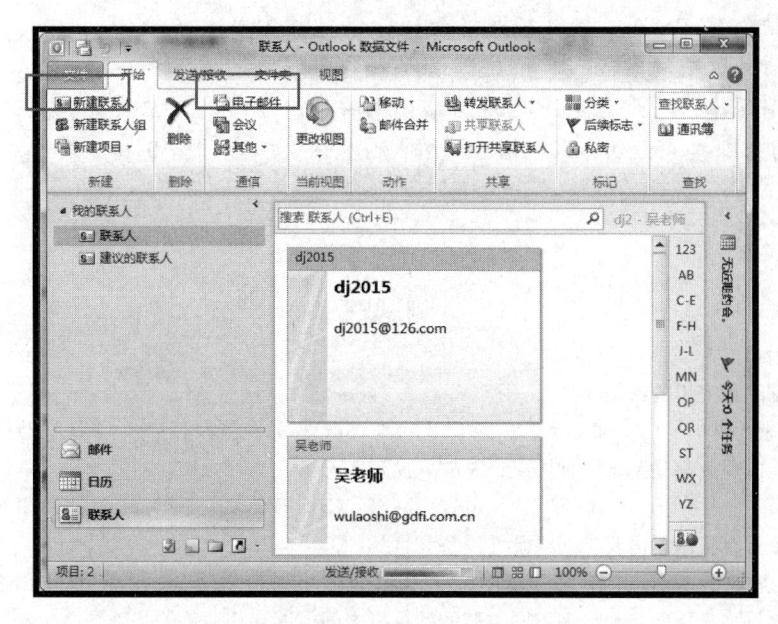

图3-41 "联系人"窗口

② 在功能区上单击"新建联系人"按钮，打开联系人资料填写窗口，即可填写联系人的相关信息。如图3-42所示。

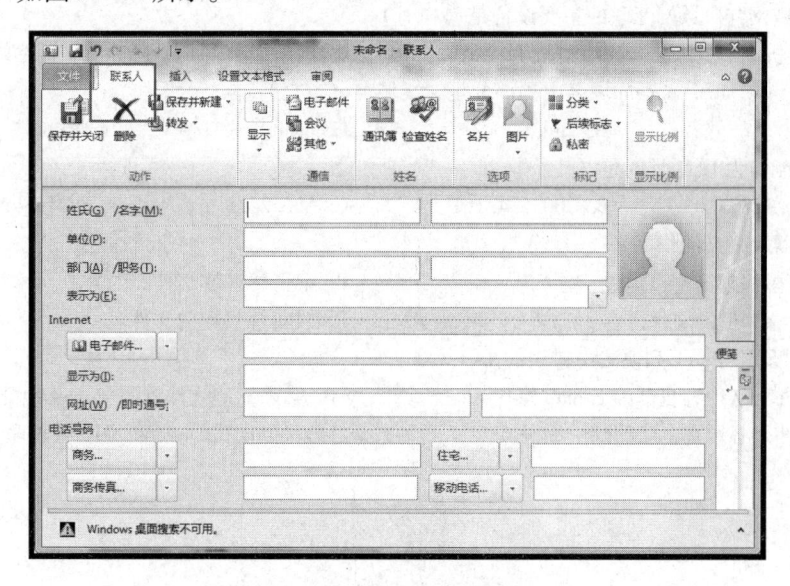

图3-42 联系人资料填写窗口

③ 输入完成以后，单击"保存并关闭"按钮，即可建立联系人名片。

> **本节小结**：本节重点介绍 IE 浏览器的使用和 Outlook 2010 软件的邮件收发功能，是 Internet 使用的两项重要功能。随着技术的进步，Internet 还有更广阔的应用，而且越来越贴近人们的生活，比如，远程医疗诊断、视频会议、网上购物、网上聊天、微博等。
>
> **本章总结**：本章介绍了计算机网络基础知识、Internet 相关概念、应用及安全防护措施。通过学习，我们能够了解计算机网络的功能和分类，基本掌握局域网组建方法；了解 IP 地址与域名的异同，了解域名系统的作用和 Internet 的基本接入方法，掌握在 Internet 浏览网页、查询信息和收发邮件的方法。

测试题

1. 计算机网络最突出的特征是（　　）。
   A. 运算速度快　　　B. 运算精度高　　　C. 存储容量大　　　D. 资源共享
2. 互联网上的服务都是基于一种协议，WWW 服务基于（　　）协议。
   A. SMP　　　　　　B. HTTP　　　　　　C. SNMP　　　　　　D. TELNET
3. 建立一个计算机网络需要有网络硬件设备和（　　）。
   A. 体系结构　　　　B. 资源子网　　　　C. 传输介质　　　　D. 网络操作系统
4. 互联网上许多复杂网络和许多不同类型的计算机之间能够互相通信的基础是（　　）
   A. Windows　　　　B. ATM　　　　　　C. NOVELL　　　　　D. TCP/IP
5. 局域网最普遍采用哪种拓扑结构（　　）。
   A. 树型　　　　　　B. 网状　　　　　　C. 星型　　　　　　D. 环型
6. 实现局域网与广域网互联的主要设备是（　　）。
   A. 交换机　　　　　B. 集线器　　　　　C. 网桥　　　　　　D. 路由器
7. http://www.sina.com.cn 域名中哪部分是二级域名（　　）。
   A. www　　　　　　B. sina　　　　　　C. com　　　　　　　D. cn
8. 以下不能作为 IP 地址的是（　　）。
   A. 10.0.128.1　　　B. 200.234.151.24　C. 256.24.1.1　　　D. 158.254.0.1
9. IE 浏览器收藏夹的作用是（　　）。
   A. 收集感兴趣的网页地址　　　　　　B. 记忆感兴趣的页面内容
   C. 收集感兴趣的文件内容　　　　　　D. 收集感兴趣的文件名
10. 关于电子邮件，下列说法中错误的是（　　）。
    A. 发件人必须有自己的 E-mail 账户　　　B. 必须知道收件人的 E-mail 地址
    C. 收件人必须有自己的邮政编码　　　　D. 可以使用 Outlook 2010 管理联系人信息

第4章 文字处理软件 Word 2010

Word 2010 是一个具有丰富的文字处理功能，图、文、表格混排，所见即所得，易学易用等特点的文字处理软件，是当前深受广大用户欢迎的文字处理软件之一，广泛应用于文稿制作和格式处理，图文排版，图表制作等。

本章主要内容结构见图 4-1。

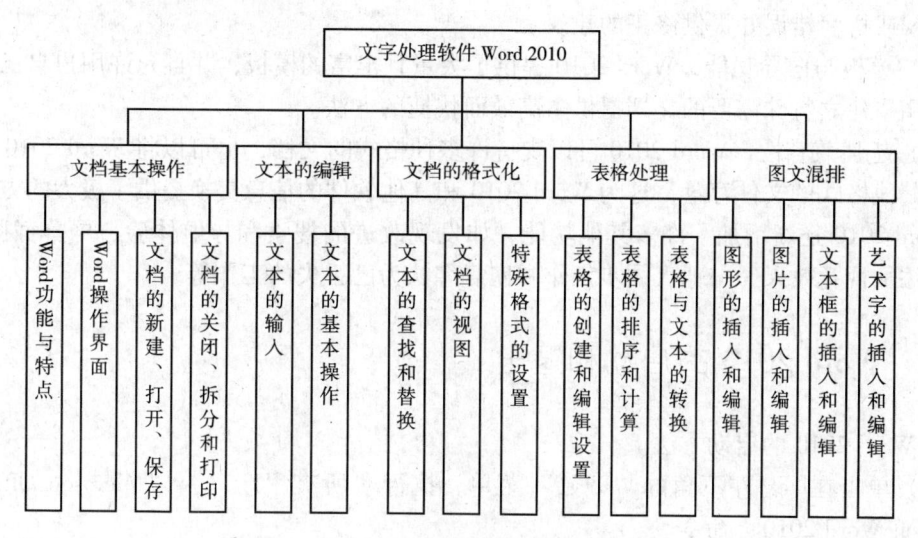

图 4-1 本章主要内容结构

学习目标包括以下几点。
1. 理解 Word 2010 的基本功能。
2. 掌握 Word 文档的创建、打开、输入、保存、编辑和打印等基本操作。
3. 掌握文字的格式化、段落格式化、页面设置和特殊格式化。
4. 掌握表格的创建和编辑、属性设置、数据处理、表格与文本的转换。
5. 掌握图片、图形、艺术字、文本框和公式的插入和编辑。

4.1 Word 2010 的基础知识

4.1.1 Word 2010 的主要功能

Microsoft Word 2010 是功能强大的文字处理软件，能够方便易用地制作文稿、信函、传真、公文、书刊、报刊和简历等，并且能在文档中进行格式化设置及排版、制作表格和图形等。

Word 2010 的主要功能和特点概括为以下几点：

（1）所见即所得，使用 Word 2010 软件编排文档，使得打印效果在屏幕上一目了然。

（2）简单易学易用，Word 2010 的操作界面友好，提供了各种功能强大的工具，利用鼠标就可以完成选择和格式化设置等编辑处理操作。

（3）多媒体混排，用 Word 2010 可以编辑文字图形、图像、声音、动画，还可以插入其他软件制作的信息，也可以用 Word 2010 提供的绘图工具进行图形制作，编辑艺术字，数学公式，能够满足用户的各种文档处理要求。

（4）Word 2010 提供了强大的制表功能，不仅可以自动制表，也可以手动制表，表格中的数据可以自动计算，表格还可以进行各种修饰，既轻松又美观，既快捷又方便。

（5）Word 2010 提供了拼写和语法检查功能，提高了英文文章编辑的正确性，如果发现语法错误或拼写错误并提供修正的建议。

（6）模板与向导功能，Word 2010 提供了大量且丰富的模板，并且允许用户自己定义模板，为用户建立特殊需要的文档提供了高效而快捷的方法。

（7）超强兼容性，Word 2010 可以支持许多种格式的文档，也可以将 Word 2010 编辑的文档以其他格式的文件存盘，这为 Word 2010 和其他软件的信息交换提供了极大的方便。

Word 2010 还新增加了许多其他功能，如发现改进的搜索和导航体验、屏幕截图功能、向文本添加视觉效果、与他人同步工作和恢复您认为已丢失的工作等。

4.1.2　Word 2010 的启动和退出

1. Word 2010 的启动方法。

（1）单击在屏幕左下角的"开始"菜单，执行"所有程序"→"Microsoft Office"→"Microsoft Word 2010"命令。

（2）桌面上如果生成一个 Word 2010 的桌面快捷方式，双击 Word 2010 图标启动。

（3）在"资源管理器"中双击已经存在的 Word 2010 文档也可以启动 Word 2010，同时打开该文档。

当 Word 2010 启动后，出现如图 4-2 所示的窗口。

2. Word 2010 的退出。单击"文件"选项卡中的"退出"命令，将执行 Word 退出操作。在执行退出 Word 2010 操作时，如有文档输入或修改后尚未保存，那么 Word 2010 将会弹出一个对话框来询问是否要保存该文档，选择"保存"按钮则会再弹出"保存"对话框或直接保存，选择"不保存"按钮则不保存文档或放弃对文档的修改直接退出 Word 2010，选择"取消"按钮则取消退出或关闭操作，回到 Word 2010 对当前文档的工作状态。

4.1.3　Word 2010 的操作界面

Word 2010 窗口由标题栏、快速访问工具栏、"文件"选项卡、功能区、工作区、状态栏、文档视图工具栏和显示比例控制栏等几个部分组成，如图 4-2 所示。Word 2010 与 Word 2003 及以前的版本相比，一个显著的不同就是用各种功能区取代了传统的菜单操作方式，且每个功能区根据功能的不同又分为若干个命令组，这些功能区和命令组涵盖了 Word 的各种功能。

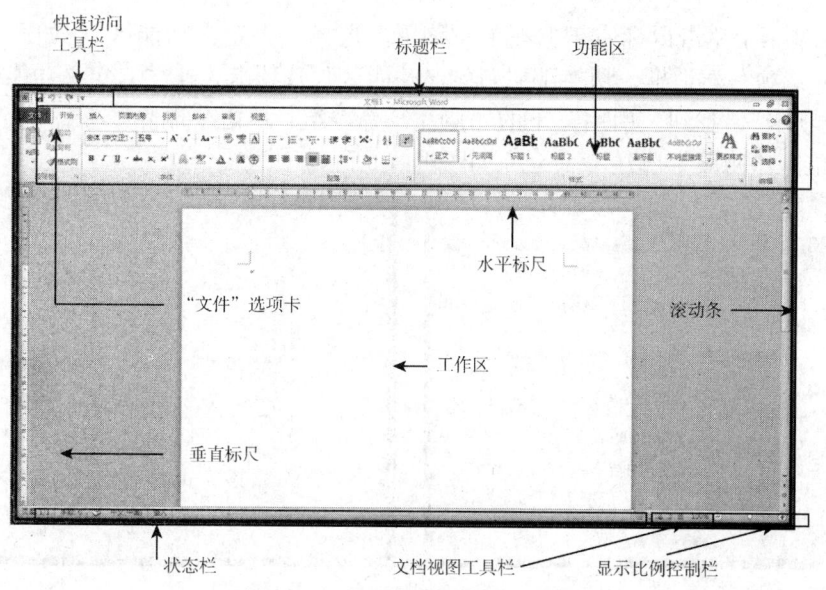

图 4-2 Word 2010 窗口的组成

【任务 4-1】 调整快速访问工具栏按钮和功能区、打开"段落"对话框。任务要求：
（1）在快速访问工具栏中添加"查找" 和"打开" 按钮。
（2）隐藏"引用"功能区中"脚注"命令组。
（3）打开"段落"对话框。

操作步骤：

① 单击快速访问工具栏中右端的"自定义快速访问工具栏"按钮 ，在打开的下拉菜单上选择"其他命令"如图 4-3 所示，弹出"Word 选项"对话框，切换至"快速访问工具栏"选项卡，在"从下列位置选择命令"的列表中选择"常用命令"，找到"查找"和"打开"命令，单击"添加"后"确定"，即可在"快速访问工具栏"中看到添加成功后的相应命令，如图 4-4 所示。

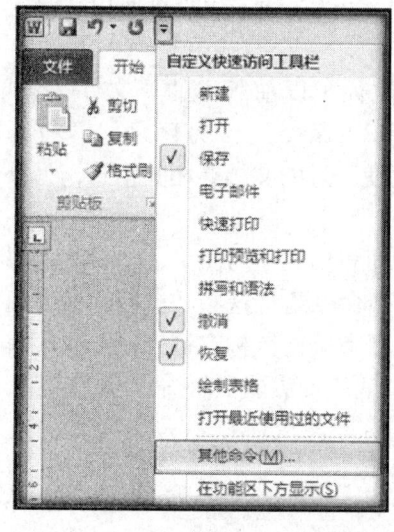

图 4-3 "快速访问工具栏"自定义 　　　图 4-4 在 Word 选项自定义"快速访问工具栏"

第 4 章　文字处理软件 Word 2010

② 在功能区上单击鼠标右键，在下拉菜单上选择"自定义功能区"，如图 4-5 所示，弹出"Word 选项"对话框，切换至"自定义功能区"选项卡，在"自定义功能区"列表框选择"主选项卡"，找到"引用"下的"脚注"命令组，单击"删除"后"确定"，即可在"引用"功能区中隐藏"脚注"命令，如图 4-6 所示。

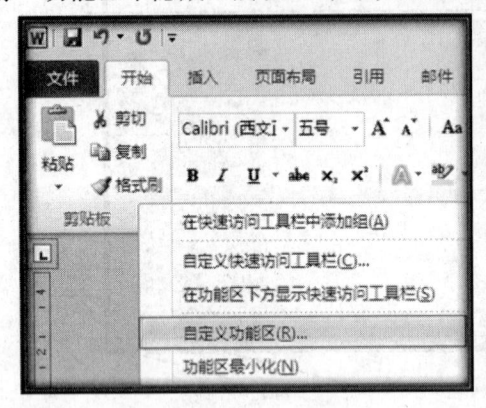

图 4-5　自定义功能区　　　　　图 4-6　在 Word 选项中自定义功能区

③ 在"开始"功能区→"段落"命令组中单击段落按钮，即可弹出"段落"对话框，实现对段落的格式设置。

1. 标题栏。标题栏是 Word 2010 窗口中最上端的一栏，标题栏中含有："控制菜单"按钮、窗口标题（包含文件名称）、最小化、最大化（或还原）和关闭按钮。其中单击"控制菜单"按钮可以弹出菜单对当前文档窗口进行设置，而右端的三个按钮也是可以设置窗口显示状态的。

2. 快速访问工具栏。快速访问工具栏的作用是使用户能够快速启动经常使用的命令。默认位于功能区的上方，用户也可以修改使其位于功能区的下方，即在"功能区"中右击，在弹出的菜单中选择"在功能区的下方显示快速访问工具栏"。默认快速访问工具栏包含"保存"、"撤销"、"重复"和"自定义快速访问工具栏"命令按钮，用户可使用"自定义快速访问工具栏"命令添加或定义自己的常用命令。

3. "文件"选项卡。Word 2010 的"文件"选项卡取代了以前版本的"文件"菜单，并新增了一些功能。其提供了一组文件操作命令"新建"、"保存"、"另存为"、"打开"、"关闭"和"打印"等功能，同时提供了关于文档、最近使用过的文档等相关信息，另外还提供了 Word 的帮助和"选项"配置功能。

4. 功能区。Word 2010 中有"开始"、"插入"、"页面布局"、"引用"、"邮件"、"审阅"、"视图"等功能区。对应每一个功能区，包含若干个命令组，这些功能区和命令组涵盖了 Word 的各项功能。用户可以根据需要，通过在功能区上单击鼠标右键，在下拉菜单上选择"自定义功能区"或者"文件"→"选项"→"自定义功能区"命令来自定义功能区。

> 在 Word 2010 中，"快速访问工具栏"和"功能区"都可以通过"文件"→"选项"来进行自定义。

5. 工作区。工作区是指位于水平标尺之下状态栏之上的区域，在这个区域用户可以看到当前文档的内容，并且可以在工作区进行文档的输入、编辑和排版等操作，Word 2010 可以同时打开多个文档，每一个文档都有一个独立的窗口，并且在系统的任务栏中有对应的任务按钮。

用户可以通过单击功能区右上角的"功能最小化 ∧/展开功能区 ∨"按钮实现功能区的最小化或展开功能区。

6. 状态栏。状态栏位于 Word 2010 窗口的下端左侧，用于显示当前文档的一些状态，如当前光标所在的页号、字数统计、语法检查和将输入的文字插入到插入点处的图标等信息。

7. 视图切换按钮。视图切换按钮位于 Word 2010 窗口的下端状态栏的右侧，用来显示当前文档的 5 种显示方式，单击其中的某个命令可以将文档切换至相应的视图下。Word 2010 的 5 种视图分别是：页面视图、阅读版式视图、Web 版式视图、大纲版式视图和草稿视图。

8. 显示比例控制栏。显示比例控制栏由"缩放级别"和"缩放滑块"组成，用来设置文档页面显示比例。

9. 标尺。标尺有水平标尺和垂直标尺两种。标尺除了显示文字所在的实际位置、页边距尺寸外，还可以用来设置制表位、段落、页面边距、左右缩进和首行缩进等。选择"视图"功能区→"显示"命令组中的"标尺"命令 ☑ 标尺 来显示或隐藏标尺，也可以通过单击滚动条上"标尺"按钮 来显示或隐藏标尺。在标尺的隐藏状态下鼠标停留在工作区的左边和上边数秒，标尺会自动显示，鼠标离开后会自动隐藏。

10. 滚动条。滚动条分为水平滚动条和垂直滚动条，使用滚动条中的滑块或按钮可滚动工作区内的文档内容。

11. 插入点。在工作区中的某个位置有一个闪烁的黑色竖条（或称光标），就是插入点。输入文本时，它指示下一个字符的位置，每输入一个字符插入点自动向右移动一格。在工作区中移动"I"状鼠标指针并单击来来移动插入点的位置，也可以按键盘上的方向键来移动插入点的位置。

> 本节小结：Word 2010 是功能强大的文字处理软件，熟悉相关的概念和操作环境可以方便将来使用这个软件。操作界面的各个组成部分都有其重要作用，请同学们在今后的上机操作过程中留心体会。

4.2 Word 2010 文档的基本操作

本节学习掌握 Word 2010 的基本操作，包括掌握如何用 Word 2010 创建一个新的文档，如何打开一个已经存在的文档，如何保存文档等常用基本操作；学习掌握如何在文档中输入文本并对其进行选定、复制、删除、移动和查找与替换等基本编辑操作技巧。

4.2.1　创建新文档

当启动 Word 2010 程序后，它就自动创建并打开一个空白文档并临时暂存名为"文档1"，这时用户可以开始对新文档进行后续的相关操作了。除了系统自动创建文档的办法之外，如果在文档的编辑过程中还需要创建新文档，还可以通过以下的方法创建 Word 2010 新文档：

（1）单击"文件"选项卡→"新建"命令，选择相应的模板创建新文档，Word 2010 中的模板可以联网从 Office.com 中搜索并下载下来。

（2）直接按快捷键"Ctrl + N"来创建。

（3）按快捷键"Alt + F"打开"文件"选项卡，直接按"N"键来创建。

4.2.2　打开文档

如果要查看、修改、编辑或打印已经存在的 Word 文档时，先要打开它。文档的类型可以是 Word 文档，也可以打开 Word 2010 软件兼容的非 Word 文件，包括纯文本文件、WPS 文件等。

1. 打开一个或多个已存在的 Word 文档。在已运行 Word 2010 程序的情况下，打开文档的方法有：

（1）单击"文件"选项卡→"打开"命令。

（2）使用快捷键"Ctrl + O"。

使用以上方法打开文档时，Word 2010 会显示一个"打开"对话框（见图4 – 7），在"打开"对话框左侧的导航列表中选择文档的位置，然后在右侧的文件名列表框中找到要打开的文档名，双击文件名或选定后单击"打开"按钮。

> 小技巧　可以按住 Shift 键或 Ctrl 键选择多个连续或不连续的多个文档，以同时打开多个文档。

图4 – 7　"打开"对话框

2. 打开最近使用过的文档。如果要打开最近使用过的文档，Word 2010 提供了几种更快捷的操作方式：

（1）单击"文件"选项卡→"最近使用文件"命令，选择最近使用过的文档。

（2）若当前已经打开一个或多个 Word 文档，则鼠标右击任务栏中"已打开的 Word 文档"按钮将弹出"最近"列表框，单击相应的文档将打开选择的 Word 文档。

默认情况下，"文件"选项卡中保留 25 个最近使用过的文档名。可以通过"文件"选项卡→"选项"→"高级"，在"显示"下"显示此数目的最近使用文档"中设置具体的最近使用文档数目，最多可显示 50 个文件名。

4.2.3 保存和保护文档

1. 保存文档。保存新建文档。当文档经过录入或修改后，文档的内容还驻留在计算机的内存当中，为了永久保留所新建文档的内容，就应当在 Word 退出前将文档保存起来。三种不同的保存方法如下：

（1）执行"文件"选项卡→"保存"命令。

（2）单击"快速访问工具栏"中的"保存"按钮。

（3）使用快捷键"Ctrl + S"。

因为是第一次保存文档，所以 Word 2010 在执行保存命令时就会弹出"另存为"对话框，如图 4 - 8 所示。在对话框中选择文档要存放的位置；在"文件名"文本框中输入要保存文档的文件名；在"保存类型"中选择文档按照何种文件格式保存，默认情况下为 Word 2010 文档，其扩展名是 . docx，也可保存为非 Word 文档格式，最后单击"保存"按钮即可。

图 4 - 8 "另存为"对话框

2. 保存已有的文档。

（1）对已存在的文档打开进行修改后进行保存可按照上述的方法按照原有的文件名保存在原来的文件夹中，与上述方法相比所不同的是不会弹出"另存为"对话框。

> 小技巧　输入或编辑文档时，应该随时保存文档，以免计算机的意外停电或死机等故障引起文档内容的丢失。通过"文件"选项卡→"选项"→"保存"，如图4-9所示，在"保存"选项卡中的"保存自动恢复信息时间间隔"前打勾，输入间隔时间，Word 2010将每间隔一段时间自动保存所打开的文档。

图4-9　设置文档自动保存时间间隔

（2）用另一文档名保存文档。在打开已有文档编辑后需要以另一文档名保存该文档或将该文档保存在另一文件夹中，那就要执行"文件"→"另存为"命令保存。而原有的文件仍然以原有的文件名存放在原来的文件夹中，其内容也保持为编辑前的状态。另存为的方法与直接保存的方法所不同的地方是：直接保存是将文档按照原有的文件名和位置存放编辑后的文档，而另存为的方法是可选择保存的文件名和存放位置来存放编辑后的文档。

3. 保护文档。设置文档的打开权限可防止机密文件被无关人员查看，具体操作是："文件"选项卡→"另存为"→"工具"→"常规选项"，如图4-10所示，在"打开文件时的密码"文本框中输入密码，就要求该文档在重新打开时必须输入密码，否则将不能打开。

同样的，在"修改文件时的密码"文本框中输入设定的密码后，在打开此文档时的"密码"对话框多了一个"只读"按钮，供不知道密码的用户以只读方式打开。

将"建议以只读方式打开文档"复选框选中，将文件属性设置成"只读"也是保护文件不被修改的一种方法。

如果文档中的某些内容不允许被其他人更改，但允许阅读或进行修订、审阅等操作，这种"文档保护"的具体操作是：选定需要保护的文档内容，单击"审阅"功能区→"保护"组中的"限制编辑"按钮，在打开的"限制格式和编辑"窗格中，勾选"仅允许在文档中进行此类型的编辑"复选框，并在"限制编辑"下拉列表框选择相应项。

图 4-10　设置文档保护安全性

4.2.4　关闭文档

　　Word 2010 的退出与 Word 文档的关闭是两个不同的操作，在打开多个文档的情况下，退出 Word 2010 是关闭所有 Word 文档并退出 Word 2010 程序，而关闭则是关闭当前打开的文档，但并未退出 Word 2010 程序。但如果是在只打开一个 Word 文档的情况下，关闭即是退出。常用的关闭方法如下：

　　执行"文件"选项卡→"关闭"命令。

　　（1）单击 Word 2010 窗口标题栏右端的关闭按钮 。

　　（2）双击 Word 2010 窗口标题栏左端的控制菜单的图标 。

　　（3）单击 Word 2010 窗口标题栏左端的控制菜单的图标 或右击标题栏，在弹出的菜单中选择"关闭"。

　　（4）使用快捷键 Alt + F4。

　　（5）鼠标光标在任务栏中的 Word 文档按钮 上并停留片刻，在展开的文档窗口缩略图中单击"关闭"按钮 。

　　执行关闭文档命令前，若文档未保存，则弹出对话框询问是否保存文档以提醒文档的编辑和修改被保存。

4.2.5　拆分文档窗口

　　Word 文档窗口可以拆分为两个窗口，利用窗口拆分可以将一个大文档不同位置的两部分分别显示在两个窗口中，方便编辑文档。

拆分/取消拆分窗口的方式如下：

（1）执行"视图"功能区→"窗口"命令组→"拆分"命令▭，鼠标指针变成上下箭头形状且与屏幕上同时出现的一条灰色水平线相连，移动鼠标到要拆分的位置，单击鼠标左键确定。

（2）拖动垂直滚动条上端的窗口拆分条，当鼠标指针变成上下箭头的形状时，向下拖动鼠标可将一个窗口拆分为两个。

（3）如果要取消窗口拆分，可执行"视图"功能区→"窗口"命令组→"取消拆分"命令▭，或者把鼠标移动至两窗口的分界处，当鼠标指针变成上下箭头的形状时，双击鼠标左键，取消拆分。

4.2.6 打印文档

当文档经过录入内容，完成格式化和排版设置，就可以打印了。打印前，先要通过"页面设置"对打印格式进行设置，还可以利用打印预览功能查看排版和打印效果，认为满意则可打印，否则就继续修改文档的格式和排版设置。

1. 页面设置。单击"页面布局"功能区→"页面设置"组的"页面设置"按钮▫或双击文档水平或垂直标尺的空白位置，弹出"页面设置"对话框，如图4-11所示。

（1）"页边距"选项卡

①"页边距"的上下左右边距是指文档内容距离纸张上下左右四边的距离，也是打印内容显示范围；装订线距离设置后将根据装订线位置左边距右移或上边距下移装订线的距离。

②"纸张方向"是指按照纸张的纵向还是横向来打印文档的内容。

③"页码范围"用于指定多页页边距的样式，有普通、对称页边距、拼页、书籍折页和反向书籍折页。

④"应用于"用于设定所设格式的应用范围，可以在下拉列表中选择"整篇文档"或"插入点之后"。

⑤"纸张"选项卡中主要选择文档打印所用纸张的规格，如图4-12所示，可以在"纸张的大小"下拉列表中选择纸张的规格。

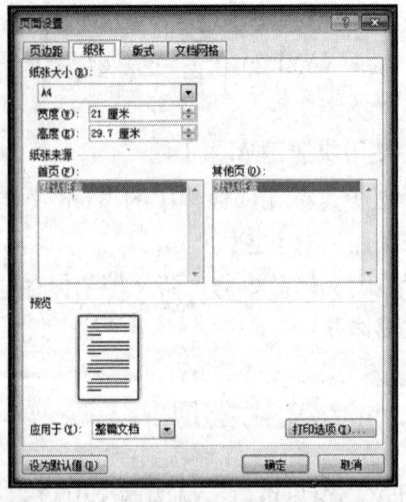

图4-11 设置"页边距"界面　　图4-12 通过"页面设置"设定纸张

（2）在"版式"选项卡中设置文档内容以外的页面格式内容，包含页码、页眉页脚和页面对齐方式，如图4-13所示。

①"节的起始位置"是选择页面格式的范围，节的概念与段落的概念相似，是指页码格式的范围，不同的节之间可以有不同的页面格式。

②"页眉和页脚"可以设置奇偶页不同，距边界可以设置页眉距离上边界或页脚距离下边界的距离。

③"垂直对齐方式"是指文档内容在页面的对齐方式。

（3）"文档网格"选项卡。在"页面设置"对话框中的"文档网格"选项卡中的"网格"选项组中选择"指定行和字符网格"，然后在"字符数"的"每行"文本框中输入每行字符数，在"行数"中的"每页"文本框中输入行数，如图4-14所示。

（4）"纸张"选项卡。

①"文字排列"是指文字的排列相对于纸张的方向是水平还是垂直，分成几栏。

②"网格"是指文字在纸张中排列是按照固定的位置，每页当中的行数和每行当中的字数以及各行或各字符纵横所占的跨度。

③"字符数"是指每一行的字符数以及字符所占的跨度。

④"行数"是指每一页的行数，每一行的跨度是多少。

图4-13 设置页面版式　　　　　图4-14 设置文档网格

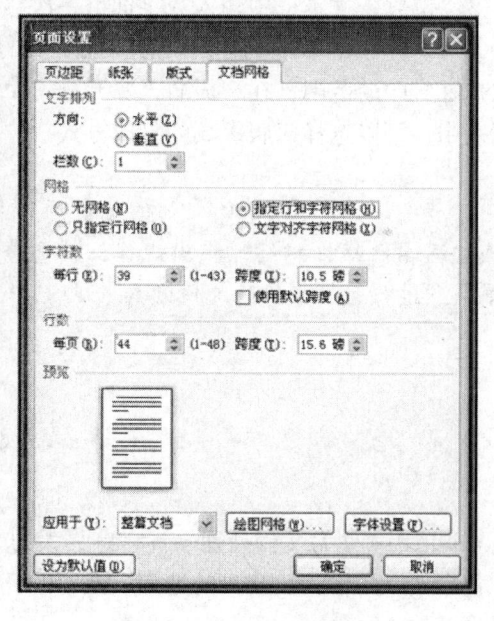

2. 打印预览。单击"文件"选项卡→"打印"命令，在打开"打印"窗口右侧就是打印预览内容。如图4-15所示，用户还可以通过调整预览区下面的缩放滑块改变预览视图的大小。

3. 打印。通过"打印预览"确认打印效果后就可以打印了。Word 提供灵活的打印功能，既可以打印一份或多份文档，也可以打印文档的某一页或几页。用户可以对打印参数进行设置。

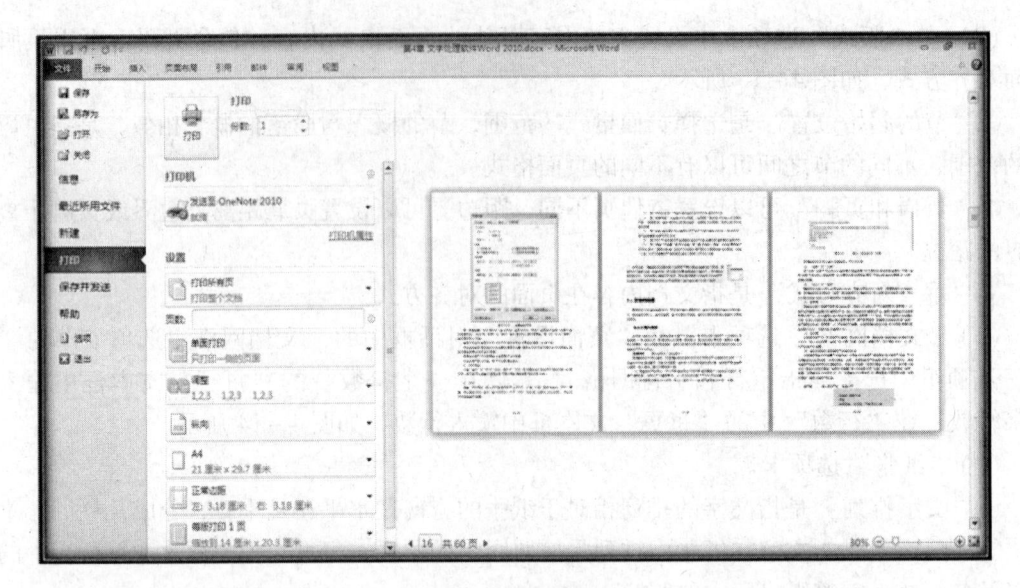

图 4-15　打印预览

① "打印机"下拉列表中选中执行打印任务的打印机。
② "份数"文本框中输入数字即可一次打印相应数字的文档份数。
③ "设置"中单击"打印所有页"右侧的下拉列表，在打开列表的"文档"选项组中，可以选择打印的范围；在"设置"中单击"每版打印一页"右侧的下拉列表按钮，在打开的列表中，可以选择每版多页的打印方式。

> 本节小结：Word 2010 文档的基本操作主要集中在"文件"选项卡中完成，同学们细细总结，找出规律，就能事半功倍地掌握文档操作技能，提高我们进行文档操作的工作效率。

4.3　文档的编辑

Word 2010 作为文档处理软件，有强大的文档编辑功能。文档的编辑是指文档的基本操作，包含文本的输入、文本的选定、文本的复制和移动、文本的撤销和恢复以及文本的查找和替换。

4.3.1　输入文本

当启动 Word 2010 后，系统会自动创建一个新文档，在窗口的工作区有一个闪烁着的黑色竖条"｜"称为插入点，它表明输入的字符（包括图片、表格和特殊符号等）出现的位置。输入字符时，插入点自动向右移动，当输入到每行的末尾时 Word 2010 会自动换行将插入点移动到下一行的开头。

【任务 4－2】 录入某公司的“会议通知”和“借条”文稿。

操作步骤：

① 新建文件“会议通知.docx”，在文档的开头输入“广州市宏达公司关于召开第三季度工作小结会议的通知”后按下 Enter 键，将输入一个段落符号“↵”并将光标跳至下一行的开头位置。

② 然后再依照图 4－16 所示，输入“各部门……二〇一三年十月二十五日”内容；效果如图 4－15 所示。

广州市宏达公司关于召开第三季度工作小结会议的通知↵
各部门：↵
为了及时总结我公司第二季度的工作情况，根据市场的最新需求调整工作部署，决定召开第二季度工作小结会。↵
时间：2013 年 10 月 25 日↵
地点：我公司办公楼三楼会议室↵
参加人员：各部门负责人↵
准备资料：书面小结材料。↵
特此通知。↵
↵
（公章）↵
二〇一三年十月二十五日↵

图 4－16 录入“会议通知”内容

③ 参照①②方法录入以下“借条”文稿，效果如图 4－17 所示。

借 条↵
今借到行政部佳能 Canon EOS 60D 单反相机壹部（附电池壹块，金士顿 16G 存储卡壹张），经检查完好可用。定于 2013 年 11 月 25 日前归还。↵
此据↵
借用人：林立红（签名）↵
经手人：方小飞（签名）↵
2013 年 11 月 23 日↵

图 4－17 录入“借条”内容

在 Word 2010 中输入文本时应注意以下几点内容。

（1）“全角”和“半角”。标点符号和空格等符号在“半角”方式下占一个字符的位置，而在“全角”方式下则占两个字符的位置。

（2）“插入”和“改写”。Word 2010 的默认输入状态是插入方式，单击状态栏中的“插入/改写”按钮或按键盘中的 Insert 键进行插入与改写状态的切换。在 Word 2010 状态栏中“插入”切换为“改写”状态，输入的内容将自动将插入点后面已有的内容替换掉。

（3）回车符。在文档的工作区按下回车键（Enter 键），在插入点处输入了一个段落符号（回车符）“↵”。表示当前段落的结束和新段落的开头。段落与段落之间是用回车符分隔开的,合并段落的操作就是将段落间的回车符"↵"删除;而拆分段落的方法正好相反,将插入点移到要拆分处,输入回车符即可。按下回车键后,新段落的格式会自动"继承"上一段落的格式。回车符"↵"不会被打印出来,如果在 Word 2010 中显示/隐藏回车符则执行"文件"→"选项"中的"显示"选项,在该对话框窗口右侧的"段落标记"复选框上执行选中/取消操作,即可显示/隐藏回车符。

(4)换行符。如果要另起一行,不另起一个段落,可以输入换行符:按快捷键 Shift + Enter 或单击"页面布局"功能区→"页面设置"组→"分隔符"按钮,选择"自动换行符"即可。换行符显示为"↓",同样不会被打印出来。换行符显示为"↓",与回车符"↵"不同,"回车"是一个段落的结束,开始新的段落,"换行"只是另起一行显示文档的内容。

(5)文档中红色和绿色波形下划线的含义。如果没有在文本中设置下划线格式,却在文本中出现了红色或绿色的波形下划线,可能是 Word 2010 处在检查"拼写和语法"状态,用红色波形下划线表示可能的拼写错误,用绿色波形下划线表示可能的语法错误。启动/关闭检查"拼写和语法"的操作是:单击"审阅"功能区→"语言"组中"语言"按钮,执行菜单中的"设置校对语言"命令,在打开的"语言"对话框中,对"不检查拼写或语法"复选框撤销/选中即可启动/关闭"拼写和语法"检查;通过"只隐藏此文档中的拼写错误"和"只隐藏此文档中的语法错误"来设置显示/隐藏检查"拼写和语法"出现的波形下划线,其操作是:执行"文件"选项卡→"选项"中的"校对"选项,在该对话框窗口右侧的"只隐藏此文档中的拼写错误"和"只隐藏此文档中的语法错误"复选框上执行选中/取消操作,即可显示/隐藏。

4.3.2 输入字符

在文本的录入过程中,除了字母、数字、汉字和常用的标点符号外,还有可能需要录入一些特殊的符号、编号或批注、尾注和脚注,有或者一些数学公式等。

1. 输入符号和特殊字符。

【任务4-3】 输入符号和特殊字符。

在文档中输入如下字符:

æ、€、№、ní hǎo、☞、☺、☽、™

操作步骤:

① 单击"插入"功能区→"符号"组中的"符号"按钮Ω,在随之出现的列表框中,上方列出了最近插入过的符号,下方是"其他符号"按钮,单击"其他符号"按钮,在"符号"对话框中的字体下拉列表中选择"(拉丁文本)"和"拉丁语扩充-B"子集,如图4-18所示,选择所需字符æ,单击"插入"按钮;

② 重复上述步骤选择不同的字体和子集,找出相应符号,一一插入到文档当中;

③ 单击"特殊字符"选项卡,如图4-19所示,可以插入所需的特殊字符。

图 4-18 选择字符插入到文档

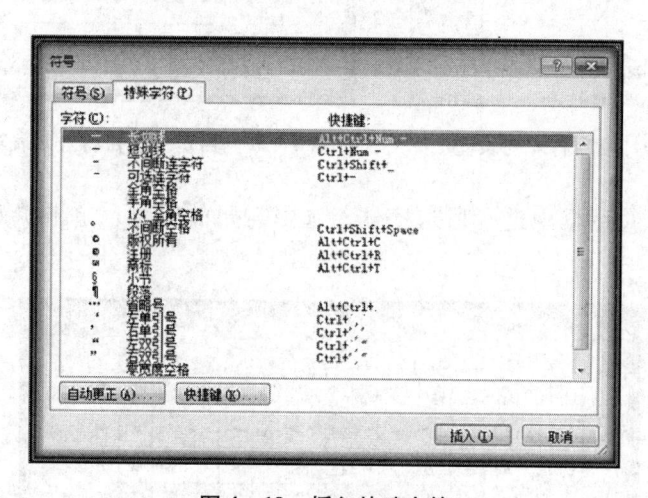

图 4-19 插入特殊字符

2. 项目符号和编号。

【任务 4-4】 为"会议通知"设置项目符号和编号。

(1) 设置以下项目符号

1. 时间：2013 年 10 月 25 日
2. 地点：我公司办公楼三楼会议室
3. 参加人员：各部门负责人
4. 准备资料：书面小结材料

操作步骤：

① 打开"会议通知.docx"文件，选择"时间……书面小结材料。"右键单击该文本，在弹出的右键菜单中选择"项目符号"选项或者"开始"功能区→"段落"组中的"项目符号" 按钮右侧的下拉菜单按钮，在"项目符号"列表中，选择所需的项目符号；如图 4-19 所示。

②如果项目符号库中没有所需的项目符号,则可以单击"定义新项目符号"按钮,如图4-20和图4-21所示。

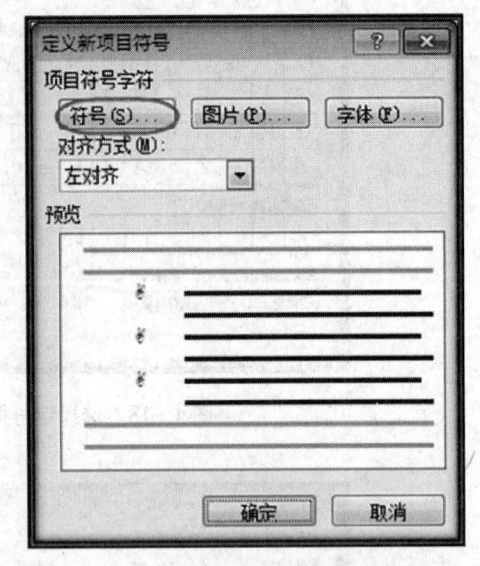

图4-20 项目符号列表框　　图4-21 自定义项目符号列表对话框

③在"符号"对话框中选择所选字体,选中需要的符号,单击"确定"如图4-22所示。

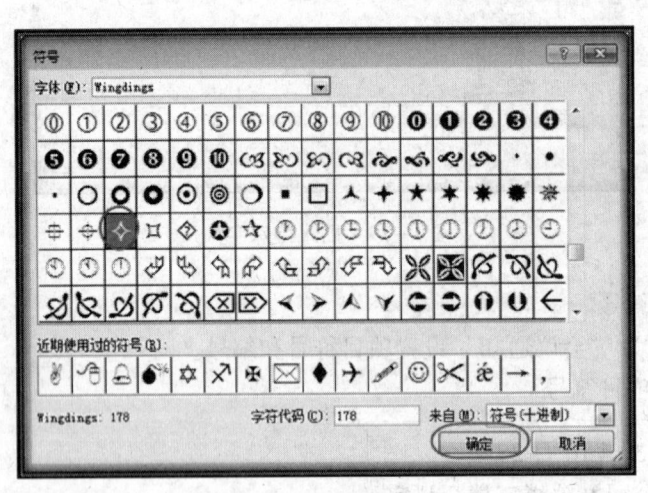

图4-22 符号对话框

(2)设置编号。参考上述设置项目符号的步骤设置编号,得到如下效果:

<一>时间:2013年10月25日
<二>地点:我公司办公楼三楼会议室
<三>参加人员:各部门负责人
<四>准备资料:书面小结材料

操作步骤：

① 打开"会议通知.docx"文件，选择"时间……书面小结材料。"右键单击该文本，在弹出的右键菜单中选择"编号"选项或者"开始"功能区→"段落"组中的"编号"三▼按钮右侧的下拉菜单按钮▼，在"编号"列表框中，选择所需的编号，如图4-23所示。

② 如果编号库中没有所需的编号，则可以单击"定义新编号格式"按钮，弹出"定义新编号格式"对话框，如图4-24所示。

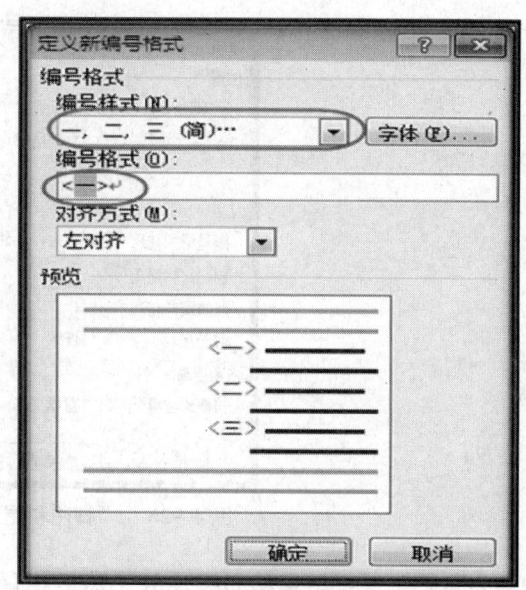

图4-23 项目编号列表框　　　　图4-24 "定义新编号格式"对话框

③ 在打开的"定义新编号格式"对话框中，设置所需的格式和样式。在"编号样式"下拉列表框中选择"一，二，三，"的样式，然后在"编号格式"文本框中的编号前后分别输入"<"和">"，单击"确定"按钮。

3. 插入批注、尾注和脚注。批注是文档审阅人员在原有文档上所添加的批阅性文字；而脚注和尾注是在指定的文字处插入注释，"脚注"位于本页末，"尾注"则是位于文档的结尾处。

【任务4-5】 在"市场推广策划书.docx"文档中插入批注、脚注或尾注。

操作步骤：

① 打开文档"市场推广策划书.docx"，将光标移动到第二点标题部分"现货市场的前景及优势"处，执行"审阅"功能区→"批注"组中"新建批注"▢命令，这时在文档当中出现批注的编辑状态，输入批注内容，如图4-25所示。

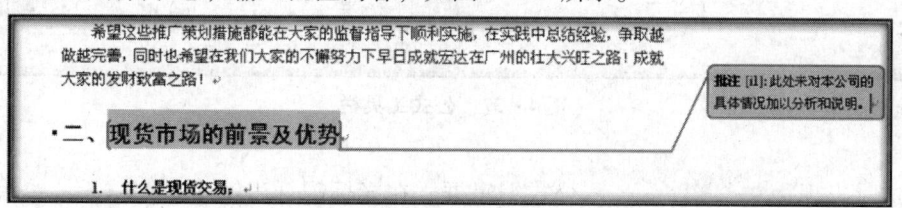

图4-25 在文档中插入批注

② 移动鼠标在批注以外的地方单击就完成批注的编辑；

③ 移动光标到第五章的标题的"客户群体"后，执行"引用"功能区→"脚注"组中"插入脚注 AB"或"插入尾注"插入尾注命令，直接在光标处输入脚注或尾注即可。

④ 如需要设定"脚注""尾注"的编号格式、自定义标记、起始编号和编号方式，则执行"引用"功能区→"脚注"组中右下角的"箭头"按钮，打开如图 4-26 所示的"脚注和尾注"对话框。

图 4-26　"脚注和尾注"对话框

如果要删除批注，鼠标移向批注处，然后按鼠标右键，执行菜单中的"删除批注"命令，或者执行"审阅"功能区→"批注"组中"删除"命令即可；如果要删除脚注或尾注，则选定脚注或尾注号后按 Delete。

4. 插入数学公式。Word 2010 提供了强大的对象编辑功能，在文档的制作当中，一些数学公式因为特殊的格式要求在一般编辑状态较难满足其要求，Word 2010 不仅提供了一些常用的内置公式，同时插入新公式功能让用户可以根据需要制作数学公式。

【任务 4-6】　输入如下的数学公式：

$$AB = \sqrt{(x_1 - x_2)^2 + (y_1 - y_2)^2}$$

操作步骤：

① 选择"插入"功能区→"符号"组中的公式命令 π，或者按快捷方式"Alt + ="将调出"公式工具"功能区如图 4-27 所示。

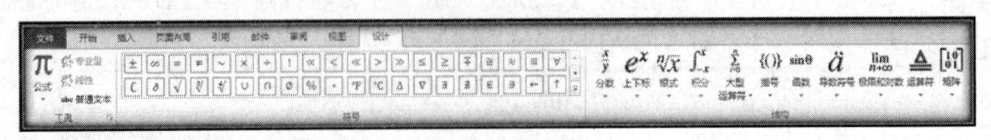

图 4-27　公式工具栏

② 这时出现 在此处键入公式。 公式编辑框，在光标闪烁出输入"AB ="，然后在"结构"组中单击"根式"下方的 按钮，弹出如图 4-28 所示的根式列表，选择根式列表中的

第一项。

③ 单击"被开方数",再执行"上下标"下方的▼按钮,弹出"下标和上标"列表,见图4-29,选中第一项,在指数处输入2,在底数处执行"括号"下方的▼按钮,在弹出的方括号列表中选择第一项,见图4-30。

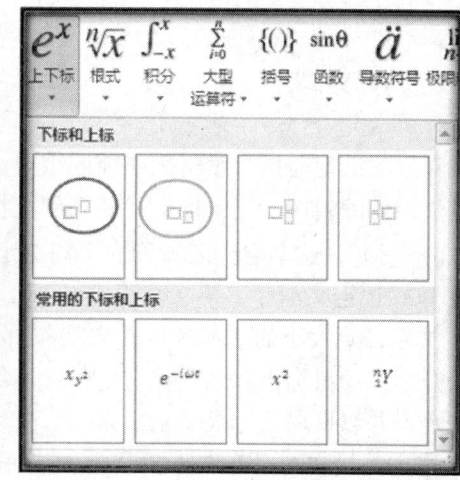

图4-28 "根式"列表　　　　　图4-29 "上下标"列表

④ 在输入括号内的数据后,继续执行"上下标"下方的▼按钮,弹出下标和上标列表,选中第二项,输入x和1。

⑤ 光标移到x_1后,继续输入"-"。

⑥ 对于x_2的输入,可重复第④步。

⑦ 将光标到$AB = \sqrt{(x_1 - x_2)^2}$后,输入"+"号。

⑧ 重复第③~⑥步,完成整个公式的输入。

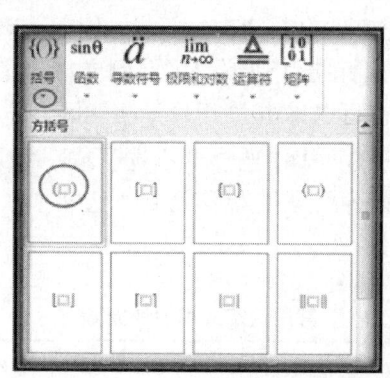

图4-30 "方括号"列表

单击公式以外的其他位置退出公式的编辑状态,双击公式则恢复公式编辑状态,注意光标的移动以确定输入的位置。

练一练：输入以下数学公式：

(1) $x = \dfrac{-b \pm \sqrt{b^2 - 4ac}}{2a}$ (2) $\lim\limits_{x \to x_0} \dfrac{1}{x} = \dfrac{1}{x_0}$

4.3.3 选定文本

编辑对象的选定是执行编辑操作前的重要步骤。在文档中，当鼠标指针显示为"I"形的区域是文档的编辑区；当鼠标指针移动到文档编辑区的左侧空白处是，鼠标指针显示为指向右上方的形时，这个空白区域称为文档选定区，文档选定区可以用于快速选定文本。

1. 用鼠标选定文本。

（1）选定任意大小的文本区：首先将鼠标指针移动到要选择的文本开始处，按下鼠标左键不松开，拖动鼠标指针到所要选定的文本结束处并松开鼠标左键。这样，鼠标所拖过的区域被选定，并以反白的方式显示出来。

（2）选定大块文本：首先将插入点光标移动到所要选定的文本的开始处，然后按住 Shift 键，配合滚动条移动找到所要选定的文本的结束处，单击鼠标左键要选定区域的末尾，则前后两次范围中所包括的文本被选定。

（3）选定矩形区域中的文本：将鼠标指针移动到所选区域的左上角，按住 Alt 键，拖动鼠标直到所选文本区域的右下角，松开鼠标。

（4）选定一个句子：按住 Ctrl 键，将鼠标指针移动到所要选定句子的任意处单击鼠标左键。

（5）选定一个段落：将鼠标指针移动到所要选定段落的任意处连击三下。或者将鼠标指针移动到该段文本的文档选定区，当鼠标指针变成形时双击鼠标左键。

（6）选定一行或多行：将鼠标指针移动到所要选定这一行文本左端的文档选定区，当鼠标指针变成形时，单击鼠标左键可选定一行文本，如果上下拖动鼠标则可选定若干行文本。

（7）选定整个文档：移动鼠标指针到编辑区左侧文档选定区，快速连击鼠标左键三下或按住 Ctrl 键单击鼠标左键。也可以单击"开始"功能区→"编辑"组中的"选择"命令选择右侧的按钮，在弹出的列表中选择"全选"或"Ctrl + A"快捷键选定全文。

2. 使用键盘选定文本。先将插入点光标移动到所选文本区的开始处，然后使用表 4 – 1 所示的快捷键选定文本。

表 4 – 1　　　　　　　　　　　常用选定文本的快捷键

键　符	功能说明
Shift + ←	选定当前光标左边的一个字符
Shift + →	选定当前光标右边的一个字符
Shift + ↑	选定到上一行同一位置之间的所有文本
Shift + ↓	选定到下一行同一位置之间的所有文本

续表

键　　符	功能说明
Shift + Home	选定从插入点到所在行开头的文本
Shift + End	选定从插入点到所在行末尾的文本
Shift + Page Up	选定上一屏的文本
Shift + Page Down	选定下一屏的文本
Ctrl + Shift + Home	选定从插入点到文档首
Ctrl + Shift + End	选定从插入点到文档尾
Ctrl + A	选定整个文档

3. 取消选定的方法。如果要取消文本的选定，可以单击文档工作区的任意位置或按键盘上的任一个方向的箭头键。

4.3.4　复制和移动文本

1. 移动文本。移动文本的操作是把需要移动的文本从一个位置移动到另一个位置，常用的方法有：

（1）使用剪切命令。先选中需要移动的文本，执行剪切命令（使用"开始"功能区→"剪切板"组中"剪切"按钮或 Ctrl + X 键），然后将插入点光标移动到新的位置执行粘贴命令（使用"开始"功能区→"剪切板"组中"粘贴"按钮或 Ctrl + V 键）即可。

（2）使用鼠标拖动。先选中需要移动的文本，将鼠标指针移动到已选定文本处按住鼠标左键拖动插入点光标"｜"至新位置松开鼠标即可。

先选中需要移动的文本，将鼠标指针移动到已选定文本处按住鼠标右键拖动插入点光标"｜"至新位置松开鼠标，在弹出的右键菜单选择"移动到此位置"命令即可。

2. 复制文本。复制文本操作是重复录入文档中已存在的文本，可以提高文本插入效率减少输入错误，其操作方法与移动文本类似：

（1）使用复制命令。先选中需要复制的文本，执行复制命令（使用"开始"功能区→"剪切板"组中"复制"按钮或 Ctrl + C 键），然后将插入点光标移动到新的位置执行粘贴命令（使用"开始"功能区→"剪切板"组中"粘贴"按钮按钮或 Ctrl + V 键）即可。

（2）使用鼠标拖动。先选中需要复制的文本，按住 Ctrl 键，将鼠标指针移动到已选定文本处按住鼠标左键拖动插入点光标"｜"至新位置松开鼠标即可。

先选中需要复制的文本，将鼠标指针移动到已选定文本处按住鼠标右键拖动插入点光标"｜"至新位置松开鼠标，在弹出的右键菜单选择"复制到此位置"命令即可。

【任务4-7】 在"招聘启事.docx"文档移动和复制文本。

操作步骤：

① 打开"招聘启事.docx"文档，选中职位信息中的"资产优化管理培训生10人"的所有招聘要求，按住鼠标的左键拖动至"运营管理培训生10人"的所有招聘要求之后，如图4-31所示，松开鼠标左键，可以将"资产优化管理培训生10人"的内容移动至后方。

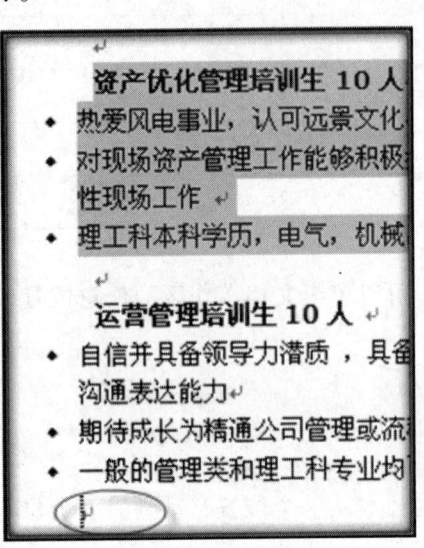

图4-31 拖动鼠标移动前后

② 选中"运营管理培训生10人"的所有招聘要求，按住Ctrl键拖动至文档"资产优化管理培训生10人"的所有招聘要求之后，如图4-32所示，松开鼠标左键，可以复制"运营管理培训生10人"的所有招聘要求。注意两个步骤中拖动鼠标时鼠标指针的变化和光标的移动。复制成功后的效果如图4-33所示。

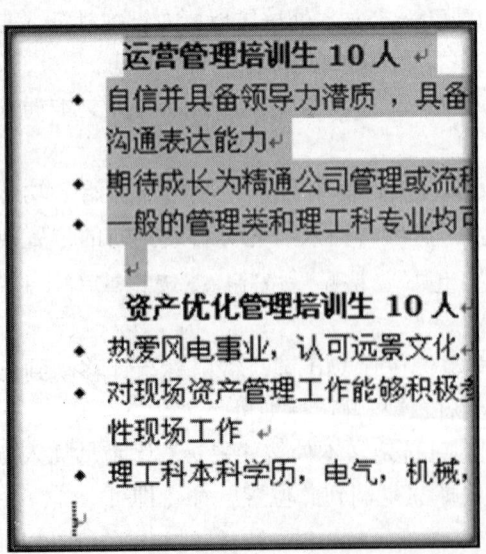

图4-32 拖动鼠标复制前后

图 4-33　拖动鼠标复制前后

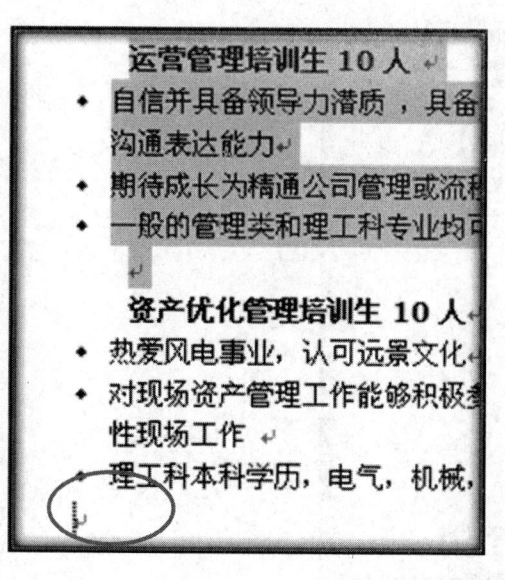

4.3.5　撤销和恢复文本

使用键盘上的 Delete 键或 Backspace 键（"←"键）删除一个字符。按 Delete 键将删除插入点光标所在处右边一个字符，而按 Backspace 键则删除插入点光标所在处左边的一个字符。

删除几行或大块文本的话必须先选定要删除的文本，然后按键盘上的 Delete 键或 Backspace 键，又或执行"开始"功能区→"剪切板"组中"剪切"命令 剪切。

如果想要恢复刚刚被删除的文本，则需要使用"快速访问工具栏"中的"撤销"按钮 。

【任务 4-8】　撤销和恢复操作步骤。

操作步骤：

① 打开"招聘启事.docx"，选中职位信息中的"资产优化管理培训生10人"的所有招聘要求，按下 Crtl+C 复制所选内容，将光标移动到"应聘方式"前一行，按两下 Enter 键，按下 Crtl+V 粘贴所选内容。

② 又将光标移动到"应聘方式"前一行按两下 Enter 键，拖动鼠标选中前面两个工作岗位即"资产优化管理培训生10人"和"行政管理培训生5人"的招聘要求，按下 Ctrl 键同时按住鼠标左键拖动所选内容至"应聘方式"前一行处松开鼠标和按键，将复制两个工作岗位的招聘要求的内容并粘贴在光标处。

③ 选择其中一个工作岗位招聘要求，按下退格键删除文本。

④ 此时在常用工具栏中的"撤销"按钮中的下拉列表中将出现多个步骤可以撤销，如图 4-34 所示。

⑤ 选择撤销第一个步骤"输入"，这时右侧的"重复"按钮 被激活了，单击"重复"就可恢复最近撤销的步骤。

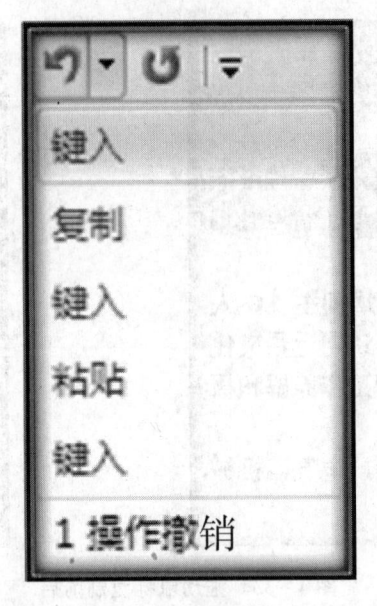

图4-34 撤销操作

4.3.6 查找与替换文本

Word 2010 的查找功能可以查找文档中某一指定的文本，所指定的文本包括特殊符号（如段落标记，制表符，换行符等）。

1. 常规查找。单击"开始"功能区→"编辑"组中"替换"按钮，打开"查找和替换"对话框，单击"查找"选项卡，如图4-35所示，在"查找内容"文本框中输入要查找的文本，按"查找下一处"按钮，Word 2010 就会查找与指定文本相符的内容，当查到相应文本时，窗口滚动到该文本所在的第一个位置并且反白显示该文本，再次单击"查找下一处"则窗口继续滚动到该文本所在的下一个位置。

图4-35 "查找和替换"对话框

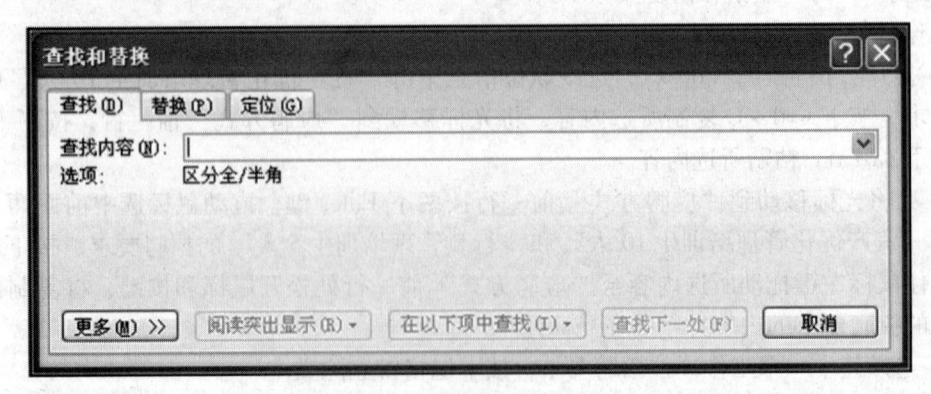

2. 高级查找。在图4-35 "查找和替换"对话框中，单击"更多"按钮，可以展开设置详细搜索选项的对话框（如图4-36所示），这些条件包括：搜索范围、是否区分大小

写、是否全字匹配、是否使用通配符和格式等选项。

3. 替换文本。Word 2010 的替换功能是将文档中与查找内容的相符的文本替换成"替换为"文本框中的文本,是一种进行文档中相同步骤修改操作的快速重复方式,提高了工作效率。其操作步骤步骤如下:

单击"开始"功能区→"编辑"组中"替换"按钮，打开"查找和替换"对话框(如图4-37所示),在"查找内容"列表框中输入要查找的内容,在"替换为"列表框中输入要替换的内容,设置所要查找和替换内容的格式,按"替换"或"全部替换"按钮将替换所查找到的内容并定位。

在设置"查找内容"内容格式时要先将鼠标指针指向该列表框,将插入点光标移动到列表框中,然后进行格式设置,设置完毕后可以在列表框下面看到所设置的格式详细内容。可以用同样的方法设置"替换为"内容的格式。

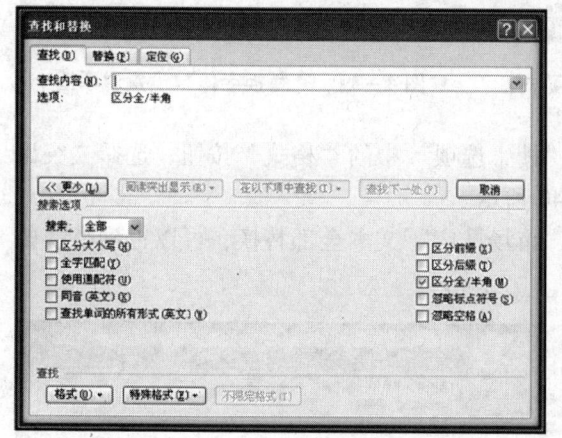

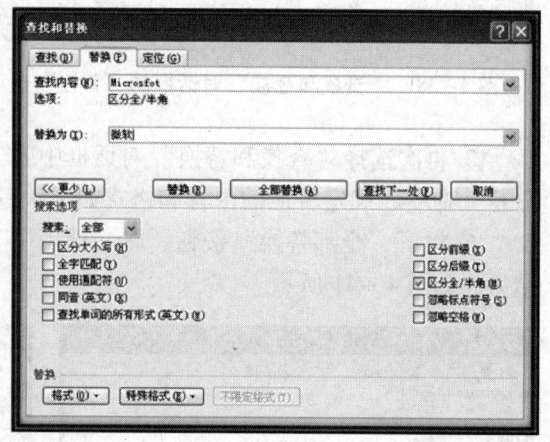

图4-36 "查找"选项卡及其更多选项　　图4-37 "替换"选项卡及其更多选项

【任务4-9】 在文档"市场推广策划书.docx"中将所有"市场推广"文本及其格式替换成"市场拓展"(红色字体加粗,带着重号并突出显示)。

操作步骤:

① 打开"市场推广策划书.docx"文档,单击"开始"功能区→"编辑"组中"替换"按钮,弹出"查找和替换"对话框。

② 在"替换"选项卡中,"查找内容"文本框中输入"市场推广",在"替换为"文本框中输入"市场拓展",如图4-38所示。

③ 将光标放在"替换为"的文本框中,单击"更多"按钮展开"搜索选项",单击"格式"按钮,弹出"替换字体"对话框。

④ 选择"字体"选项,在"字体"对话框中设置,字体颜色为红色,加粗,加着重号,如图4-39所示。

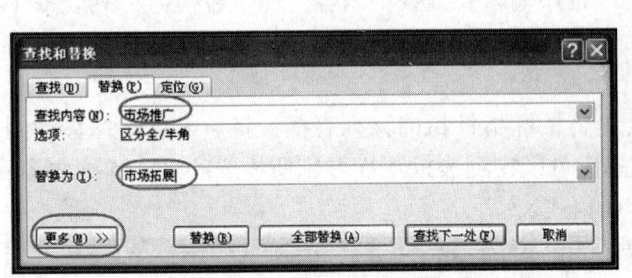

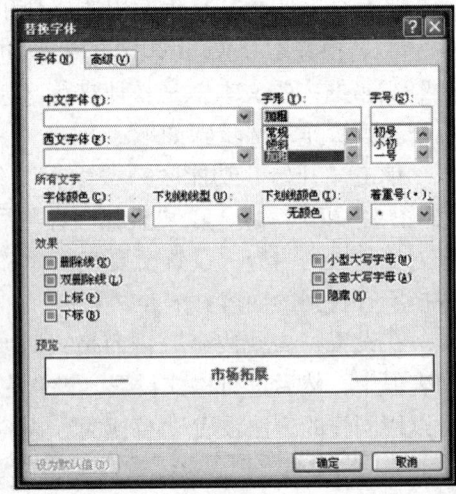

图 4-38 "查找和替换"对话框的"替换"选项卡   图 4-39 "替换字体"设置对话框

⑤ 再次选择"查找和替换"对话框中的"搜索选项"中的"格式"按钮,选择"突出显示"命令,确定替换的内容和格式如图 4-40 所示。

⑥ 按下"全部替换"按钮,将文档当中"市场推广"文本全部替换,可以得到替换的结果,如图 4-41 所示。

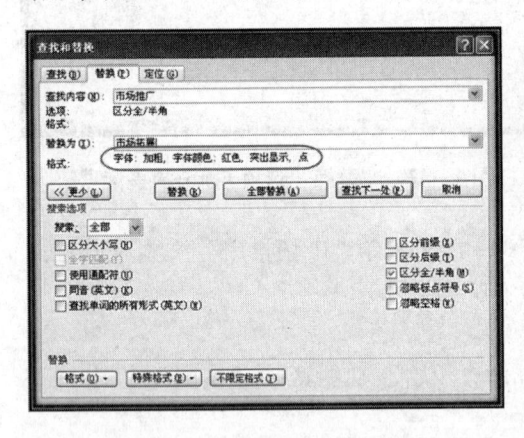

图 4-40 "查找和替换"对话框   图 4-41 替换结果

本节小结:Word 2010 的基本操作是十分重要的操作技巧,掌握这些基本的操作才能更好地完成后面更多的操作。这些基本操作可以遵循 Windows 基本操作的特点。

4.4　文档的格式化

文档的格式化是指文档内容当中的字体、段落以及页面格式的设置，使文档显示的效果更加合理美观。

4.4.1　文档视图

所谓"视图"就是查看文档的显示方式。文档可以在不同的视图下查看或修改，虽然文档的显示方式不同，但是文档的内容是不变的。"视图切换按钮"在水平滚动条的左边（如图4-42所示），它包含5个按钮分别代表5种视图：页面视图、阅读、Web版式、大纲视图和草稿视图，用户可以根据对文档的操作需求不同采用不同的视图，可以单击"视图切换按钮"来切换文档视图，也可以在"视图"功能区选择对应的命令进行切换。

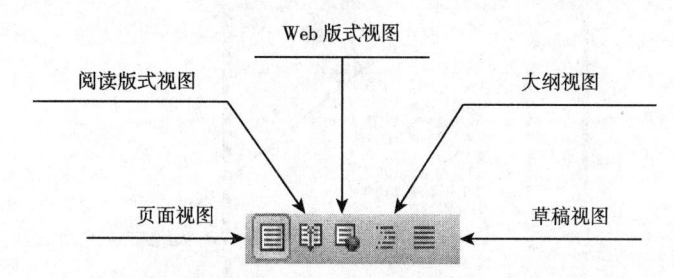

图4-42　视图切换按钮（其中"页面视图"为当前的视图状态）

Word 2010的5种视图的区别和特点：

1. 页面视图。页面视图主要用于版面设计，页面视图显示所得文档的每一页面都与打印所得的页面相同，即"所见即所得"。在页面视图下可以进行文字处理中所有的操作，但在页面视图下占用的计算机资源相对较多，使得处理速度变慢。

2. 阅读版式视图。阅读版式视图适用于阅读长篇文章，在阅读版式视图下将工作区中编辑区域缩小，而文字的大小不变，根据文章的字数自动分屏，并且在该视图下同样可以进行文字的编辑工作。通过单击"阅读版式"工具栏上的"关闭"按钮或按Esc键来退出阅读版式视图切换到原先的视图。

3. Web版式视图。使用Web版式视图，可以在Word 2010窗口中查看Web页在Web浏览器中的显示效果。

4. 大纲视图。大纲视图适合于编辑文档的大纲，以便能审阅和修改文档的结构。在大纲视图中，可以单击━标识来折叠文档以便只查看到某一级的标题或子标题，亦可以单击╋标识来展开文档查看整个文档的内容。在大纲视图下，通过对大纲中各级标题进行"上移"▲或"下移"▼、"提升"⇦或"降低"⇨等操作来调整文档结构。

5. 草稿视图。草稿视图取消了页面边距、分栏、页眉页脚和图片等元素，仅显示标题和正文，是最节省计算机系统硬件资源的视图方式。当然现在计算机系统的硬件配置都比较高,基本上不存在由于硬件配置偏低而使 Word 2010 运行遇到障碍的问题。

【任务 4-10】 设置"宏达公司财务管理制度"的大纲级别并且添加目录。任务要求:

(1) 将"宏达公司财务管理制度"文档分为三个大纲级别,其中标题为第 1 级,各章为第 2 级,节为第 3 级。

(2) 在文档开头添加目录页。

操作步骤:

① 打开"宏达公司财务管理制度.docx",将光标移动到标题"宏达公司财务管理制度"一行,在"开始"功能区→"样式"组中选择样式"标题1"。

② 按照同样的方法将文档当中的各章标题设置格式样式为"标题2",左对齐。

③ 按照同样的方法将文档当中的各章中的节标题设置格式样式为"标题3",左对齐。

④ 单击"大纲视图"按钮 查看大纲视图下的文档,并且调出大纲工具栏,当把光标移动到文档第一行标题当中,按下大纲工具栏中的"折叠"按钮,可以折叠章节内容只显示章节标题,如图 4-43 所示。

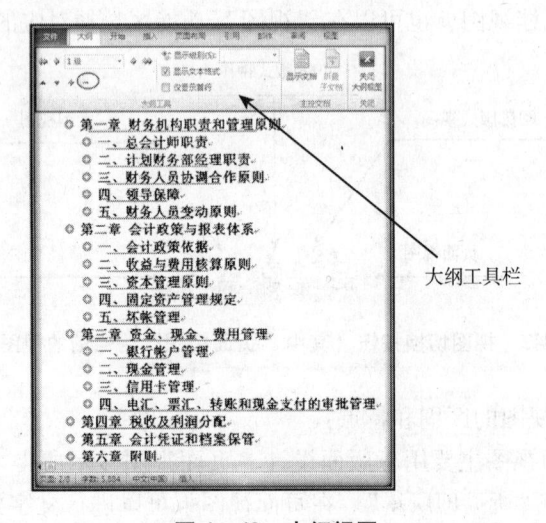

图 4-43 大纲视图

⑤ 单击页面视图 按钮回到页面视图,将光标移动到文档的开始位置,单击"页面布局"功能区→"页面设置"组中的"分隔符"按钮 右侧的▼,在弹出的分节符列表中单击下一页命令 ,插入新页。

⑥ 将光标移动到新插入的页面开头,选择"正文"样式,居中位置输入"目录",按下 Enter 键,文本左对齐即执行"开始"功能区→"段落"组中"文本左对齐"命令 ;执行"引用"功能区→"目录"组中"目录"命令,在弹出列表中,单击"插入目录,弹出目录"对话框如图 4-44 所示。

⑦ 按下"确定"按钮,则可生成目录,如图 4-45 所示。

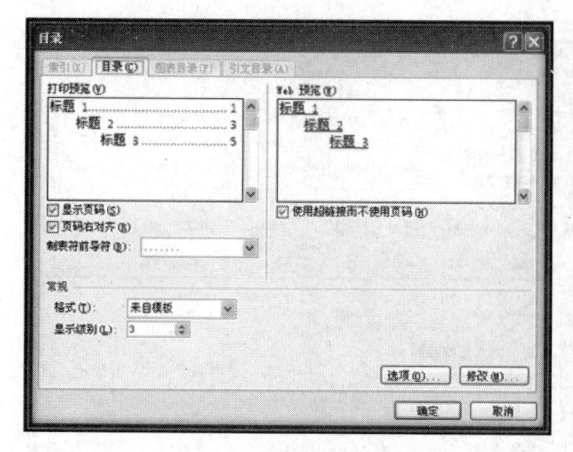

图4-44 插入索引和目录对话框　　　　　　图4-45 插入目录效果

上述步骤⑥中,可单击"目录"对话框中"修改"按钮,对各级目录的字体格式进行设置。

① 选择目录部分,从"宏达公司财务管理制度"至"附则",单击鼠标右键,在右键菜单中选择"编辑域"命令,在"域"对话框中选择相应的域类别、域名和域属性,如图4-46所示。

② 单击"目录"按钮,在弹出的"目录"对话框中选择"修改"命令,如图4-47所示。

图4-46 选择域　　　　　　　　　　　　图4-47 选择目录的修改命令

③ 单击"修改"按钮,弹出"样式"对话框,如图4-48所示。
④ 选择"目录1",单击"修改"命令,弹出"修改样式"对话框,如图4-49所示。
⑤ 设置"目录1"的样式,字体为黑体,四号,加粗,并且增加段前段后距为6磅,单击"确定"按钮。
⑥ 回到"样式"对话框,按照同样的步骤修改"目录2"的样式为:小四号宋体,加粗,段前段后距为6磅;最后确定修改并在弹出对话框确定替换所选目录,如图4-50所示。

第4章 文字处理软件Word 2010　　　　　　　　　　　　　　　　　　　147

图4-48 修改目录样式

图4-49 修改"目录1"样式

图4-50 确定替换所选目录

⑦ 单击"确定"按钮,更新了目录样式。

⑧ 选中目录,右键单击目录,在右键菜单中选择"段落"选项,在"段落"对话框中设置目录的行距为"固定值"为"26 磅",如图4-51所示;单击"确定"按钮,效果如图4-52所示。

4.4.2 字符格式设置

字符的格式化主要是指对字符的字体、字形和字号等进行设置,还包括对字符的颜色、底纹、边框、加下划线、加粗斜体、字符间距等的设置。字符格式化的主要方法是:通过"开始"功能区"字体"组中的各种命令进行设置;或者通过"字体"对话框进行字符的格式化设置。常见的字符格式化效果如表4-2所示。

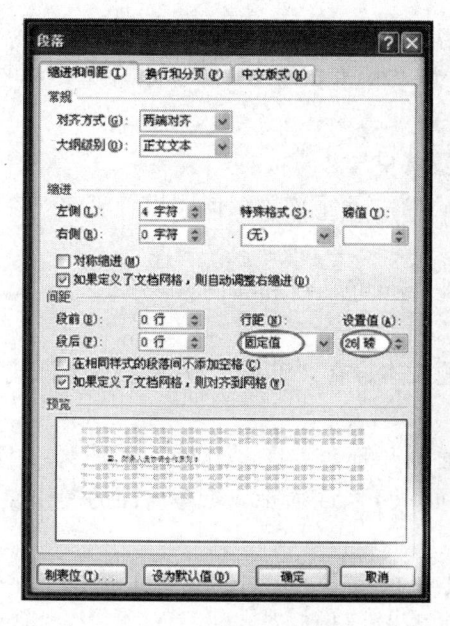

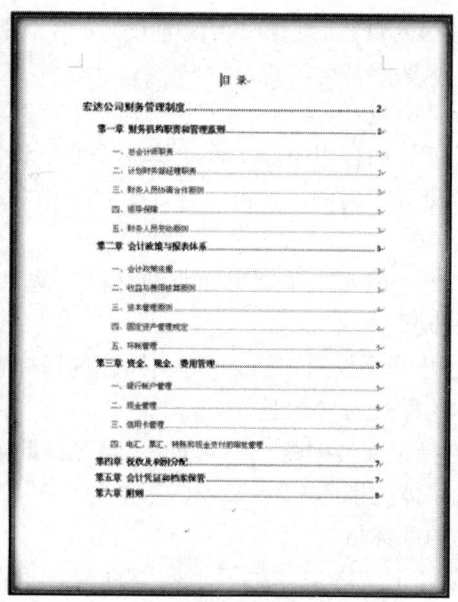

图 4-51　设置目录行距　　　　　图 4-52　修改目录行距效果

表 4-2　　　　　　　　　　　常见字符格式化效果对照

字符格式	格式化后效果
五号、隶书	财经计算机应用基础
加粗、倾斜	**财经计算机应用基础**
下划线	财经计算机应用基础
下划波浪线	财经计算机应用基础
着重号	财经计算机应用基础
删除线	财经计算机应用基础
双删除线	财经计算机应用基础
阴影	财经计算机应用基础
映射	财经计算机应用基础
发光	财经计算机应用基础
上标下标	财经^{计算机}应用$_{基础}$
边框	财经计算机应用基础
字符缩放 150%	财经计算机应用基础
字符间距加宽 2 磅	财经计算机应用基础
拼音指南小三	财经计算机应用基础 (cái jīng jì suàn jī yìng yòng jī chǔ)
带圈文字	㊛经计算机应用基础

【任务4-11】 设置"会议通知"的字体格式,任务要求:
(1)标题字体为"标题"样式;正文字体为"楷体 GB-2312",字号为"小三";落款字体为"仿宋 GB-2312",字号为"小三"。
(2)通知内容当中的文本"第三季度"设置着重号。
(3)设置"时间、地点、参加人员、准备资料"等字体为粗体;相对应的内容设置字体为斜体。
(4)将"时间"至"书面小结材料"文本设置黄色底纹和红色阴影边框。

操作步骤:

① 打开"会议通知.docx"文档,选择标题文本,在"开始"功能区→"样式"组中设置字体的样式为"标题"。

② 选择正文当中的"各部门"至"特此通知"部分,在"开始"功能区→"字体"组中设置字体为楷体 GB-2312,字号为小三,如图4-53所示。参考前面的操作设置落款部分文本的字体格式。

③ 选择正文之中"第三季度"部分,单击鼠标右键,在右键菜单中选择"字体"选项,在弹出的"字体"对话框中设置着重号,如图4-54所示。

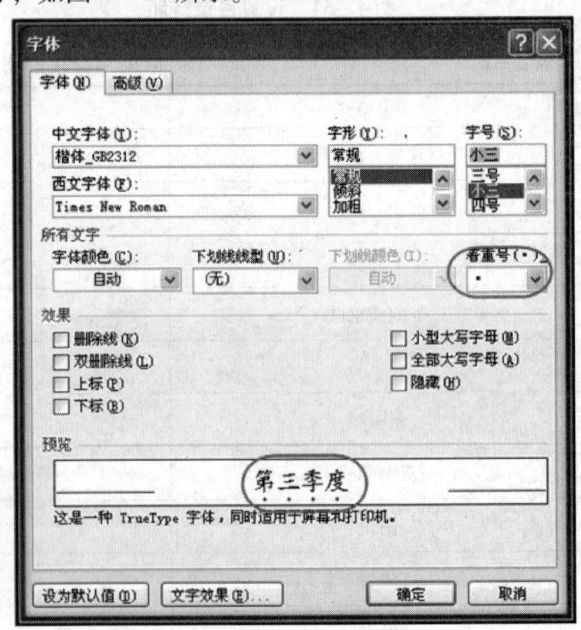

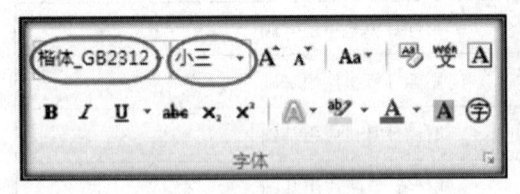

图4-53 设置字体格式　　图4-54 字体对话框

④ 按下"确定"按钮,用同样的方式或格式刷工具将文中其他"第三季度"文本设置相同的格式。

⑤ 选择文中"时间"文本,单击"开始"功能区→"字体"组中的加粗按钮 **B** 设置字体加粗效果,用同样的方法对"地点"、"参加人员"、"准备资料"等文本设置字体加粗效果;选择文中"2013年10月25日"文本,单击"开始"功能区→"字体"组中的倾斜按钮 *I* 设置字体斜体效果,重复同样的方法设置其他相关文本的字体斜体效果。

⑥ 选择文中"时间"至"书面小结材料"文本,单击"页面布局"功能区→"页面背

景"组中页面边框按钮，在弹出的"边框和底纹"对话框中的"边框"选项卡中如图4-55设置；单击"底纹"选项卡，选择底纹颜色为黄色，如图4-56设置。

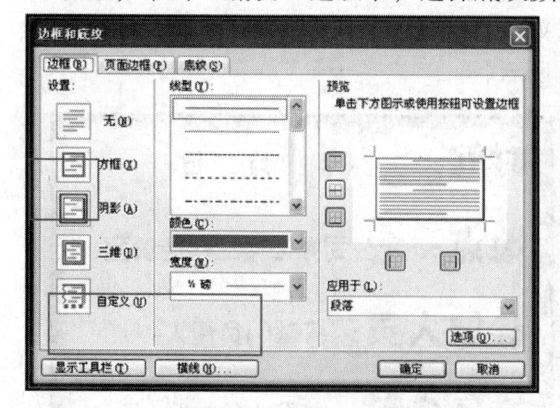

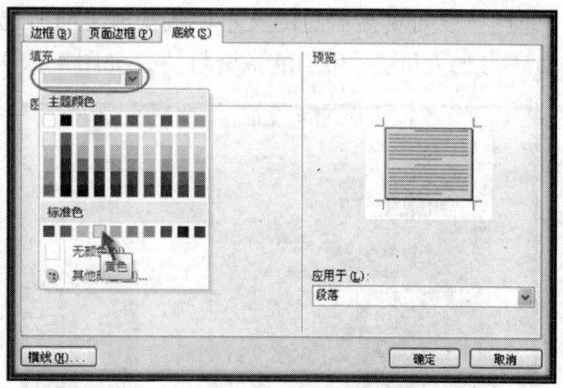

图4-55 设置边框和底纹对话框的边框选项卡　　图4-56 设置边框和底纹对话框的底纹选项卡

⑦ 单击"确定"按钮。会议通知的字体格式设置效果如图4-57所示。

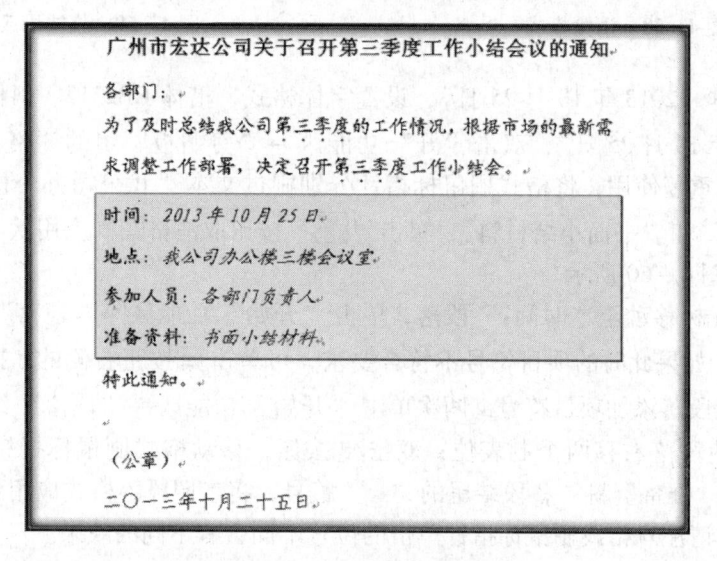

图4-57 设置字体后效果

【任务4-12】 使用"格式刷"设置字体格式。

格式刷是字体和段落格式的复制与应用工具，先选中文本内容再按下格式刷按钮是格式的复制过程，当格式刷鼠标指针刷过目标文本或段落时则是格式应用过程。

其中在复制参照文本的格式时须选择参照文本，再按下格式刷按钮；而复制参照段落格式时只需将光标移动到参照段落后按下格式刷，再移动鼠标的格式刷指针到目标段落单击段落中的任意位置即可将参照段落的格式应用到目标段落。

操作步骤：

① 打开"会议通知.docx"文档，按下Ctrl+A键全选文本内容，单击"开始"功能区→"样式"组中的"其他"按钮，在打开的样式列表框下方的命令列表中选择"清除格式"命令去除所先文本的所有格式，如图4-58所示。

第4章 文字处理软件Word 2010

② 选择文本"时间:",设置字体格式,黑体加粗,小三字号;选中文本"时间:",单击"开始"功能区→"剪贴板"组的"格式刷"按钮 , 注意鼠标指针的变化,刷过文本"地点:",可见被刷过的文本格式变成之前所选文本的相同格式。重复操作将格式应用在文本"参加人员:"和"准备资料:",如图4-59所示。

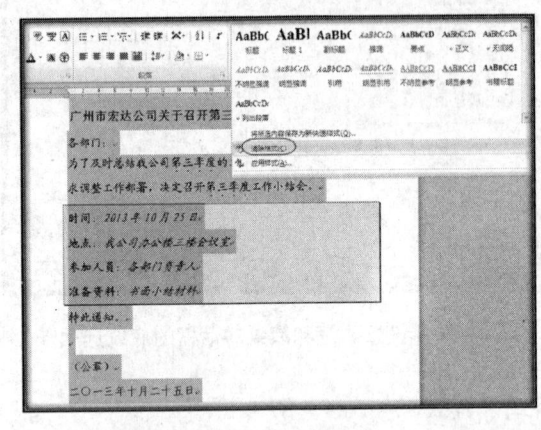

图4-58 清除格式　　　　　　　　图4-59 格式刷应用

③ 选择文本"2013年10月25日",设置字体格式,楷体GB2312,斜体小三字号;选文中本"2013年10月25日",双击"开"功能区→"剪贴板"组的"格式刷"按钮 ,此时格式刷可以重复使用,将格式刷鼠标指针分别刷过文本"我公司办公楼三楼会议室"、"各部门负责人"和"书面小结材料",单击" ![] "按钮取消格式刷应用状态(或按Esc键亦可),效果如图4-60所示。

④ 将鼠标光标移动至"时间:"段落,单击"开始"功能区→"段落"组中的"项目符号"按钮 ![],如果此时的项目符号不符合要求,可单击 ![]按钮右侧的 ▼ 按钮,选择合适的符号◆,为该段落添加项目符号,两次单击"开始"功能区→"段落"组中的"增加缩进量"按钮 ![]使段落右移两个制表位;双击 ![]按钮,移动格式刷鼠标指针单击"地点"、"参加人员"和"准备资料"各段结尾的" ↵ "符号,将参照段落格式应用到各段,效果如图4-61所示。请注意格式刷鼠标指针单击的位置不同会有不同的效果。

图4-60 格式刷重复应用　　　　　　图4-61 格式刷应用于段落

4.4.3 段落格式设置

文章的段落格式设置是使文章版面简洁、醒目美观的重要操作。段落是以段落标记"↵"来划分段落间的结束和开始。每次当按下"Enter"键就插入一个段落标记,并开始了新的段落,新段落也自动会"继承"前一段落的格式。段落是一个独立的格式编排单位,它具有自身的格式特征。段落格式的设置包括段落的对齐方式、行距、段间距等的设置。

【任务4-13】 设置"会议通知"的段落格式。

操作步骤:

① 将光标移动到标题的任意位置,单击"开始"功能区→"段落"组的"居中"对齐按钮■。

② 选择通知正文的第二段至"特此通知。"按鼠标右键选择"段落...",如图4-62所示。

③ 在"段落"对话框中,按照图4-63设置通知正文的段落格式。

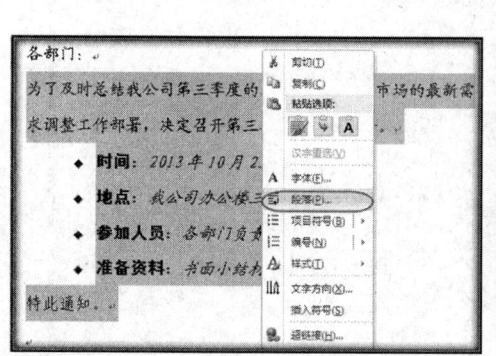

图4-62 选择通知正文并选择段落选项 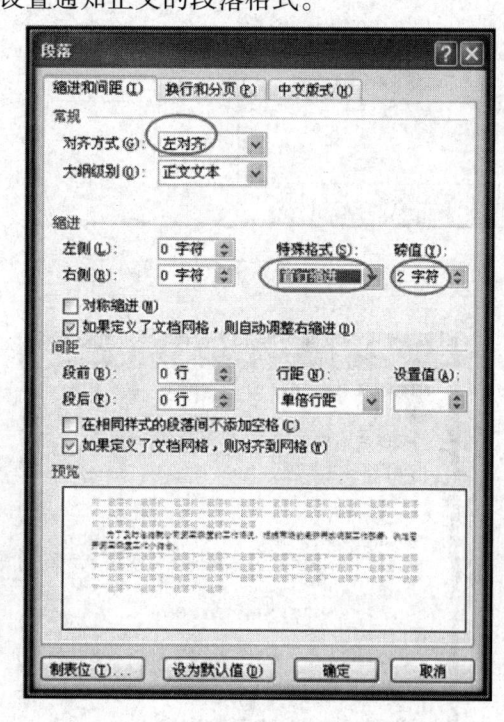   图4-63 设置通知正文部分段落格式

④ 选择正文中的落款部分,按鼠标右键选择"段落..."选项,设置段落的对齐方式为"右对齐",如图4-64所示。

⑤ 将光标移动至正文开头"各部门:"部分,选择"开始"功能区→"段落"组右下角的 按钮,打开"段落"对话框,设置段前间距为2行,段后间距为1行,如图4-65所示。

⑥ 选择选择正文中"时间"至"准备资料"部分内容,按下鼠标右键选择"段落..."

选项，设置行距为"3倍行距"，如图4-66所示。会议通知段落格式效果如图4-67所示。

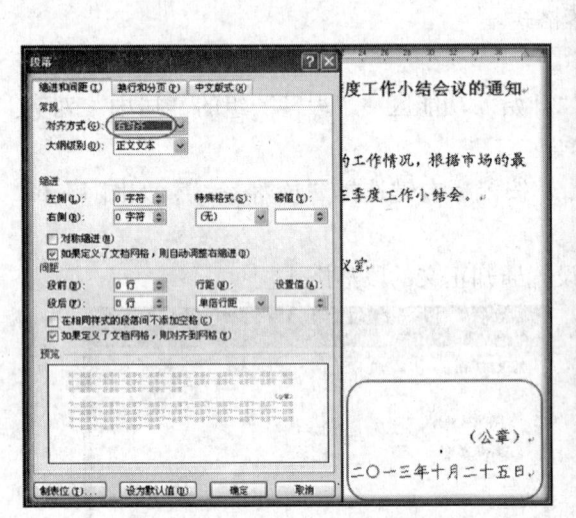

图4-64　设置落款部分右对齐

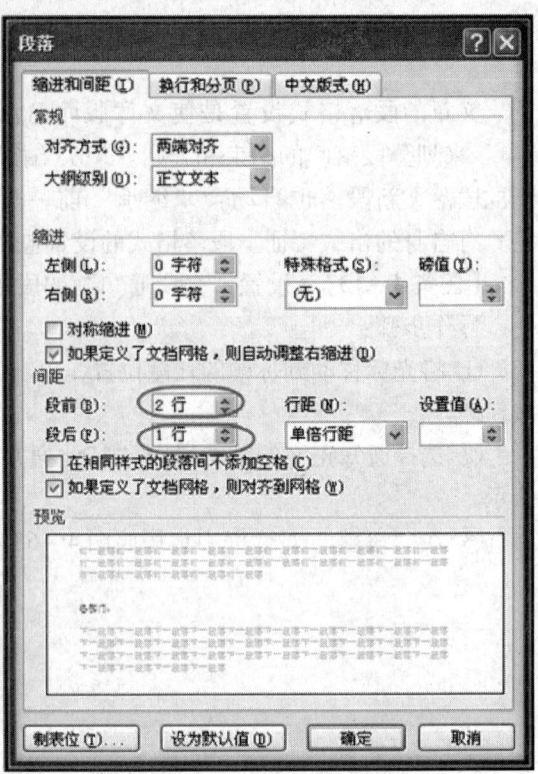

图4-65　设置段落间距

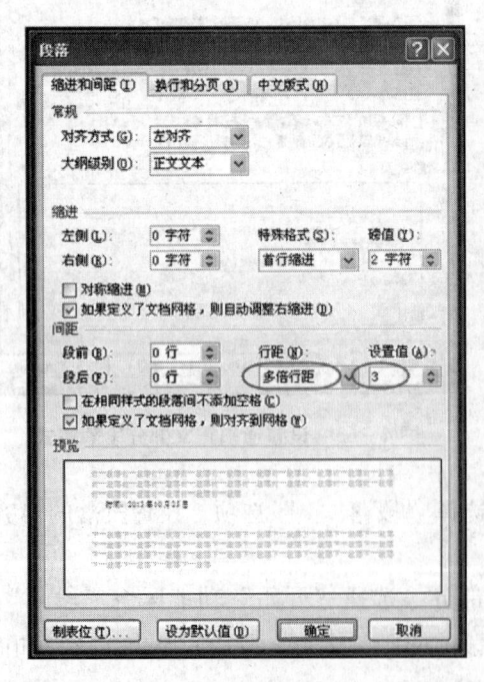

图4-66　设置行距

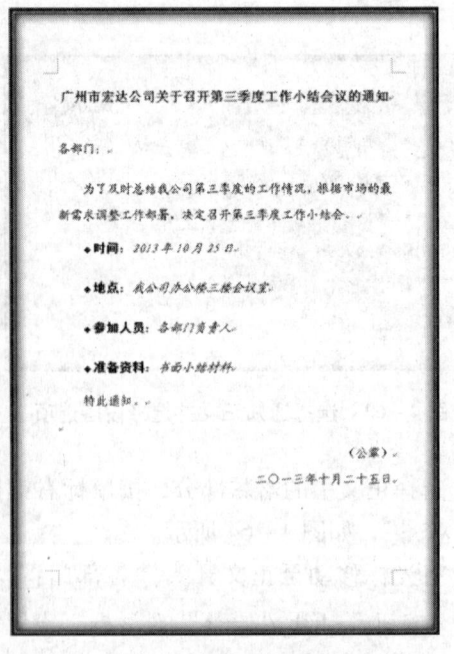

图4-67　会议通知段落格式设置效果

4.4.4 页面格式设置

页面格式是指对在同一节当中的文档内容的相关格式,如页眉页脚、页脚、打印页面设置的格式进行设置。

【任务4-14】 对"宏达公司财务管理制度"插入页码,页码从正文开始第1页而目录页不显示页码。

操作步骤:

① 在【任务4-10】 步骤⑤生成文档目录时曾插入一个分节符,那是为了使插入的页码分成两部分的关键操作。

② 将光标移动到正文处,单击"插入"功能区→"页眉和页脚"组中的"页码"按钮,在弹出"页码"的下拉菜单中选择"页面底端"中的"普通数字2"样式,如图4-68所示,使页码位置为页码底端,居中对齐,首页显示页码。

③ 在插入页码之后,可以发现目录页和正文都显示了页码,而且都是从1开始。将光标移至正文的页码1处,单击"页眉和页脚"功能区→"导航"组中的"链接到前一条页眉"按钮,取消与"与上一节相同"的功能。

④ 由于目录页只有1页,为了使目录页不显示页码将光标移动至目录页,将光标移动至目录的页码处,选定页码并按 Delete 键删除,取消目录页的页码。

⑤ 选择目录,单击"引用"功能区→"目录"组中的"更新目录"按钮,在打开的"更新目录"对话框中选择"只更新页码"选项,如图4-69所示。

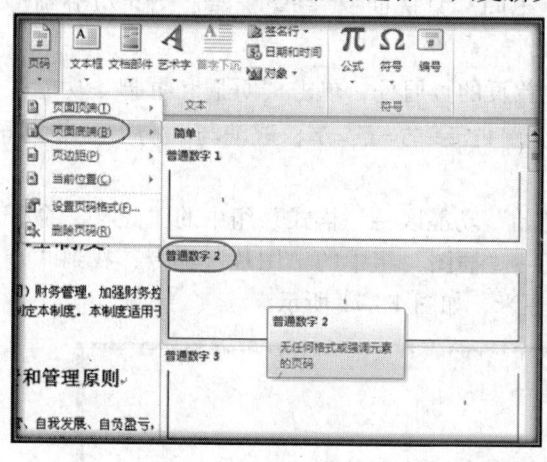

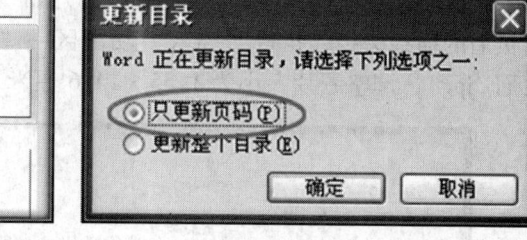

图4-68 页码对话框   图4-69 更新页码

⑥ 单击"确定"按钮使文档中目录页码与正文页脚显示的页码对应,如图4-70所示。可以看到更新后的目录页码是从第1页开始的,而在目录页当中没有显示页码。

【任务4-15】 在"宏达公司财务管理制度.docx"文档中插入页眉页脚,设置奇偶页的页眉不同。

操作步骤:

① 打开文档"宏达公司财务管理制度.docx",单击"插入"功能区→"页眉和页脚"

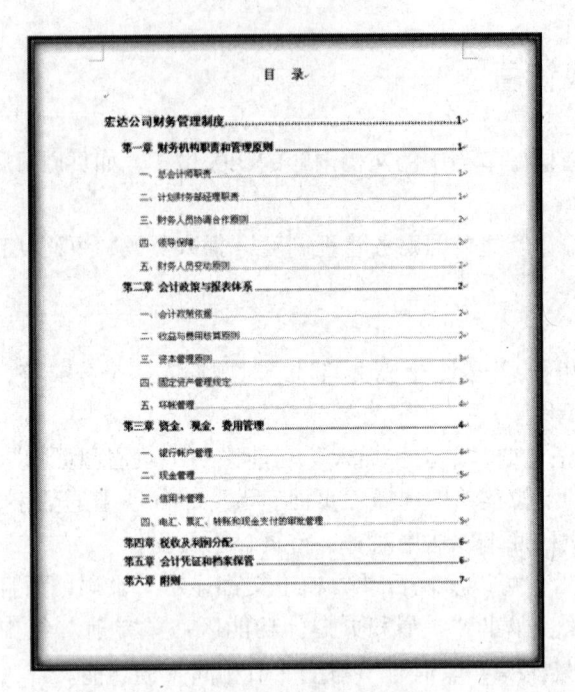

图 4-70 更新目录后效果

组中的"页眉"按钮，在打开的下拉菜单中选择"编辑页眉"，直接进入"页眉"的编辑状态，并自动添加一个名为"页眉和页脚工具"的功能区，选中这一激活的"页眉和页脚工具"功能区→"选项"组中的→"奇偶页不同"复选框 奇偶页不同，就可以分别编辑奇偶页的页眉内容。

② 在页眉的编辑状态，将光标移至正文首页的页眉处，单击"页眉和页脚"功能区→"导航"组中的"链接到前一条页眉"按钮 链接到前一条页眉，取消与"与上一节相同"的功能。

③ 当光标在页眉编辑区闪烁，执行"开始"功能区→"样式"组中的"正文"命令可以将页眉的横线去掉，执行"插入"功能区→"插图"组中的"图片"命令，找到"奇数页页眉.jpg"，调整图片大小为 1.55×14.6 厘米，如图 4-71 所示。

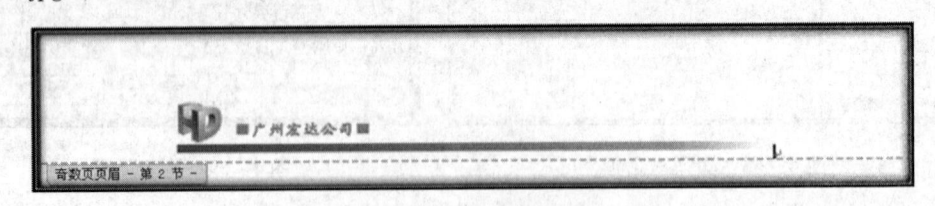

图 4-71 奇数页页眉效果

④ 单击"页眉和页脚工具"功能区→"导航"组中的"转至页脚"按钮，进入页脚的编辑状态。在光标处输入"本制度最终解释权归本公司财务部"，完成奇数页页脚的编辑。

⑤ 单击"页眉和页脚工具"功能区→"导航"组中的"转至页眉"按钮，再单击

"导航"组中的"下一项"按钮,来到偶数页的页眉编辑区;或者也可直接用鼠标移动光标至偶数页,单击偶数页的页眉处即可。重复执行前面的②、③步,除了插入图片为"偶数页页眉.jpg",调整大小为 1.55×14.6 厘米,后得到如图 4-72 所示效果。

图 4-72 偶数页页眉效果

⑥ 切换到偶数页页脚编辑区设置对齐方式为"右对齐",输入"2013 年 10 月制定生效"。

⑦ 单击"页眉和页脚"功能区当中的"关闭"按钮,可以观察到文档的正文部分插入了页眉和页脚,而且奇数页与偶数页的页眉和页脚的内容不相同。

4.4.5 分栏、首字下沉、水印和文字方向

给文档的内容进行分栏、首字下沉和文字方向的设置属于文档的特殊格式设置,主要的目的是修饰和美化文档结构。

【任务 4-16】 对文档"招聘启事.docx"中的"职位信息"部分内容分栏,设置"远景能源"的文字水印背景。

操作步骤:

① 打开文档"招聘启事.docx",选择文档职位信息当中的"资产优化管理培训……专业不限"部分,执行"页面布局"功能区→"页面设置"组中的"分栏"命令,在打开的下拉菜单中选择相应的"分栏"样式,如要自定义,则单击"自定义分栏",如图 4-73 所示。

② 在"分栏"对话框中选择预设的"两栏"选项,单击"确定"按钮,即可得到如图 4-74 所示的效果。

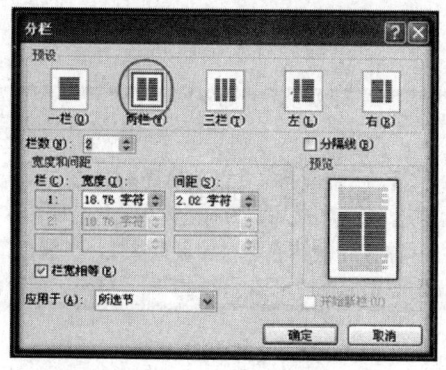

图 4-73 分栏对话框　　图 4-74 分栏后效果

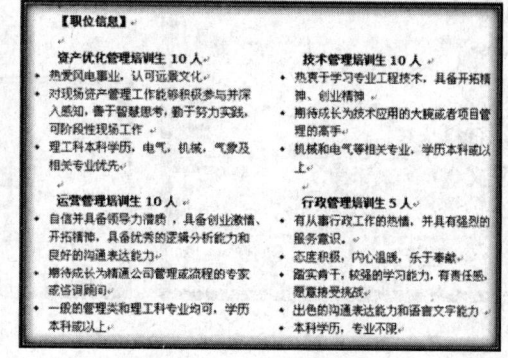

③ 执行"页面布局"功能区→"页面背景"组中的"水印"命令,在打开的下拉菜

单中选择相应的"水印"样式,如要自定义,则单击"自定义水印",如图 4-75 所示。

④ 设置相应的文字水印设置,单击确定,得到如图 4-76 所示的效果。

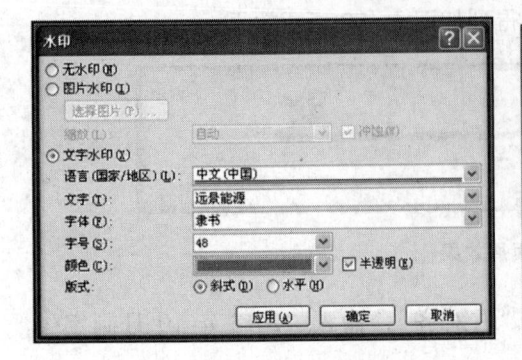

图 4-75 文字水印设置　　　　图 4-76 设置文字水印效果

【任务 4-17】　在"招聘启事.docx"文档中设置招聘信息的开头部分"首字下沉"效果,通篇文字排列为竖排方向。

操作步骤:

① 将光标移动到招聘启事的正文开头第一段,执行"插入"功能区→"文本"组中的"首字下沉"命令,在打开的下拉菜单中选择相应的"首字下沉"样式,如要自定义,则单击"首字下沉选项",弹出"首字下沉"对话框,选择位置为"下沉",字体为"黑体",下沉行数为 2,如图 4-77 所示。

② 单击"确定"按钮得到如图 4-78 所示的效果。

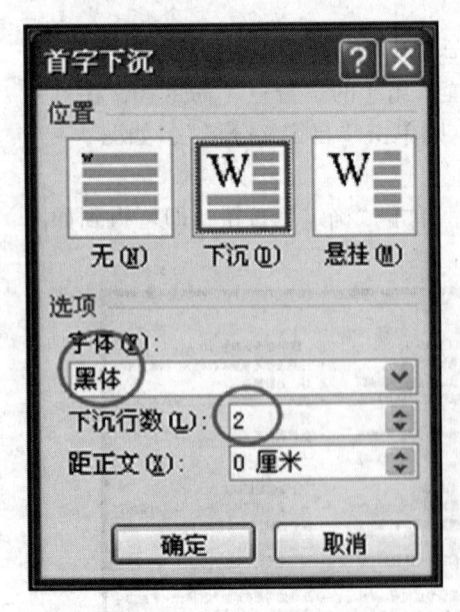

图 4-77 首字下沉对话框　　　　图 4-78 首字下沉效果

③ 按下 Ctrl + A 选择全文,执行"页面布局"功能区→"页面设置"组中的"文字方向"命令,在打开的下拉菜单中选择相应的"文字方向"样式,如要自定义,则单击

158　　　　　　　　　　　　　　　　　　　　财经计算机应用基础(第3版)

"文字方向选项",弹出"文字方向"对话框,选择竖排方向,如图4-79所示。

④ 按下"确定"按钮,得到如图4-80所示的效果。

图4-79 文字方向对话框

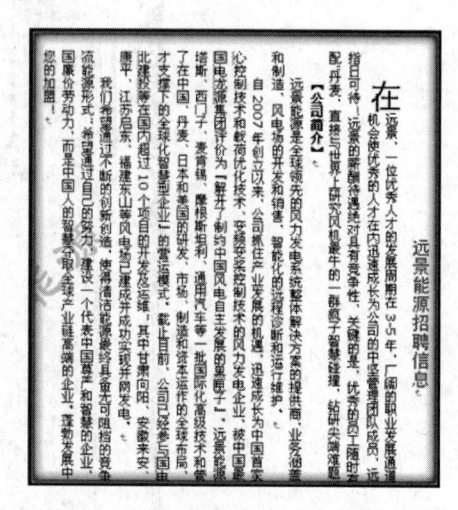

图4-80 设置文字方向后效果

> 本节小结:字符格式设置可以改变字符的显示效果;段落格式设置是对文档的章节进行排版,使文章的内容错落有致;页面格式设置是对文档纸张大小、打印参数,控制文档的打印效果;分栏、首字下沉和文字方向效果使文章内容更加形式多样,编排灵活,满足不同的排版需要,同时鼠标右键单击操作对象后,在右键快捷菜单中选择相关选项可以快速找到所需的命令,从而提高进行文档格式设置的效率。

4.5 表格处理

表格是常用的数据表达和处理方式,具有简洁、直观的特色,在工资发放、员工信息记录、库存、销售情况统计等方面应用广泛。Word 2010在表格处理方面提供了更加便捷实用的操作界面和工具使得表格的创建、编辑、格式化设置、数据排序、计算等方面的操作更加简单。

4.5.1 创建表格

在Word 2010中是通过"插入"功能区中的"表格"按钮下的"插入表格"菜单的相关命令来创建表格的,如图4-81所示。

1. 创建表格。

【任务4-18】某公司员工基本情况如下,在Word中创建一个公司员工基本情况表。

图 4-81 插入表格菜单

编号	姓名	性别	所在部门	职务	年龄	工龄
01	张一鸣	男	行政部	总经理	45	12
02	王芳	女	行政部	总经理助理	36	6
03	李国强	男	营业部	销售总监	30	8
04	张楚新	男	营业部	销售代表	31	7
05	袁炳恒	男	人事部	经理	34	10
06	陈彩英	女	行政部	文员	29	3
07	肖镇远	男	营业部	店面经理	37	11
08	周哲	男	营业部	主管	27	6
09	李瑾瑜	女	财务部	财务总监	30	5
10	陈怀安	男	财务部	出纳	29	4

任务分析：(1) 员工基本情况中有 7 个项目，共有 10 名员工，这决定了表的行列数是 7 列 11 行。(2) 第一行是标题行，另外 10 行是数据项，数据项中有字符型和数字型两种数据类型。

操作步骤：

① 在文档的顶端居中输入"某公司员工基本情况表"后按 Enter 键，光标移动至第二行中间。

② 在功能区选择"插入"选项卡中的"表格"组的"表格"按钮，选择"插入表格"菜单，如图 4-82 所示输入行列数，单击"确定"按钮创建表格，系统自动生成 7 列 11 行的表格。

图 4-82 插入表格

③ 在每个格子中录入相应的数据项即可，完成后如表 4-3 所示。

表 4-3　　　　　　　　　　某公司员工基本情况

编号	姓名	性别	所在部门	职务	年龄	工龄
01	张一鸣	男	行政部	总经理	45	12
02	王芳	女	行政部	总经理助理	36	6
03	李国强	男	营业部	销售总监	30	8
04	张楚新	男	营业部	销售代表	31	7
05	袁炳恒	男	人事部	经理	34	10
06	陈彩英	女	行政部	文员	29	3
07	肖镇远	男	营业部	店面经理	37	11
08	周哲	男	营业部	主管	27	6
09	李瑾瑜	女	财务部	财务总监	30	5
10	陈怀安	男	财务部	出纳	29	4

提示：表格中的标题行的文字作加粗处理，适当调整了列宽。

2. Word 2010 还提供了其他的创建表格的方法。

（1）在"插入"功能区的"表格"菜单下的表格框内拖动鼠标选择所需的行列数后单击鼠标左键即可在光标处插入表格。

（2）选择部分需要转换为表格的文字后，在"插入"功能区内的插入表格菜单中选择"文本转换为表格"命令即可将文字转换为文本。

（3）在插入表格菜单选择"绘制表格"命令，当鼠标指针变成钢笔形状，在文档中拖动鼠标画出表格的大小后再将表格的行与列画出，按 Esc 键退出绘制表格模式完成表格的绘制，如图 4-83 所示。

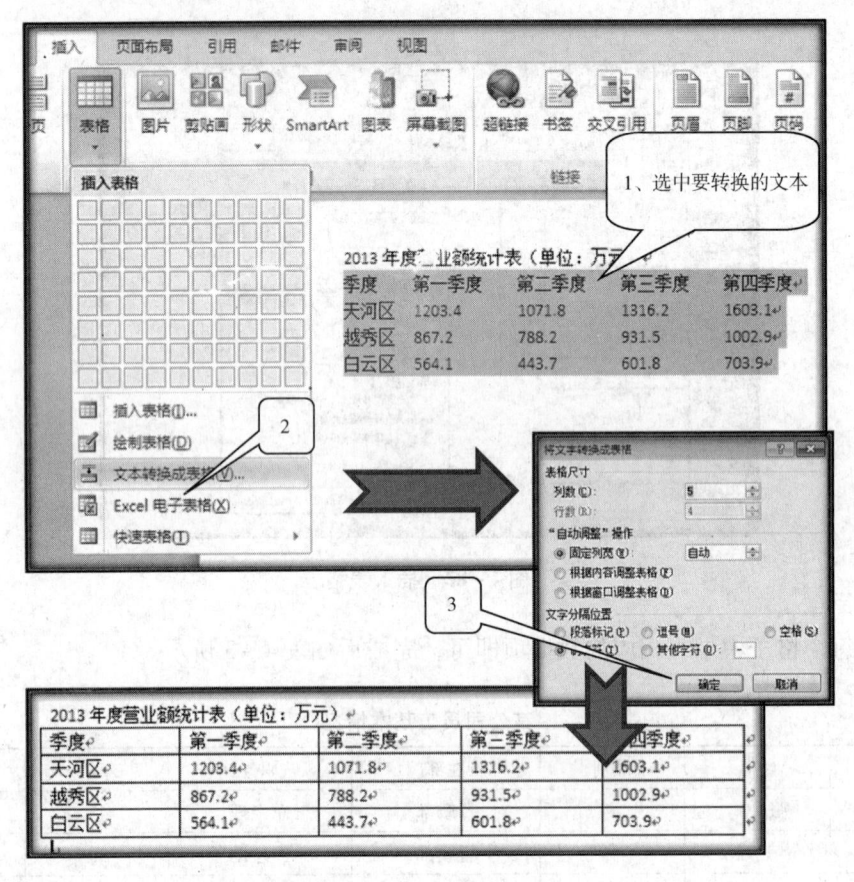

图 4-83 文本转换为表格

（4）Word 2010 还提供了带内置样式的快速表格，让用户根据需要选择样式创建表格。

（1）尝试使用绘制表格的方法创建表格。（2）参考将文本转换为表格的方法尝试选中表格后将表格转换为文本。（3）制作"表格式列表"样式的《2013 年度营业额统计表》的快速表格。

4.5.2 编辑表格

Word 2010 提供了十分便捷的表格编辑和修饰方法，用户可以很方便地对表格进行行高和列宽的调整、行列和单元格的插入和删除以及对单元格的拆分与合并，简单的操作就可以拆分表格和对表格框线与底纹的设置、编辑和排版单元格中的文字。

当用户选中表格中的任何一个对象或将光标移动至表格中的任何一个单元格中时，功能区会出现"表格工具"选项卡包含"设计"和"布局"两个选项卡，如图4-84、图4-85所示。

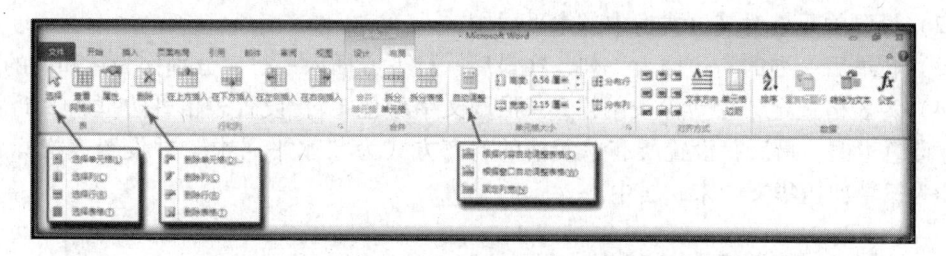

图4-84 "表格工具"功能区的"布局"选项卡

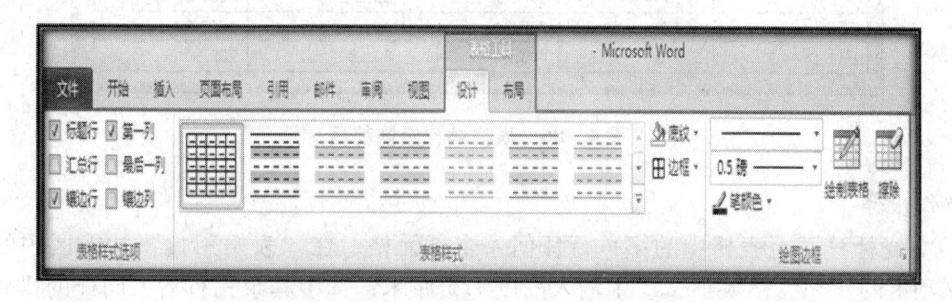

图4-85 "表格工具"功能区的"设计"选项卡

对表格进行编辑和修饰之前必须掌握选定操作对象的方法，表格的选定通常有以下一些情况：

（1）选定整个表格：单击表格左上角的移动控制点⊞，就可以选定整个表格了。

选定表格中的行：将鼠标移动到表格的左侧，当鼠标指针变成↗状时，单击鼠标左键就可选定表格中的一行，拖动鼠标则可选定多行。

（2）选定表格中的列：将鼠标移动到表格的上边，当鼠标指针变成↓状时，单击鼠标左键就可选定表格中的一列，拖动鼠标则可选定多列。

（3）选择单元格：将鼠标指针移动到单元格的左侧，当鼠标指针变成↗状时，单击鼠标左键就可选中该单元格了，拖动鼠标移动可以选中相连的多个单元格。

（4）插入行或列：选中表格中的某一行或列，右键单击，在弹出的菜单中选择"插入行"或"插入列"。将光标移到表格右侧的最后一个段落标记前按回车键，就可添加新的一行在表格的后面。

（5）删除行或列：选中表格中要删除的行或列，右键单击，在弹出的菜单中选择"删除行"或"删除列"；也可将光标移动到表格中要删除的行或列中的某个单元格中，在右键弹出的菜单中选择"删除…"命令，在弹出的对话框中选择"删除整行"或"删除整列"命令。同样地，在选中表格中的行或列后执行"剪切"命令也可删除相应的行或列。

（6）删除整个表格：选中要删除的表格，执行"表格→删除→表格"命令或执行"剪切"命令即可。

另外当光标在表格之中的任何一个地方都可以在"表格工具"功能区的"布局"选项

第4章 文字处理软件 Word 2010 ——— 163

卡中"选择"按钮的下拉菜单中选择执行选定表格、行、列或单元格操作。

【任务 4-19】 编辑和修饰如图 4-86 所示的表格。任务要求：

（1）设置第一行行高 1.5 厘米，其余行高 1 厘米。

（2）设置单元格对其方式为中部水平居中。

（3）在最后一列的右边插入一列，在最后一行下方插入一行，分别作为行和列的合计。

（4）为表格选定"中等深浅网格 3 - 强调文字颜色 1"，设置表格外边框为 3 磅粗细双实线深蓝色边框。最后，设置所有单元格的对齐方式为"水平居中"并设置表格标题文字的字体为三号加粗华文中宋，居中。

2013年度营业额统计表（单位：万元）				
季度	第一季度	第二季度	第三季度	第四季度
天河区	1203.4	1071.8	1316.2	1603.1
越秀区	867.2	788.2	931.5	1002.9
白云区	564.1	443.7	601.8	703.9

图 4-86 表格编辑修饰前后

操作步骤：

① 将光标移动至表格中的第一行任何一个单元格，在"表格工具"功能区中的"布局"选项卡的"单元格大小"组中输入高度 1.5 厘米；选中其余三行后，同样的操作在行高处输入"1 厘米"，如图 4-87 所示。

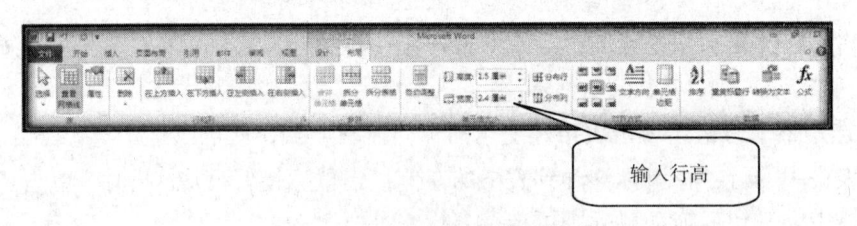

图 4-87 输入行高

② 将光标移动至表格的最后一列，在"表格工具"功能区中的"布局"选项卡的"行和列"组中选择"在右侧插入"命令插入新的一列；再把光标移动至表格的最后一行，在"表格工具"功能区中的"布局"选项卡的"行和列"组中选择"在下方插入"命令插入新的一行；在表格的顶端和左侧给新的行和列输入"合计"，如图 4-88 所示。

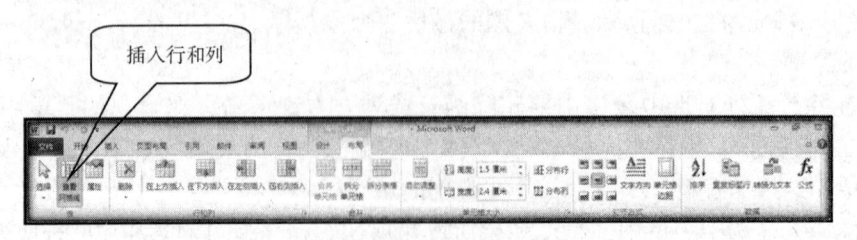

图 4-88 插入行和列

③ 选择表格或将光标移动至表格的任何一个单元格中，在"表格工具"功能区中的

"设计"选项卡的"表格样式"组中下拉列表中选择"中等深浅网格 3 - 强调文字颜色 1"表格样式,获得如图 4 - 89 所示效果。

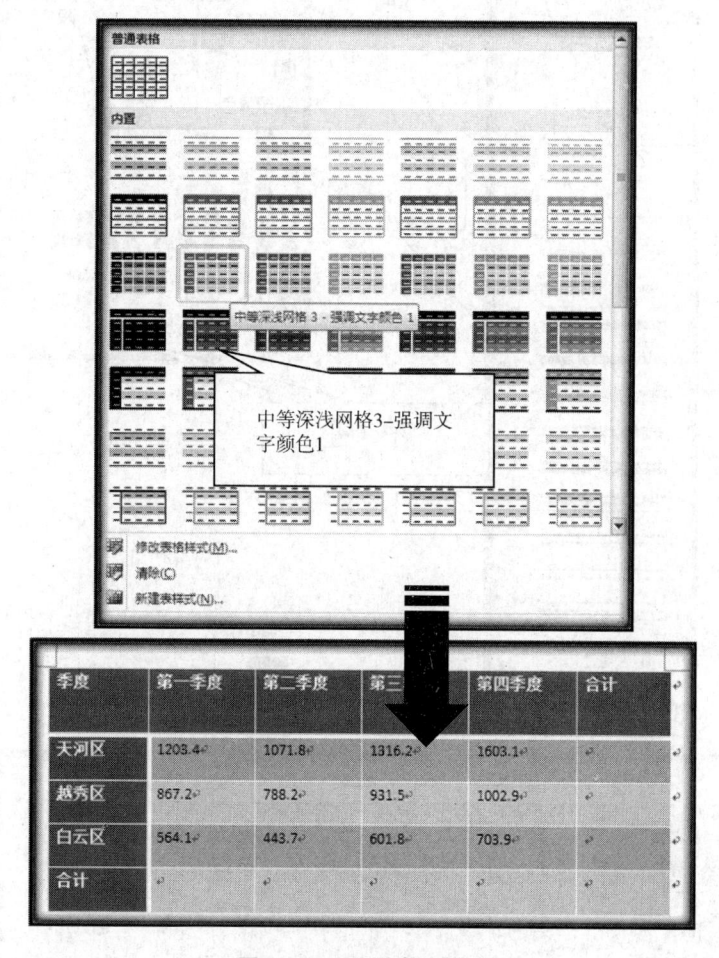

图 4 - 89 设置表格样式

④ 将光标移动至表格中,在"表格工具"功能区中的"设计"选项卡的"绘图边框"组中选择线型、边框线条粗细和线条颜色后,单击"绘制表格"命令鼠标指针的形状变为钢笔状,沿着表格的外边框拖动鼠标画出表框线,如图 4 - 90 所示。

⑤ 选择表格,在"表格工具"功能区中的"布局"选项卡的"对齐方式"组中选择单元格的对齐方式为"水平居中",如图 4 - 91 所示,设置表格标题文字的字体为三号加粗华文中宋,居中。此表格的编辑和修饰完成。

4.5.3 排序与计算

【任务 4 - 20】 制作某公司工资发放表。任务要求:
(1)将文字转换为表格,增加应发工资列与员工应发工资总额合计行;
(2)在应发工资列中对应的员工用公式计算应发工资金额,并最终计算应发工资总额;
(3)根据员工应发工资金额降序排列各行数据;

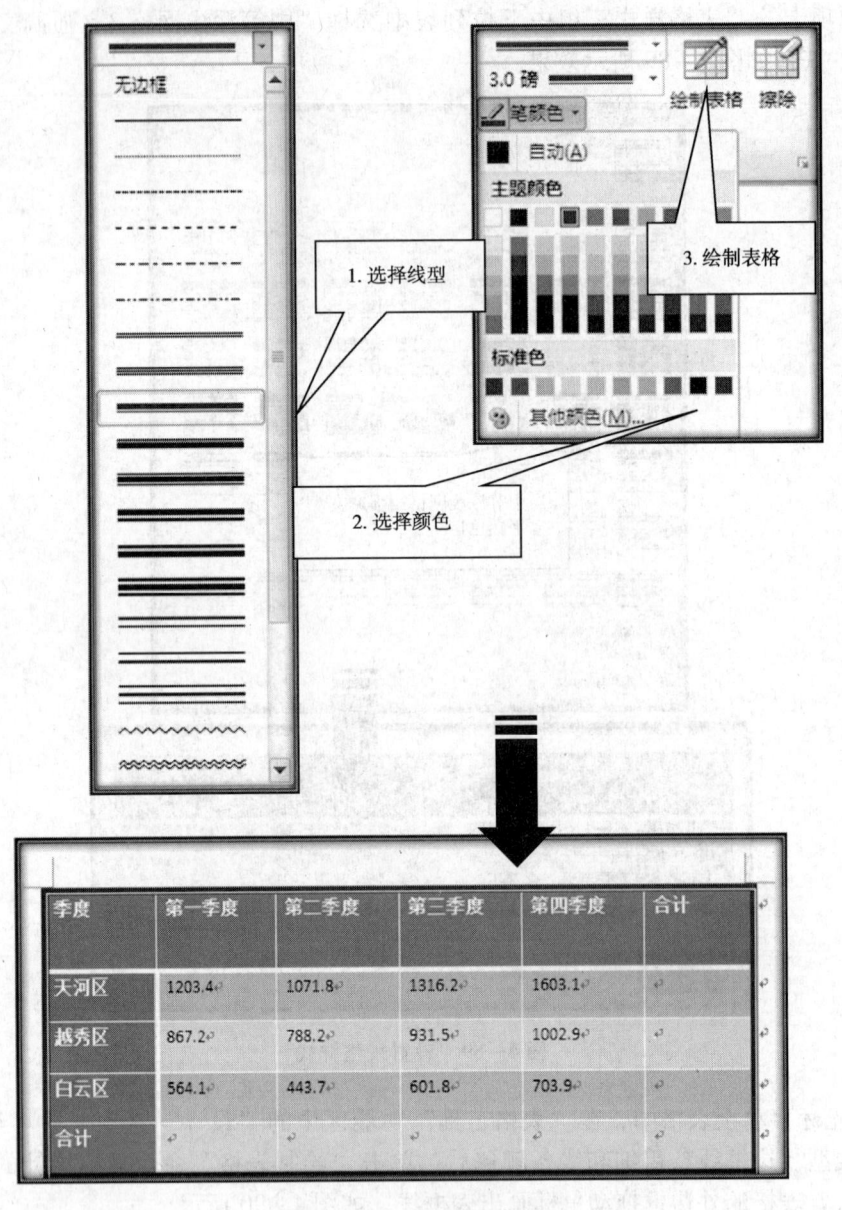

图 4-90 绘制表格框线

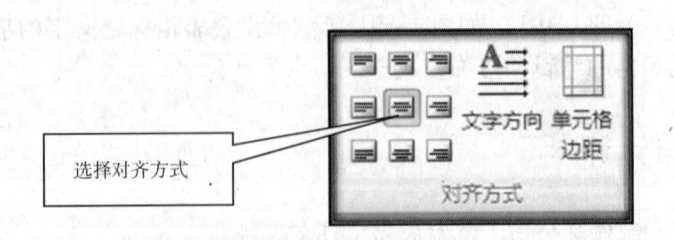

图 4-91 设置单元格对齐方式

(4) 基本资料：参加计件工资核算员工 8 人，三个工种：组装、包装、送货，组装每

件商品 18 元,包装每件 6.5 元,送货每个工时 8.75 元,该公司员工工作量统计数据如下:

员工编号	姓名	工种	工作量	单位	单位工资:元
03	李国强	组装	182	件	18
04	张楚新	组装	230	件	18
07	肖镇远	组装	153	件	18
08	周哲	包装	320	件	6.5
09	李瑾瑜	包装	245	件	6.5
10	陈怀安	送货	208	工时	8.75
13	顾悦	送货	216	工时	8.75
14	纪工	送货	184	工时	8.75

操作步骤:

① 参考【任务 4-19】的操作步骤将数据转换成 9 行 4 列的表格,并在最后一列右侧插入一列作为应发工资列和最后一行下方插入一行作为应发工资总额行,合并最后一行部分单元格,如表 4-4 所示。

表 4-4　　　　　　　　　　　　　　编辑工资发放表

员工编号	姓名	工种	工作量	单位	单位工资:元	应发工资:元
03	李国强	组装	182	件	18	3 276.00
04	张楚新	组装	230	件	18	
07	肖镇远	组装	153	件	18	
08	周哲	包装	320	件	6.5	
09	李瑾瑜	包装	245	件	6.5	
10	陈怀安	送货	208	工时	8.75	
13	顾悦	送货	216	工时	8.75	
14	纪工	送货	184	工时	8.75	
	应发工资总额					

② 将光标移动至第二行最右端单元格中,单击"表格工具"功能区的"布局"选项卡,右侧的"数据"组中"公式"按钮,弹出"公式"对话框,在公式文本框处输入" = D2 * F2",选择适当的编号格式,如图 4-92 所示。

③ 参考步骤②依次对每个员工的应发工资输入公式,其中公式中单元格依照相对位置变化计算出每个员工的应发工资金额;将光标移动至右下方单元格插入公式,如图 4-93 所示。

第 4 章　文字处理软件 Word 2010

图 4-92　公式对话框

图 4-93　计算应发工资总额

④ 选择表格第 1~9 行，单击"表格工具"功能区的"布局"选项卡，右侧的"数据"组中"排序"按钮，弹出"排序"对话框，在列表选项中选择"有标题行"，主要关键字选择"应发工资：元"以数字按降序排列，次要关键字选择员工编号，以数字按升序排列，如图 4-94 所示，按"确定"按钮完成表格数据的排序。

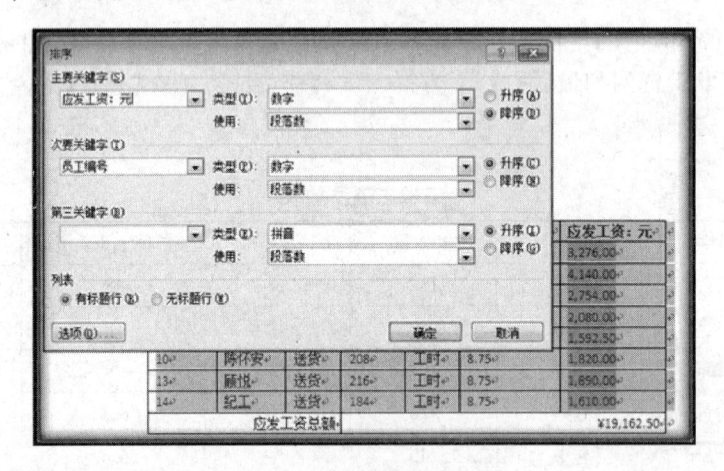

图 4-94　设置表格数据排序

在 Word 2010 中的表格里，行用数字 1、2、3、…表示，列用字母 A、B、C、…表示，如第三行第四个单元格用 D3 标识。在计算公式中可以用单元格的标识直接代表表格内的数据，例如在"公式"对话框中的"公式"文本框中输入"=D3+F3"表示计算结果为 D3 和 F3 两个单元格内数据的和。注意：公式输入时应使用英文状态下的半角符号。

本节小结：Word 2010 的表格处理功能方便文档的排版和基本满足了简单数据处理需要，简单灵活的格式设置可以制作出工整美观的表格。"表格工具"功能区的"格式"和"布局"选项卡分别提供了修饰表格外观的样式和表格内容的排列对齐等数据处理命令。

4.5.4　图文混排

Word 2010 为用户提供了比以往版本更加强大的图文编排功能，让用户更加方便快捷地插入所需的图片和形状并可以轻松对其编辑美化版面获得图文并茂的效果。

1. 插入形状。

【任务4-21】　在"招聘启事.docx"文档中插入形状。

操作步骤：

① 打开文档"招聘启事.docx"，设置页面上下边距为1.5厘米，左右边距为2厘米。

② 将光标移动到文档的开头处，将原本的标题删除，选择"插入"功能区中的"形状"命令，在下拉菜单中选择"前凸带形"形状，如图4-95所示，鼠标指针变为十字状，在文档中拖动画出高3.6厘米，宽15.2厘米的图形。

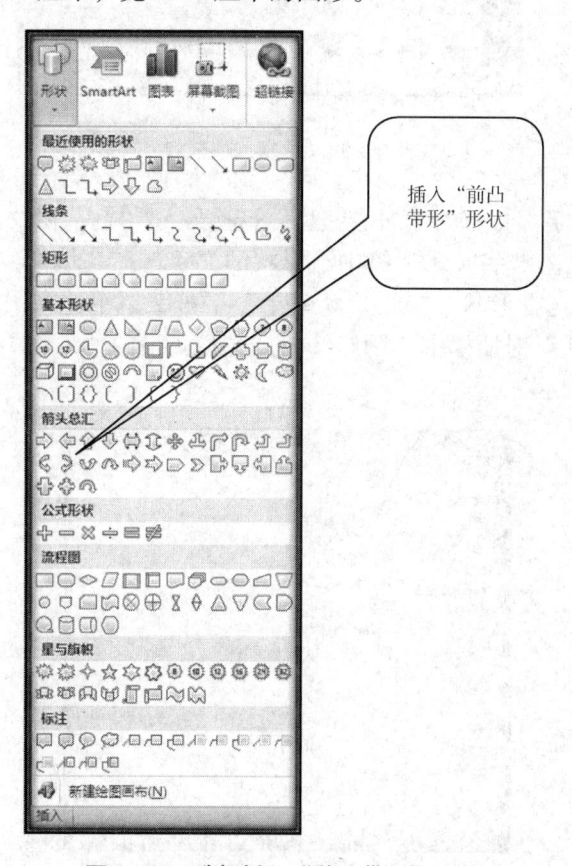

图4-95　选择插入"前凸带形"形状

③ 单击形状后将出现十个控制点，将其中左上角的黄色控制点拖动到最左方使形状的前凸部分变长；右键单击形状，选择"添加文字"命令，输入文字"远景能源招贤榜"设置文字居中对齐，小初华文琥珀字体；在"绘图工具"功能区的"格式"选项卡下对形状的样式指定为"细微效果-橄榄色，强调颜色3"；在"排列"组中选择"自动换行"下拉菜单中"嵌入型"的布局方式，如图4-96所示。

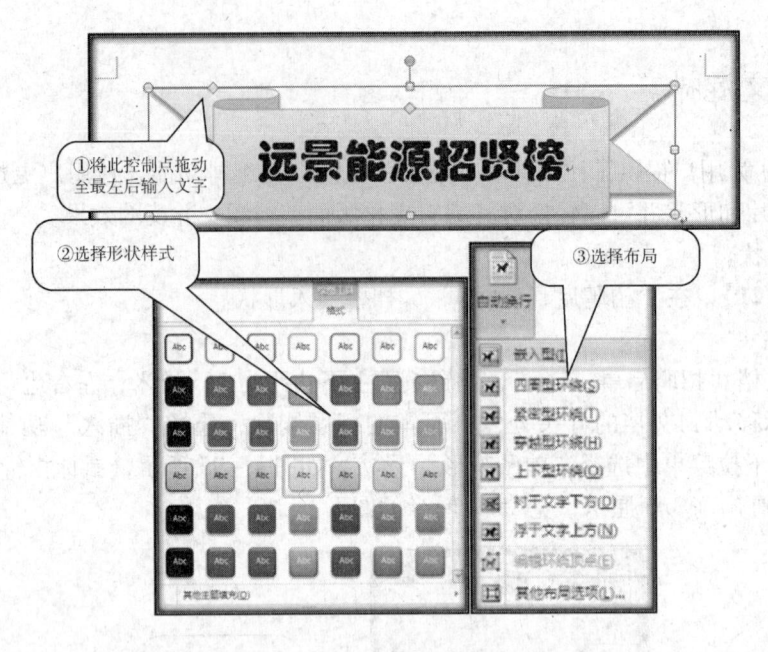

图 4-96　编辑修饰形状

④ 选择形状的文字部分（注意不要把段落符号↵选中），在"绘图工具"功能区的"格式"选项卡中的"艺术字样式"组中给形状的文字选择"填充－红色，强调文字颜色2，粗糙棱台"样式；选择形状，在"形状效果"下拉菜单中选择"阴影→阴影选项"命令，在"设置形状格式"对话框中"阴影"格式选择预设的"外部－向下偏移"偏移距离为 8 磅，如图 4-97 所示。

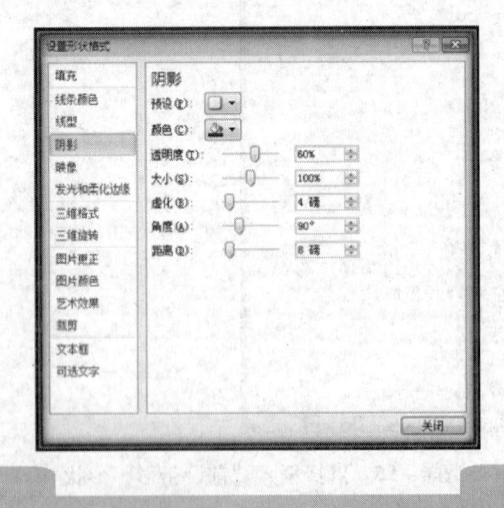

图 4-97　设置形状阴影格式与效果

⑤ 将光标移动至结尾处，插入"爆炸形2"形状，高3.6厘米，宽6.3厘米，四周型环绕布局；选择形状样式为"强烈效果-红色，强调颜色2"，并设置阴影为左上斜偏移6磅；在形状中添加文字"等你加入报名从速"，四号华文琥珀字体；选择文字（不含段落符号），设置"艺术字样式"为"填充-橙色，强调文字颜色6，轮廓-强调文字颜色6，发光-强调文字颜色6"；选择"文本效果→转换→前近后远"效果，获得如图4-98所示效果。

图4-98　形状2效果及整体最终效果

2. 插入并编辑图片。

【任务4-22】　修饰招聘启事宣传册。

操作步骤：

① 打开文档"招聘启事宣传画册.docx"，在"插入"功能区中选择"图片"按钮，选择插入背景图片"bg.jpg"，设置图片的自动换行布局方式为"衬于文字下方"，调整背景图片大小与文档版面大小一致，效果如图4-99所示。

图4-99　插入背景图片效果

② 在文档中"【公司简介】"的右侧插入图片"公司图片2.jpg"，设置图片的自动换行布局方式为"四周型环绕"，在宽度处输入"4厘米"，Word 2010自动根据长宽比例缩放图片的大小，拖动图片到合适的位置；单击选中图片，在"图片工具"功能区"格式"选项卡的"图片样式"组中的"图片效果→柔化边缘→2.5磅"；在功能区"调整"组中的"颜

色→饱和度→200%",效果如图 4-100 所示。

③ 将光标移动至中间文字栏的下方第一个空白段落,插入图片"公司图片1.jpg",居中,调整图片宽度为6厘米,选择图形样式"映像圆角矩形",并在"图片效果"下拉菜单中选择"映像"效果的"紧密映像,接触"命令来加强映像效果,删除多余的段落符号使两栏文字对齐;在光标移动至"【应聘方式】"下方插入图片"联系我们.jpg",设置为2.5厘米的宽度,"紧密型环绕"布局,选择预设图片样式"棱台矩形",加上白色4.5磅粗的边框线,拖动图片至合适位置后效果如图4-101所示。

图 4-100 "公司图片2"效果

图 4-101 图片效果

④ 在文档的左侧插入图片"封面图片1.jpg",设置为"浮于文字上方"布局,输入宽10厘米,拖动图片下方控制点改变图片高度为7厘米,拖动使之与左侧边缘对齐,在"图片工具"功能区中的"格式"选项卡中的"颜色"命令下拉选项中选择"设置透明色"命令,当鼠标指针变为 后,在图片的白色区域单击使该图片的白色变为透明;在左下角插入图片"封面图片2.jpg",设置宽度为6厘米,旋转度数为347°,同样将白色设为透明色;在中上部插入图片"logo.jpg",设置白色为透明色,居中后删除多余的段落标记是右侧文字内容靠顶端对齐,设置完成后效果如图 4-102 所示。

Word 2010 在"图片工具"功能区提供了十分强大的图片编辑工具,可以通过简单的操作就可以获得较好图片修饰效果,相对以往的版本更加强化了图文编排功能,也让用户轻松获得更多的图片效果。

3. 插入艺术字

【任务 4-23】 在招聘启事宣传册中插入艺术字。

操作步骤:

① 将光标移至文档左侧中间空白处,在"插入"功能区按"艺术字"按钮,在下拉菜单中选择艺术字的样式为"填充-红色,强调文字颜色2,粗糙棱台"后,在文档中出现浮于文字上方的一个文本框,输入两行文字"远景能源"、"校园招聘简介",居中,小初华文琥珀字体,设置行距为固定值40磅,如图 4-103 所示。

② 选中艺术字,在"绘图工具"功能区的"格式"选项卡中"艺术字样式"组里选择"文本填充→渐变→其他渐变",在弹出的"设置文本效果格式"对话框里设置文本填充的渐变色改为黄色到暗红的渐变,如图 4-104 所示;在设置文本边框为绿色实线,如图 4-105 所示,获得如图 4-106 所示效果。

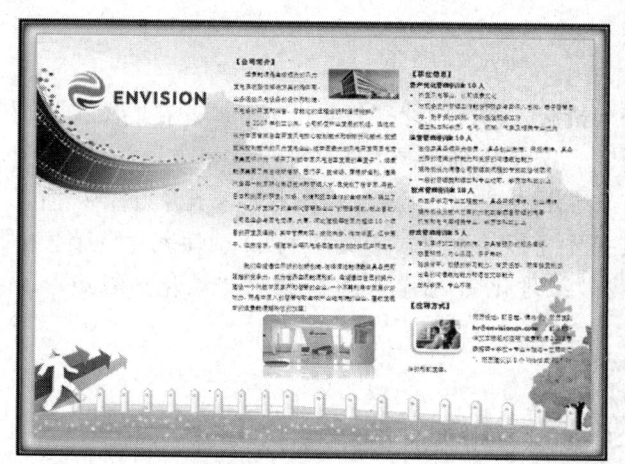

图 4-102　插入图片效果

图 4-103　插入艺术字效果

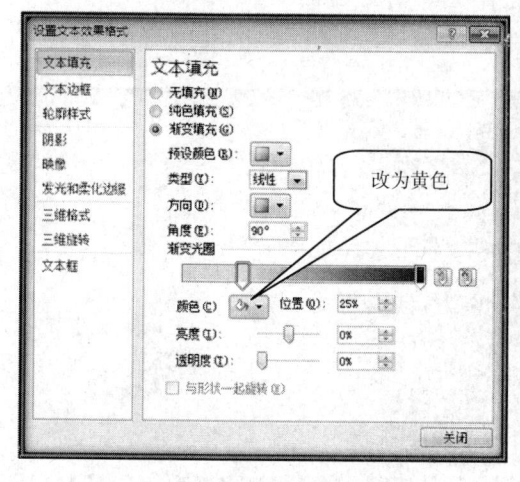

图 4-104　设置文本填充渐变颜色

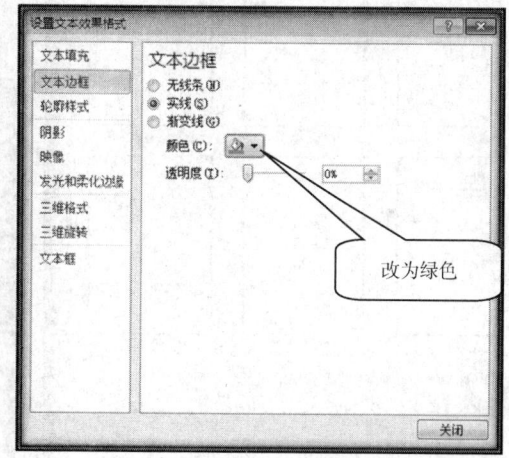

图 4-105　设置文本边框颜色

③ 选中艺术字，在"绘图工具"功能区的"格式"选项卡中"艺术字样式"组里选择"文本效果→转换→单地道"效果，获得如图 4-107 所示效果。

图 4-106　修饰艺术字颜色及边框效果

图 4-107　艺术字最终效果

4. 插入文本框。文本框是一个可以装载文字、图片和形状等元素的一个特殊的图形对象，其他对象可以随文本框移动使文档编排更加丰富多彩。Word 2010 除了提供横排及竖排文本框外还有内置的文本框样式满足用户更多的需求。在"插入"功能区，单击"文本框"按钮，在下拉的菜单中可以选择插入所需的文本框，如图 4 – 108 所示。

【任务 4 – 24】 利用文本框制作贺年卡。

操作步骤：

① 新建文档，页面设置为大 32 开横向排版，插入图片"贺年卡 1. jpg"，在绘图工具功能区中的"排列"使用"旋转→水平翻转"，文字环绕布局为"衬于文字下方"，裁剪左侧部分后宽度为 10 厘米，设置"图片效果→柔化边缘→25 磅"，将图片拖动至右下方；插入图片"贺年卡 2. jpg"，向左旋转 90°，文字环绕布局为"衬于文字下方"，使图片调整大小与页面高度相等，设置图片的艺术效果为"纹理化"，设置图片样式为"柔化边缘矩形"，拖动图片至页面左侧，如图 4 – 109 所示。

图 4 – 108 "文本框"下拉菜单　　　　　图 4 – 109 插入贺卡背景图片

② 在"插入"功能区选择插入"文本框→绘制竖排文本框"，在页面左侧画出文本框，设置形状轮廓及填充颜色为透明，输入文字"广州宏达公司向社会各界人士："，三号加粗隶书，设置文字填充从深红到红的渐变文字颜色，给文字添加阴影；再次插入竖排文本框，输入"拜年"，72 号行楷，设置文本框形状轮廓及填充颜色为透明，选择艺术字样式为"填充 – 红色，强调文字颜色 2，粗糙棱台"，调整文本框位置，如图 4 – 110 所示。

③ 在页面插入横排文本框，设置文本框轮廓为透明，输入文字"2014·甲午年"，小四号隶书，深红色，拖动至中下方；再次插入横排文本框，输入两行文字"连年"、"有余"，居中对齐，白色五号华文隶书，设置文本框的轮廓边框线型为红色 2.25 磅实线，背景颜色

为深红色，放置在右上角，如图 4-111 所示，中间留空部分用于手写祝福，完成贺年卡的设计编排。

图 4-110　给贺年卡添加竖排文本框　　　　　图 4-111　给贺年卡添加横排文本框

本节总结：Word 2010 提供了丰富图文对象来使文档的页面变得图文并茂，满足了用户的一般文档处理需求。各种图文对象的格式设置都可以通过"插入"菜单和右键快捷菜单命令来实现，各种图文对象也有相应功能区针对它们做各种编辑和格式化操作，当我们单击操作对象时就会出现对应的功能区。

本章总结：Word 2010 是一个功能强大的办公软件，满足了日常办公室文字处理需求，应用于各种文稿、信函、公文的制作和处理等方面。抓住 Word 2010 的操作规律能使用户的操作更加熟练、技能掌握得更加牢固。

测试题

1. 以下软件中不是操作系统的是（　　）。
   A. UNIX　　　　　　B. OFFICE　　　　　C. MS-DOS　　　　　D. WINDOWS
2. Microsoft Word 2010 软件是一个（　　）软件。
   A. 文字处理软件　　B. 电子表格软件　　C. 演示文稿软件　　D. 操作系统
3. Microsoft Word 2010 文档的扩展名是（　　）。
   A. txt　　　　　　　B. docx　　　　　　C. jpg　　　　　　　D. exe
4. Microsoft Word 2010 提供的文档视图方式有（　　）种。
   A. 3　　　　　　　　B. 4　　　　　　　　C. 5　　　　　　　　D. 6
5. 在 Word 2010 中，下列关于文档窗口的说法中正确的是（　　）。
   A. 只能打开一个文档窗口
   B. 可以同时打开多个文档窗口，被打开的窗口都是活动窗口
   C. 可以同时打开多个文档窗口，但其中只有一个是活动窗口
   D. 以上都不正确

6. 在 Word 2000 中不能关闭文档的操作是（　　）。
   A. 单击"文件"选项卡→"关闭"　　　　　B. 单击窗口的"关闭"按钮
   C. 单击"文件"选项卡→"另存为"　　　　D. 双击控制菜单图标
7. 下列（　　）功能区中包含"显示/隐藏编辑标记"命令。
   A. 开始　　　　　B. 页面布局　　　　　C. 引用　　　　　D. 视图
8. 在 Word 中，当插入点在文档中时，按 Del 键将删去（　　）。
   A. 插入点右边的一个字符　　　　　B. 插入点左边的一个字符
   C. 插入点所在的段落　　　　　　　D. 插入点所在的行
9. 在 Word 中（　　），将对文档的编辑、排版和打印等操作都产生影响。
   A. 进行打印预览　　B. 切换文档视图方式　　C. 进行页面设计　　D. 更换显示比例
10. 在 Word 2010 的编辑状态，要想为当前文档中的文字设定上标、下标效果，应当使用（　　）命令。
    A. "字体"命令　　B. "段落"命令　　C. "分栏"命令　　D. "样式"命令
11. 在文档中将段落之间的距离设置为 2 行，应该在下列哪个地方设置（　　）。
    A. 行距　　　　B. 缩进距离　　　　C. 首字下沉　　　　D. 段前
12. 有关 Word 2010 "首字下沉"命令正确的说法是（　　）。
    A. 只能悬挂下沉　　B. 可以下沉三行　　C. 只能下沉三行　　D. 以上都正确
13. 请指出下列图形的环绕方式是哪种环绕方式：（　　）
    示例示例示例示例示例
    示例示例示例示例示例
    示例示例示例示例示例
    示例示例示例示例示例
    A. 浮于文字上方　　B. 紧密环绕　　C. 衬于文字下方　　D. 穿越型环绕
14. 在 Word 2010 的"形状"命令中选中矩形工具，按住（　　）按钮可绘制出正方形。
    A. Ctrl　　　　B. Alt　　　　C. Shift　　　　D. Enter
15. 计算员工的所得税＝（应发工资－2 000）×15%，应在第二行最后一个单元格输入公式是（　　）。

编号	姓名	职务	应发工资	所得税
1	张一鸣	总经理	7 500	
2	王芳	总经理助理	5 200	
3	李国强	销售总监	6 900	
4	张楚新	销售代表	3 800	

    A. ＝SUM（left）　　　　　　　　B. ＝（D2－2 000）＊0.15
    C. ＝（D2－2 000）×15%　　　　D. 825

第5章 电子表格处理软件 Excel 2010

  Excel 2010 是 Microsoft Office 2010 系列的成员之一，它是一款专门处理表格数据的软件。Excel 之所以被称为电子表格，是因为它采用表格的方式来管理数据。Excel 2010 工作于 Windows 平台，具有 Windows 环境软件的所有优点，在图形用户界面、表格处理、数据处理、数据分析、图表制作和网络信息共享等方面具有更突出的特色。

  本章主要内容结构见图 5-1。

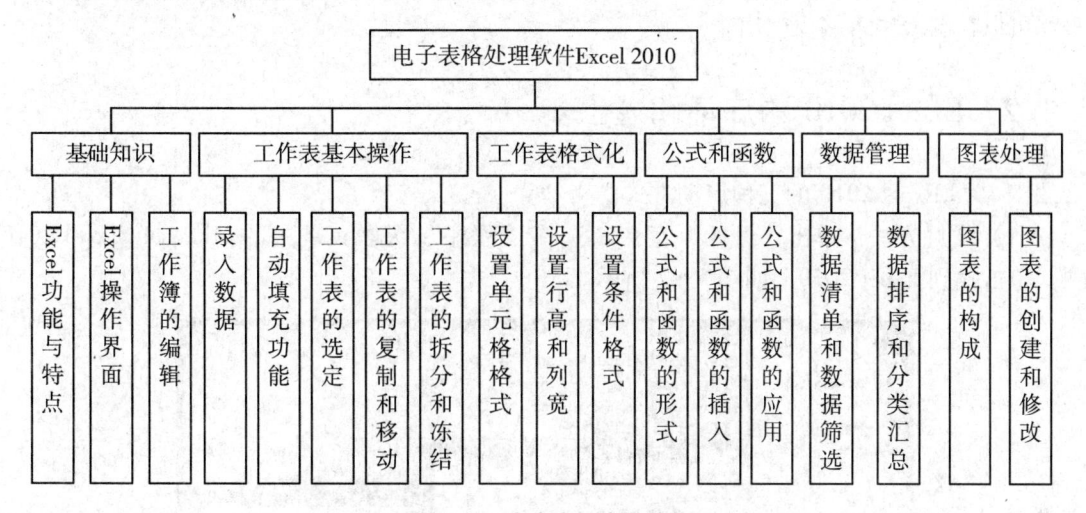

图 5-1　本章主要内容结构

学习目标包括以下几点。
1. 掌握 Excel 2010 的基本概念以及工作表的基本操作。
2. 掌握工作表的建立、数据输入以及数据保护等。
3. 掌握工作表的单元格格式、行高列宽和条件设置。
4. 掌握排序、检索、分类汇总、筛选和数据透视表。
5. 掌握在工作表中用公式和函数进行数据计算。
6. 掌握工作表的图表处理。

5.1　Excel 2010 的基础知识

  本节主要介绍 Excel 2010 启动和退出以及 Excel 2010 的操作界面。

5.1.1 Excel 2010 的主要功能

1. 功能全面。Excel 2010 具有强大的数据处理功能，几乎可以处理各种数据。
2. 操作方便。Excel 2010 操作非常方便，可以通过窗口、菜单、对话框、工具栏等进行方便快捷的表格操作。
3. 丰富的数据处理函数。Excel 2010 具有丰富的数据处理函数，它提供了包括财务、日期与时间、数学与三角函数、统计、查找与引用、数据库、文本、逻辑和信息九大类几百个内置函数，可以满足许多领域的数据处理与分析的要求。
4. 强大绘制图表功能。Excel 2010 具有强大的图表处理功能，通过图表，可以直观地显示出数据的众多特征，例如，数据的最大值、最小值、发展变化趋势、集中程度和离散程度等都可以在图表中直接反映出来。

5.1.2 Excel 2010 的启动和退出

1. 掌握 Excel 2010 的三种启动方式。
（1）常规方法：单击"开始"菜单，选择"程序"级联菜单中的 Microsoft Excel 2010 项，单击找到 Excel 2010，如图 5-2 所示。

图 5-2 常规方式启动 Excel 2010

（2）用快捷方式启动 Excel 2010，完成效果如图 5-3 所示。
① 在上一种方法找到 Excel 2010 并右键选择"发送到桌面快捷方式"。
② 用上面的方法在桌面生成一个了快捷方式图标，以后每次启动 Excel 2010 都以单击此图标来运行 Excel 2010，如图 5-4 所示。
（3）双击已存在的 Excel 2010 文件启动 Excel 2010 软件。

【任务 5-1】 新建名为"金达公司工资表.xlsx"的 Excel 文件并打开它。
操作步骤：
① 右键单击桌面空白处，新建一个 Excel 工作簿，并保存为"金达公司工资表.xlsx"，如图 5-5 所示。
② 双击"金达公司工资表"，启动 Excel 2010，如图 5-6 所示。

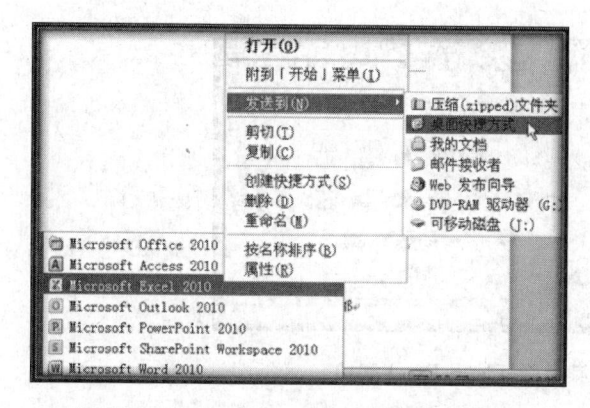

图 5-3　创建 Excel 2010 的桌面快捷方式 　　　　图 5-4　用快捷方式启动 Excel 2010

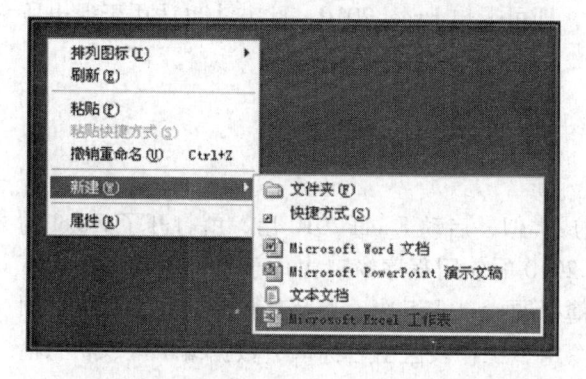

图 5-5　新建 Excel "金达公司工资表" 　　　　图 5-6　双击 "金达公司工资表" 进入 Excel 2010

2. 掌握 Excel 2010 的四种退出方式

(1) 单击 "文件" 下拉菜单中的 "退出" 命令。在已经打开的 "金达公司工资表" 中，左键单击左上角的 "文件" 选项卡，选择 "退出" 命令，完成操作，如图 5-7 所示。

(2) 单击 Excel 2010 窗口标题栏右端的关闭按钮，如图 5-8 所示。

图 5-7　通过 "文件→退出" 命令　　　　图 5-8　使用窗口标题栏右端关闭
　　　　退出 Excel 2010　　　　　　　　　　　　按钮退出 Excel 2010

(3) 单击 Excel 2010 窗口标题栏左端的控制菜单的 图标，并选择 "关闭" 命令，如图 5-9 所示。

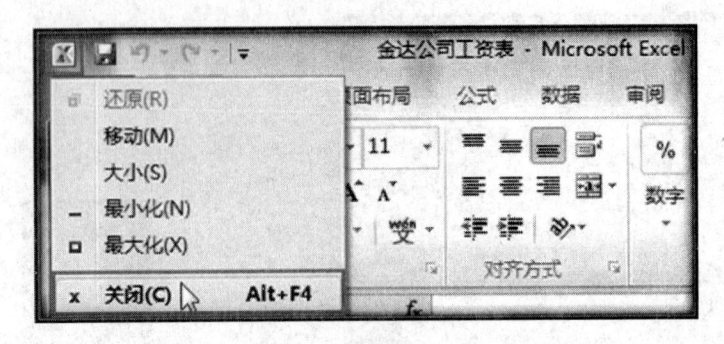

图5-9　用控制菜单图标退出 Excel 2010

（4）按快捷键 Alt + F4。选中已经打开的"金达公司工资表.xlsc"，用左手大拇指在键盘上按住 Alt 键，另一个手指单击 F4 功能键，即可退出 Excel 2010，此方法也适用于退出所有的当前窗口或程序。

5.1.3　Excel 2010 的操作界面

Excel 2010 的窗口组成与 Word 的窗口组成类似，启动 Excel 2010 后，就打开了 Excel 的应用程序工作窗口，如图 5 - 10 所示。Excel 2010 的应用程序窗口由位于上部的功能区和下部的工作表窗口组成。功能区包含当前工作簿标题栏、八组选项卡及其相应命令，每个选项卡中又根据命令功能的不同划分了不同的命令组；工作表区由名称框、数据编辑区、状态栏和工作表区等组成，观察 Excel 2010 的窗口组成。

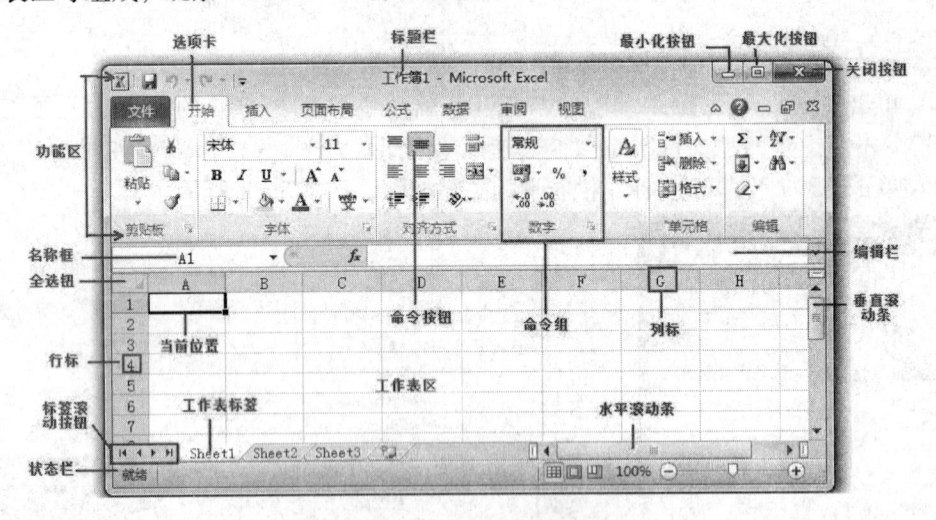

图5-10　Excel 应用程序窗口

（1）标题栏。标题栏位于 Excel 2010 应用程序功能区的顶部，用来显示 Excel 当前工作簿名。其左侧的 图标还包含工作簿控制菜单，其中有还原、移动、最大化、最小化、关闭选项。标题栏左侧还有保存、撤销清除、恢复清除、自定义快速访问工具栏等按钮，右侧有最小化、还原（最大化）、关闭等按钮。拖动标题栏可以改变 Excel 窗口的位置，双击标题栏可放大 Excel 窗口到最大化或还原到最大化之前的大小。

(2) 选项卡。选项卡位于标题栏下方，它由左到右分别为文件、开始、插入、页面布局、公式、数据、审阅、视图等，每个选项卡中又根据命令功能的不同划分了不同的命令组，用于进行绝大多数的 Excel 操作。使用时先单击选项卡的名称，然后在命令组中选择所需的命令即可。

(3) 数据编辑区域和名称框。数据编辑区域和名称框均位于功能区的下方，用来输入或编辑当前选中的单元格的值或公式，该区域的左侧为名称框，用来显示当前单元格或区域的地址或名称。

(4) 状态栏。状态栏位于窗口的底部，用于显示当前窗口操作命令或工作状态的有关信息。

(5) 工作表窗口。在 Excel 2010 应用程序窗口中还有子窗口，称为工作表窗口。它有标题栏、控制菜单、最小化和最大化按钮以及关闭窗口按钮。

工作表由单元格、行号、列标、工作表标签等组成。在工作表中行和列交汇处的区域称为单元格，用于保存数值或文字等数据。工作表由 1048576 × 16384 个单元格组成，即水平方向有 16384 个单元格，垂直方向有 1048576 个单元格。每一个单元格都有一个地址，由"行号"和"列标"组成，列标在前行号在后，如：第 5 行第 6 列的单元格地址是"F5"。列标的表示范围为 A ~ Z、AA ~ Z、BA ~ BZ、…、IA ~ IV、…XFD，行号的表示范围为 1 ~ 1048576。

每个工作表都有标签，工作表标签即是工作表的名字。单击工作表标签该工作表即成为当前工作表。

单击单元格该单元格即成为当前（活动）单元格，就可对当前单元格进行编辑。

5.1.4 工作簿的建立、保存和打开

1. 新建工作簿。建立新工作簿的方法主要有以下三种：
(1) 启动 Excel 后会自动新建名为"工作簿 1"的空白工作簿，如图 5 - 11 所示。
(2) 在 Excel 应用程序窗口中，快捷键 Ctrl + N 新建空白工作簿，如图 5 - 12 所示。

图 5 - 11　启动 Excel 2010 自动创建新工作簿　　　图 5 - 12　按快捷键 Ctrl + N 新建空白工作簿

(3) 在 Excel 应用程序窗口中，单击"文件"选项卡下的"新建"命令，在"可用模板"下双击"空白工作簿"，如图 5 - 13 所示。

2. 保存新工作簿的两种方法。

（1）在 Excel 应用程序窗口中，单击窗口左上角的"保存"按钮，如图 5-14 所示。

图 5-13　在"文件"菜单中，"新建"工作簿　　图 5-14　在工具栏中点"保存"按钮保存工作簿

（2）在 Excel 应用程序窗口中，单击"文件"选项卡→"保存"或"另存为"命令，如图 5-15 所示。

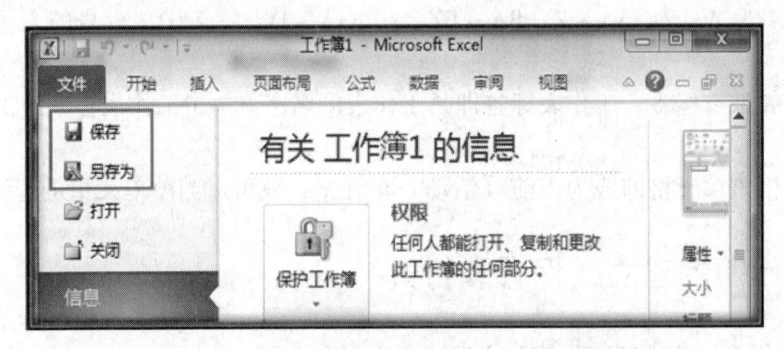

图 5-15　使用"文件"选项卡→"保存"或"另存为"命令

工作簿是一个扩展名为 .xlsx 的 Excel 文件，其中可以含有一个或多个表格，这些表格被称为工作表，如果把工作簿比作一个文件夹，工作表则可以看成是这个文件夹里的各个文件。一个工作簿最多可以含有 255 个工作表。启动 Excel 2010 以后会自动新建一个名为"工作簿1"的工作簿，并默认会有 3 个工作表，分别命名为 Sheet1、Sheet2 和 Sheet3。

快速保存工作簿的方法：我们可以使用键盘的快捷键 Ctrl + S 来进行工作簿的快速保存。这种方法在 Word 2010 中也经常用到。养成经常快速保存的习惯可以使我们在编辑文档的时候能保护好在编辑过程中更新了的内容。从而不至于在电脑出现死机或程序无响应的时候造成数据丢失。

5.2 工作表数据的输入

Excel 数据输入和编辑需选定某单元格使其成为当前单元格,输入和编辑数据要在当前单元格中进行,也可以在数据编辑区进行。

5.2.1 输入文本

文本数据可由汉字、字母、数字、特殊符号、空格等组合而成。文本数据的特点是可以进行字符串运算,但是不能进行算术运算。

在当前单元格输入文本后,按 Enter 键或移动光标到其他单元格或单击数据编辑区的"√"按钮,即可完成该单元格的文本输入。文本数据默认的对齐方式是单元格靠左对齐。

注意:

(1) 如果输入的内容有数字和其他字符的组合,例如,输入"88 元",默认是文本数据。

(2) 如果文本数据出现在公式中,文本数据必须用半角英文状态的双引号括起来。

(3) 如果输入电话号码等无须计算的数字串,在数字前面加一个半角英文状态的单引号"'",则当文本数据处理,否则当数值数据处理。

【任务 5-2】 建立金达公司工资表,并输入如图 5-16 所示文字内容。

操作步骤:

① 新建一个工作簿,保存并命名为"金达公司工资表.xlsx"。

② 选中工作表 Sheet1 的 A1~H1 单元格区域,单击"开始"选项卡内"对齐方式"命令组内的"合并后居中"按钮,然后输入文本数据"金达公司工资表",字体选"华文新魏",字号选"24",如图 5-17 所示。

图 5-16 金达公司工资表文本输入

图 5-17 新建"金达公司工资表.xlsx"

③ 在 A2～H2 单元格区域分别输入"编号"、"姓名"、"性别"、"部门"、"职称"、"基本工资"、"奖金"、"应发工资"。

④ 在 B3～E15 单元格区域依次输入如图 5-16 所示文字内容，完成操作。

5.2.2 输入数字

数值一般由数字、+、-、(、)、小数点、¥、$、%、/、E、e 等组成。数值数据的特点是可以进行算术运算。输入数值时，默认形式为常规表示法，如输入 2009、88.8 等。当数值长度超过单元格宽度时，自动转换成科学表示法，如输入 1234567891234567，则可以显示为 1.23456E+12，数值数据默认的对齐方式是单元格右对齐。

【任务 5-3】 在【任务 5-2】的"金达公司工资表"中输入数字，完成结果如图 5-18 所示。

图 5-18 在"金达公司工资表"中输入数字

操作步骤：

① 在"编号"列 A3～A15 单元格区域输入图中对应的员工编号；注意编号中的数字是作为文本输入的，输入时必须在数字前加一个半角英文状态的单引号"'"。

② 在"基本工资"列 F3～F15 单元格区域输入图中对应的员工基本工资。

③ 在"奖金"列 G3～G15 单元格区域输入图中对应的员工奖金。

④ 在"应发工资"列 H3～H15 单元格区域输入图中对应的员工应发工资。完成操作。

①如果单元格中的数字出现"######"，则说明单元格宽度不够，增加单元格的宽度即可解决此类问题。②如果要在单元格中输入分数，必须先输入 0 和空格，再输入分数。

5.2.3 输入时间和日期

在单元格中输入能被 Excel 2010 识别的日期或时间数据时,单元格的格式会自动转换为相应"日期"或"时间"格式。如要输入日期 2009 年 6 月 14 日 20 点 20 分,可以采用的日期输入形式有:2009/06/14 或 2009 – 6 – 14 或 14 – Apr – 2009;时间的输入形式有:20:20 或 8:20PM。

注意:

(1) 如果输入的内容是不能识别的日期或时间格式,则以文本方式输入。

(2) 如果单元格首次输入的值是日期,则该单元格就被格式化为日期格式。

【任务 5 – 4】 编制《金达公司 6 月初自制半成品各明细账余额》表,完成后如图 5 – 19 所示。

操作步骤:

① 新建一个工作簿,保存并命名为"金达公司自制半成品明细账.xlsx"。

② 选中工作表 Sheet1 的 B1 单元格,输入文本数据"6 月初自制半成品各明细账余额"。

③ 在 A2 ~ F2 中分别输入文本数据"日期"、"品名"、"计量单位"、"数量"、"单价"、"金额"。

④ 在 A3 ~ A7 中输入图 5 – 20 对应的日期型数据。

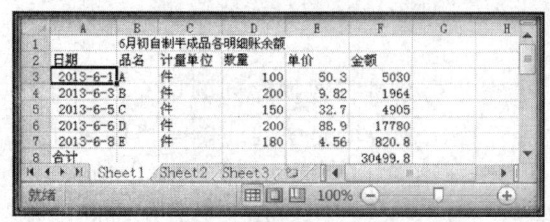

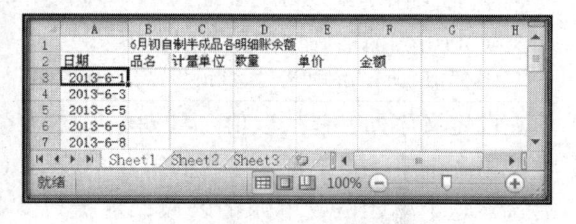

图 5 – 19 金达公司 6 月初自制半成品各明细账余额　　图 5 – 20 输入日期型数据

⑤ 在 B3 ~ B7 中输入文本型数据"A"、"B"、"C"、"D"、"E";在 C3 ~ C7 中输入文本型数据"件";在 D3:F7 中输入图 5 – 18 对应的数值型数据;在 A6 ~ F8 中输入"合计"等数据,完成后如图 5 – 19 所示。

⑥ 再次保存 Excel 工作簿,操作完成。

5.2.4 自动填充功能

对于一些有规律或相同的数据,可以采用自动填充功能来进行高效率输入。自动填充单元格数据序列的方法主要有如下两种:

1. 利用填充句柄进行数据序列的填充。

在工作表中选择需要填充的起始单元格或单元格区域,在其右下角会出现一个填充柄,当鼠标移动至填充柄时会出现"+"形状;拖动"+"填充柄可以实现快速地自动填充。利用填充柄不但可以填充相同的数据(复制),还可以填充有规律的数据。

【任务 5 – 5】 新建"金达公司 2013 年计算机销售统计表.xlsx"工作簿,统计上半年各品牌计算机的销售量。

操作步骤：

① 新建 Excel 工作簿，在 Sheet1 的 C1 单元格输入"金达公司 2013 年计算机销售统计表"。

② 在 A2 和 B2 单元格分别输入"序号"和"品牌"。

③ 在 C2 单元格内输入"一月"，然后选中 C2 单元格，移动鼠标到 C2 单元格右下角，当出现"+"填出句柄时，按住鼠标左键拖动光标至 H2 单元格处，放开鼠标，即完成填充，出现"一月"至"六月"的填充数列，如图 5-21 所示。

④ 在 A3 和 A4 单元格分别输入数字"1"和"2"，选中 A3：A4 单元格区域，并把鼠标移到 A4 单元格右下角，重复步骤③动作，拖动鼠标左键至 A6 单元格处，完成序号"1"至"4"的填充，如图 5-22 所示。

图 5-21　自动填充序列　　　　　　图 5-22　填充序列

⑤ 把工作簿保存为"金达公司 2013 年计算机销售统计表.xlsx"，完成操作。

2. 利用对话框进行数据序列的填充。

用"开始"选项卡"编辑"命令组内的"填充"命令进行数据序列的填充，可自动填充已定义序列，包括数值、日期和文本等类型。首先在需填充序列的单元格区域开始处的第一个单元格中输入序列的第一个数值（等差或等比序列）或文字（文本序列），然后选定这个单元格或单元格区域，再执行"填充"命令下的"系列"选项对应的"序列"对话框。

利用"自定义序列"对话框进行数据序列的填充。具体方法如下：选择"文件"选项卡的"选项"命令，打开"Excel 选项"对话框，单击左侧的"高级"选项，在"常规"栏目下单击"编辑自定义列表"，打开"自定义序列"对话框，然后在"输入序列"框中输入用户自定义的数据序列，最后单击"添加"和"确定"按钮即可；或在打开的"自定义序列"对话框中单击右下角的 按钮，选中工作表中已定义的数据序列，再按"导入"按钮导入所需的序列即可。

【任务 5-6】　在"金达公司 2013 年计算机销售统计表.xlsx"中利用"序列"对话框的方式按等差数列输入序号序列，利用"自定义序列"定义品牌"科普、金科、新拓、闪星"。

操作步骤：

① 在 A3 单元格输入起始值"1"，并选中 A3：A6 单元格区域，单击"开始"选项卡，选择"编辑"命令组内的"填充"命令，选择"系列"，打开"序列"对话框。

② 在"序列产生在"选项组中选择"列"，在"类型"选项组中选择"等差数列"，"步长值"设为"1"，"终止值"中输入"4"，如图 5-23 所示，单击"确定"按钮完成填

充,填充结果如图 5-21 所示。

③ 选择"文件"选项卡的"选项"命令,打开"Excel 选项"对话框,单击左侧的"高级"选项,在"常规"栏目下单击"编辑自定义列表",打开"自定义序列"对话框,然后在"输入序列"框中输入"科普、金科、新拓、闪星",单击"添加"按钮,确定即可,如图 5-24 所示。

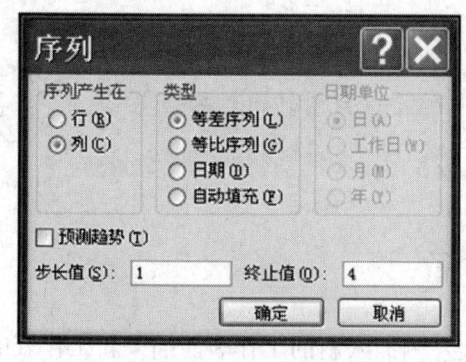

图 5-23 填充等差序列　　　图 5-24 编辑自定义序列

④ 在 B3 单元格中输入"科普",把鼠标移动到 B3 单元格右下角,按住鼠标左键,拖动"+"填充句柄到 B6,松开鼠标即完成序列的填充,如图 5-25 所示。

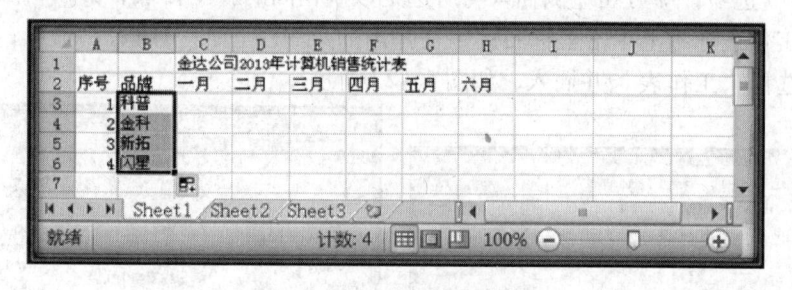

图 5-25 填充自定义序列

5.3 工作表的基本操作

本节主要介绍 Excel 2010 工作表的基本操作,如建立、插入、删除、重命名、移动或复制工作表、拆分和冻结工作表等。

5.3.1 工作表的选定

1. 选定一个工作表:单击工作表标签,即可选定该工作表使其成为当前活动工作表。
2. 选定相邻的多个工作表:单击第一个工作表标签,同时按住 Shift 键单击最后一个工作表标签即可。
3. 选定不相邻的多个工作表:单击第一个工作表标签,同时按住 Ctrl 键逐个单击所要选定的其他工作表标签。

4. 选定全部工作表：用鼠标右键单击工作表标签，然后在快捷菜单中选择"选定全部工作表"命令。

如果同时选定了多个工作表，那这些被选定的工作表就会构成一个工作组，虽然其中只有一个是当前工作表，但是对当前工作表的操作会同时作用到其他被选定的工作表。

> 选中了 Sheet1 ~ Sheet3 这 3 个工作表，那么若对 Sheet1 中单元格 A7 输入的数据 20，则在 Sheet2 和 Sheet3 中的 A7 单元格也会同时输入数据 20。注意观察结果。

5.3.2 工作表的插入、删除和重命名

1. 插入工作表。Excel 默认在选定的工作表左侧插入新的工作表。插入新工作表的方法有两种：

（1）打开"金达公司工资表"，选定一个或多个工作表（如果是多个工作表，那它们必须是相邻的）后，单击"开始"选项卡，选择"单元格"命令组的"插入"命令，选择"插入工作表"选项，即可在左侧插入与所选定数量相同的新工作表，如图 5-26 所示。

（2）在工作表标签上单击鼠标右键，在弹出的菜单中选择"插入"命令，可打开"插入"对话框选择"工作表"并插入，如图 5-27 所示。

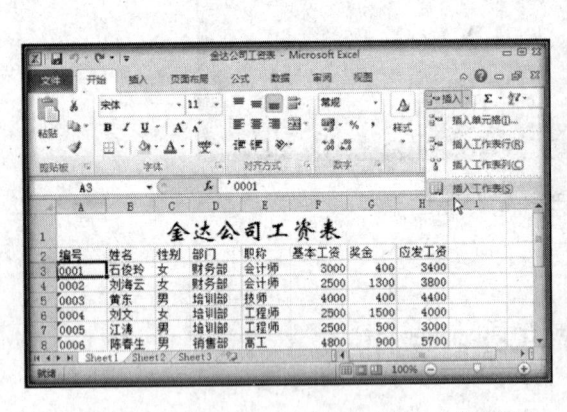

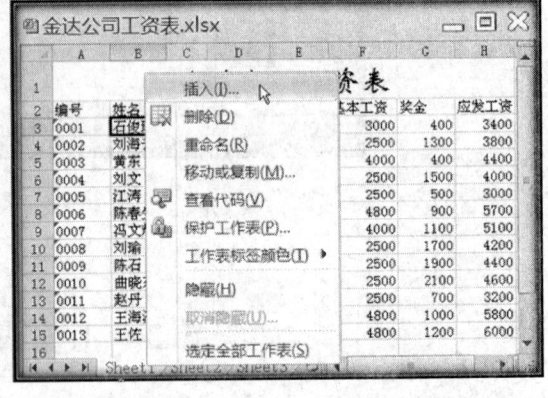

图 5-26　通过"插入"命令"插入工作表"　　图 5-27　在工作表标签上右击插入新工作表

2. 删除工作表。

（1）打开"金达公司工资表"，选定需要删除的工作表 Sheet1，选择"开始"选项卡的"单元格"命令组，单击"删除"命令，在弹出的菜单选择"删除工作表"命令，如图 5-28 所示。

（2）选定工作表 Sheet1 标签，使用鼠标右键，在弹出的菜单中选择"删除"命令，如图 5-29 所示。

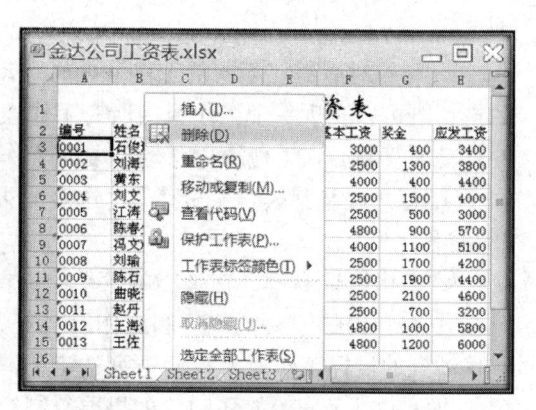

图 5-28　使用"单元格"命令组的"删除"命令删除工作表

图 5-29　在工作表标签上右击删除工作表

3. 重命名工作表。

（1）打开"金达公司工资表"，双击工作表 Sheet1 标签，输入新的名字"一月份工资"，如图 5-30 所示。

（2）打开"金达公司工资表"，选中工作表 Sheet 2 标签，在弹出的菜单中选择"重命名"命令，输入新名字"二月份工资"，如图 5-31 所示。

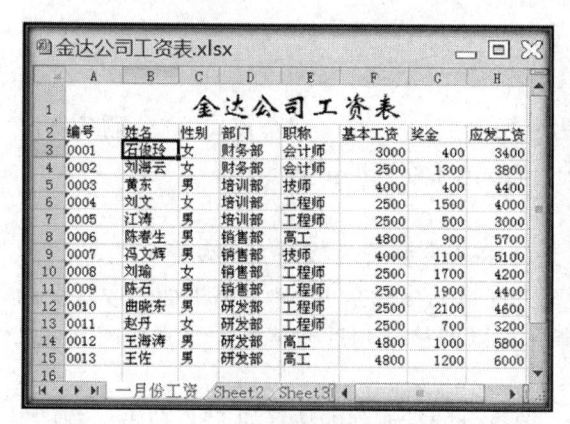

图 5-30　使用双击工作表标签的方法重命名工作表

图 5-31　在工作表标签上右击重命名工作表

5.3.3　工作表的复制和移动

1. 利用鼠标在工作簿内移动或复制工作表。利用鼠标在工作簿中移动工作表的操作步骤：

① 打开一个工作簿文件，选定需要移动的一个或多个工作表标签。

② 鼠标指针指向要移动的工作表标签，按住鼠标左键沿标签向左或向右拖动工作表标签（此时会出现黑色倒三角小箭头）。

③ 观察小箭头位置，当它指向移动的目标位置时放开鼠标按键，即可完成移动操作。

利用鼠标在工作簿中复制工作表的操作步骤与移动工作表的操作类似，只是在拖动工作表标签的同时按住 Ctrl 键，当鼠标指针移动到目标位置时，先放开鼠标按键，再放开 Ctrl 键即可。

2. 利用对话框在不同的工作簿之间移动或复制工作表。利用"移动或复制工作表"对话框，既可以实现一个工作簿内所有工作表的移动或复制，也可实现不同工作簿之间工作表的移动或复制。在工作簿中移动或复制工作表的操作步骤：

① 打开"金达公司工资表"，选定需要移动或复制的一个或多个工作表标签，例如，"一月份工资"。

② 单击鼠标右键，在弹出的菜单中选择"移动或复制工作表"命令。

③ 在弹出的"移动或复制工作表"对话框中，在"工作簿"下拉列表框中选择要复制或移动到的目标工作簿，在"下列选定工作表之前"下拉列表框中选择要插入的位置，"确定"即可完成工作表的移动，如果要复制工作表，则在"确定"前选中"建立副本"复选框即可。

> 使用对话框方法对工作表进行移动与复制的区别：如果移动工作表，则在"移动或复制工作表"中清除"建立副本"复选框；如果是复制工作表，则需要选中"建立副本"复选框。

5.3.4 拆分和冻结工作表

1. 拆分窗口。一个工作表窗口可以拆分为"两个窗口"或"四个窗口"。分隔条将窗格拆分为四个窗格，窗口拆分后，可同时浏览一个较大工作表的不同部分。

拆分窗口的两种方法：

(1) 打开"金达公司工资表"，鼠标指针指向水平滚动条（或垂直滚动条）上的"拆分条"，当鼠标指针变成"双箭头"时，沿箭头方向拖动鼠标至 A6 单元格下面，放开鼠标即可。这时，拆分框变成分隔条。拖动分隔条，可以调整分割后窗格的大小，如图 5-32 所示。

(2) 打开"金达公司工资表"，鼠标单击需要拆分的行或列的位置如 F5，单击"视图"选项卡的"窗口"命令组的"拆分"命令，一个窗口就被拆分为两个窗格，如图 5-33 所示。

图 5-32 通过鼠标拖动"分隔条"的方法拆分窗口

图 5-33 使用菜单栏"窗口→拆分"命令拆分窗口

2. 取消窗口的拆分。将拆分条拖回原来的位置或者单击"视图"选项卡内"窗口"命令组的"取消拆分"命令,即可取消窗口的拆分。

3. 冻结窗口。当工作表中的数据比较多时,在向下或向右滚动浏览时将无法始终在窗口中显示前几行或前几列。使用"冻结"行或列的方法则可以满足上述要求。

冻结行或列的方法是:选定要开始冻结的某个单元格(如C3)后,使用"视图"选项卡内"窗口"命令组的"冻结窗格"命令,单击"冻结拆分窗格"命令即可冻结当前选定行(如第3行)上方和当前选定列(如C列)左侧的窗格。

4. 撤销冻结窗口。使用"视图"选项卡内"窗口"命令组的"冻结窗格"命令,单击"取消冻结窗格"命令,即可取消窗口的冻结。

5.3.5 工作表中的链接

工作表中的链接包括超链接和数据链接两种。超链接可以建立在单元格的文本或图形上,作用是从一个工作簿或文件快速跳转到其他工作簿或文件。数据链接是使得数据之间发生关联关系,当一个数据发生更改时与之相关联的数据也会相应改变。

选定已建立超链接的单元格或单元格区域,单击鼠标左键,在弹出的菜单中选择"编辑超链接"或"取消超链接"即可编辑或取消超链接。

【任务5-7】 在"金达公司工资表"中分别建立一月份和二月份的工资链接。

操作步骤:

① 打开"金达公司工资表.xlsx",右键单击"一月份工资"表标签,在弹出的菜单中选择"插入"选项,在打开的"插入"对话框中选择"工作表"后确定。

② 在新插入的Sheet1工作表中输入如图5-34所示的内容。

③ 右键单击A2单元格,在弹出的菜单中选择"超链接"命令,打开插入超链接对话框,在"链接到"栏选择"本文档中的位置",在"或在此文档中选择一个位置"框选择"一月份工资",如图5-35所示,"确定"即可在A2单元格建立一个链接到"一月份工资"工作表的超链接。

图5-34 金达公司工资表　　图5-35 从一个单元格链接到一个工作表

④ 同理可建从A3单元格到"二月份工资"工作表的超链接。

5.3.6 工作簿和工作表的保护

1. 保护工作簿。为了防止无关人员对工作簿或者工作表的数据进行非法访问或者破坏，可以通过设置访问密码保护工作簿或者工作表，也可隐藏工作表。设置访问密码保护工作簿或者工作表。

操作步骤：

① 打开工作簿，选择"文件"选项卡下的"另存为"命令，打开"另存为"对话框；

② 单击"另存为"对话框中的"工具"下拉列表框，在其中选择"常规选项"，打开"常规选项"对话框；

③ 在"打开权限密码"框输入密码可设置访问工作簿的密码，在"修改权限密码"框输入密码可设置修改工作簿的密码。删除上述密码则可取消密码保护。

2. 保护工作表。操作步骤：

① 打开工作簿，选择"审阅"选项卡下的"更改"命令组，选择"保护工作表"命令可出现"保护工作表"对话框，在其中可以设置保护工作表的具体内容，还可设置"取消工作表保护时使用的密码"。

② 选择"保护工作簿"命令可出现"保护结构和窗口"对话框，在其中可以设置保护工作簿的结构或窗口，还可设置密码。

③ 在"打开权限密码"框输入密码可设置访问工作簿的密码，在"修改权限密码"框输入密码可设置修改工作簿的密码。删除上述密码则可取消密码保护。

3. 隐藏工作表。打开工作簿，选择"视图"选项卡下的"窗口"命令组，选择"隐藏"命令可以隐藏工作簿工作表的窗口，隐藏后屏幕上不再出现该隐藏的工作表，但其中的数据还可以引用。隐藏后单击"取消隐藏"可取消工作表的隐藏。

5.4 工作表格式化

前两节主要介绍 Excel 2010 的基本概念以及基本操作，本节则主要介绍 Excel 2010 工作表的格式化内容，如设置单元格格式、设置行高和列宽以及设置条件格式等。

5.4.1 设置单元格格式

选择菜单栏"格式→单元格"命令，在弹出的"单元格格式"对话框中，有"数字"、"对齐"、"字体"、"边框"、"图案"和"保护"共6个选项卡，利用这些选项卡，可以设置单元格的格式。

1. 设置数字格式。利用"单元格格式"对话框中"数字"选项卡，可以改变数字（包括日期）在单元格中的显示形式，但是不改变在编辑区的显示形式。数字格式主要有以下分类：常规、数值、分数、日期和时间、货币、会计专用、百分比、科学计数和自定义等,用户可以设置小数点后的位数。默认情况下的数字格式为"常规"格式,如图 5 – 36 所示。

图 5 – 36 单元格的数字格式

2. 设置对齐方式和字体。使用"单元格格式"对话框中的"对齐"选项卡,可以设置单元格中内容的水平对齐、垂直对齐和文本方向,还可以完成相邻单元格的合并,合并后只有选定区域左上角的内容放到合并后的单元格中。若要取消合并单元格,则选定已合并的单元格,清除"对齐"选项卡中的"合并单元格"复选框即可。此外,利用"单元格格式"对话框中的"字体"选项卡可以对单元格内容的字体、颜色、下划线或特殊效果进行设置。

3. 设置单元格边框。使用"单元格格式"对话框中的"边框"选项卡,可以为单元格设置上边框、下边框、左边框、右边框和斜线等;同时还可以设置边框的线条样式和颜色等。

4. 设置单元格图案。使用"单元格格式"对话框中的"图案"选项卡,可以为某些单元格添加底纹和图案。

【任务 5 – 8】 设置单元格的数字格式练习。新建一个 Excel 文件,名为"单元格格式设置练习. xls",要求在 A1 单元格中输入数字 99.8,要求选择数值型数据,小数点后保留 3 位小数,接着在 A2 单元格中输入数字 50,要求选择货币型数据,小数点后保留 1 位小数。

操作步骤:

① 在 A1 单元格中输入"99.8",然后用鼠标右键单击 A1 单元格,在弹出的菜单中选择"设置单元格格式"。

② 接着在弹出的"单元格格式"页的"数字"属性页中选择"数值",在右边的"小数位数"栏中输入"3",并单击"确认"按钮,如图 5 – 37 所示。

③ 在 B1 单元格中输入"50",然后用鼠标右键单击 B1 单元格,在弹出的菜单中选择"设置单元格格式",接着在弹出的"单元格格式"页的"数字"属性页中选择"货币",在右边的"小数位数"栏中输入"1",并在"货币符号"栏中选择"$"符号,并单击"确认"按钮,如图 5 – 38 所示;效果如图 5 – 39 所示。

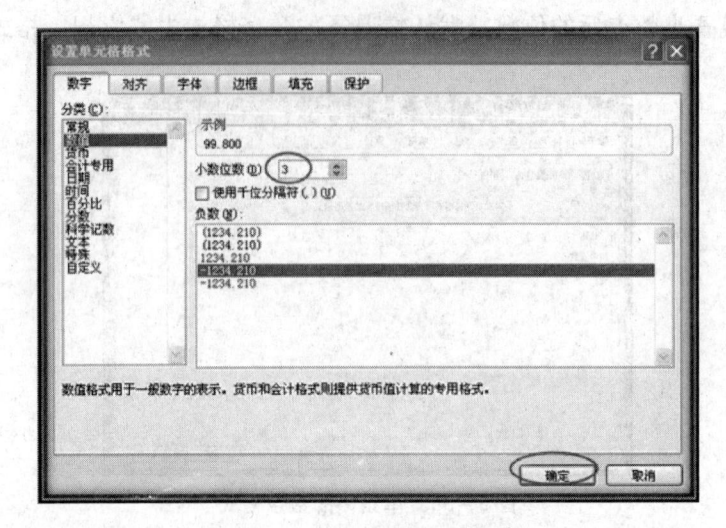

图 5-37　设置单元格数字格式

图 5-38　"设置单元格格式"对话框

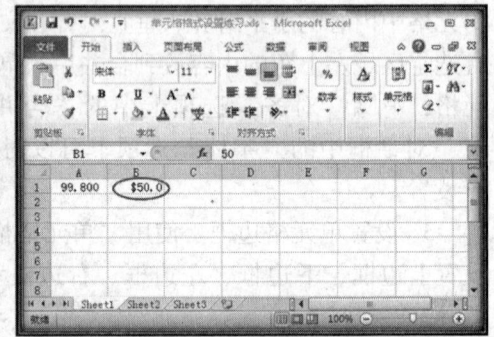

图 5-39

【任务 5-9】　设置"金达公司员工工资表"的单元格格式。要求设置"水平对齐"和"垂直对齐"方式均为"居中",设置字体为"黑体",字形为"加粗",字号为"12",设置边框颜色为"蓝色"内外边框。

操作步骤:

①"金达公司员工工资表",选中标题行"金达公司员工工资表",右键选取"设置单元格格式",打开"单元格格式"页面,选取"对齐"页,设置"水平对齐"和"垂直对齐"方式均为"居中",最后点"确定"按钮完成操作,如图 5-40 所示。

② 接着在"金达公司员工工资表"中,选取 A2~H2 单元格区域,右击鼠标在弹出菜单中选取"设置单元格格式",然后在"单元格格式"页中单击"字体"属性页,设置字体为"黑体",字形为"加粗",字号为"12",单击"确定"按钮完成操作,如图 5-41 所示。

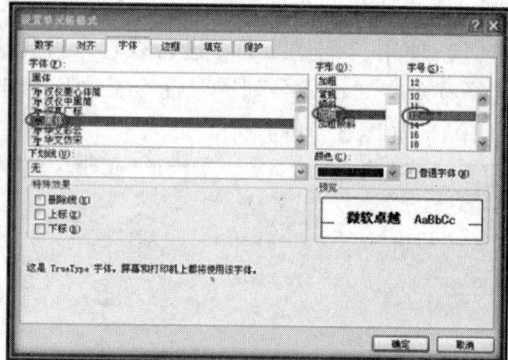

图 5-40

图 5-41

③ 在"金达公司员工工资表"中，选取 A2~H15 单元格区域，按照上面的方法，进入"单元格格式"页里的"边框"属性页，设置颜色为"蓝色"，然后单击设置"外边框"、"内部"框线，并单击"确定"按钮完成操作，如图 5-42 所示。效果如图 5-43 所示。

图 5-42

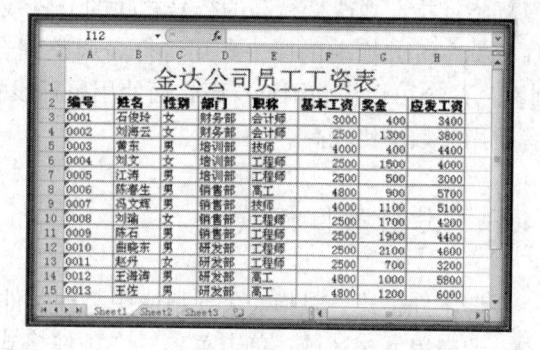

图 5-43

5.4.2 设置行高和列宽

Excel 工作表默认每个单元格具有相同的行高和列宽，但用户在使用过程中需要各种形式的单元格内容，因此 Excel 也提供用户自行设置列宽和行高。

1. 设置行高的方法有两种方法。

（1）使用"行高"命令进行设置：首先选定需要调整行高的区域（如第 1~5 行），然后选择菜单栏"格式→行高"命令，利用弹出的"行高"对话框进行精确设置（如设置行高为 20），如图 5-44 所示。

（2）使用鼠标设置行高。使用鼠标可以对行高进行粗略设置，方法是：将鼠标指针指向要改变行高的行号之间的分隔线上，当鼠标指针变成垂直双向箭头形状时，按住鼠标左键并拖动鼠标，直到将行高调整到合适的高度放开鼠标即可。

可见，使用"行高"命令可以精确调整行高，而使用鼠标设置只能对行高进行粗略设置。在实际应用中前者使用的频率比较高。

2. 设置列宽有两种方法。

（1）使用"列宽"命令进行设置：首先选定需要调整列宽的区域（如第 A～E 行），然后选择菜单栏"格式→列宽"命令，利用弹出的"列宽"对话框进行精确设置（如设置列宽为 10），如图 5-45 所示。

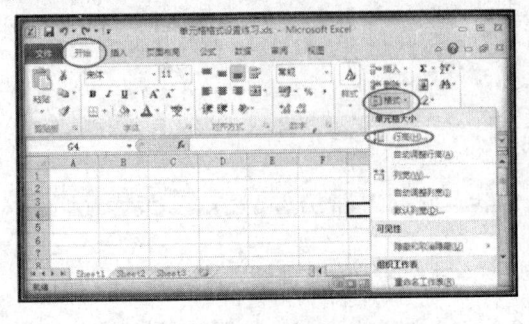

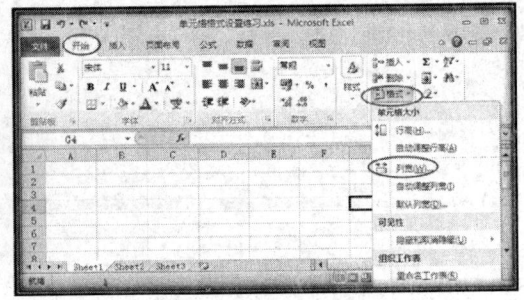

图 5-44 设置工作表单元格的行高　　　图 5-45 设置工作表单元格的列宽

（2）使用鼠标设置列宽。同样，也可以使用鼠标可以对列宽进行粗略设置，方法是：将鼠标指针指向要改变行高的行号之间的分隔线上，当鼠标指针变成垂直双向箭头形状时，按住鼠标左键并拖动鼠标，直到将行高调整到合适的宽度放开鼠标即可。同理可见，使用"列宽"命令可以精确调整行高，而使用鼠标设置只能对列宽进行粗略设置，在实际应用中前者使用的频率比较高。

5.4.3　设置条件格式

所谓条件格式，是指对单元格应用某种条件来决定数值的显示格式。条件格式的设置方法为：选中单元格区域，单击菜单栏"条件格式"命令，在弹出的"条件格式"对话框中进行具体条件的设置。

【任务 5-10】　在"金达公司员工工资表"中设置条件格式：如果员工基本工资超过 4000，则该单元格显示为绿填充色深绿色文本；如果基本工资不足 3000，则在该单元格显示浅红填充色深红色文本；对于不满足条件的单元格不做任何处理。

操作步骤：

① 在工作表中选定单元格 F3：F15。

② 在菜单栏上选择"条件格式"选项，弹出菜单选择"突出显示单元格规则→大于"命令，如图 5-46 所示。

③ 在弹出的单击"大于"对话框的文本框里输入"4000"，并设置为"绿填充色深绿色文本"，并按"确定"按钮完成设置。如图 5-47 所示。

④ 同理设置低于 3000 的单元格条件格式浅红填充色深红色文本，如图 5-48 所示。

⑤ 完成条件格式的设置结果如图 5-49 所示。

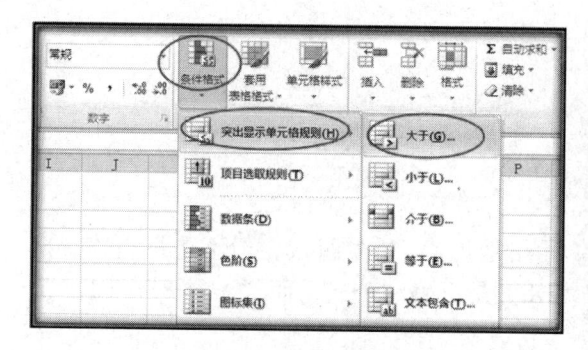

图 5-46 "条件格式"对话框

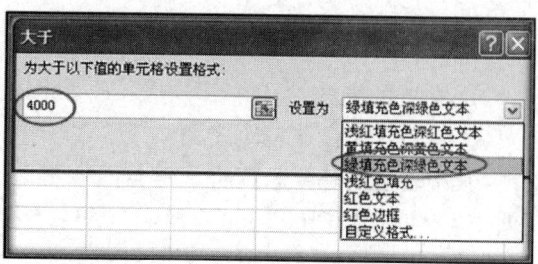

图 5-47 设置工资大于 4000 的单元格格式

图 5-48 设置工资小于 3000 的单元格格式

图 5-49 设置条件格式示例结果

> 若把上题中的条件格式改成：如果员工应发工资超过 3000，则该单元格的背景颜色显示为蓝色；应发工资不足 3000，则在该单元格上的背景颜色用红色显示；对于不满足条件的单元格不做任何处理。同学们是否能做对呢？

> 本节总结：Excel 2010 工作表的格式化操作包括设置单元格格式、设置行高和列宽以及设置条件格式等内容，这些操作对我们美化工作表的外观以及规范工作表数据有很大的帮助。

5.5 公式与函数的使用

Excel 工作表不仅用来显示数据内容，与普通表格相比，还可以用来统计和计算。Excel 在统计计算功能方面有三大特点：(1) 系统提供的大量运算符和函数，方便用户构造计算公式；(2) 系统将按计算公式自动进行计算并显示运算结果，当与公式相关数据更新时，运算也会随之自动更新；(3) 以用自动填充方式快速复制公式，大大提供了运算速度。以上三大特点足以显示 Excel 在统计计算方面的强大功能。

5.5.1 公式的输入

1. 公式的形式。

公式的形式：= 表达式

其中表达式是由运算符、常量、变量（单元格地址）、括号组成，但不包括空格。例如，"= A1 * B1 + 100"、"= SUM（A1：D1）/E1"是正确的公式，而"A1 + B1 + C1"是错误的，因为缺省了一个"="号。

2. 公式的输入。输入公式有两个方法：第一个方法是直接在某一指定单元格中输入公式，按"回车键"结束输入；第二个方法先选中某一指定单元格，然后在编辑栏中直接输入公式，按"Enter"键或编辑栏左边的 ✓ 按钮结束输入，如图 5 – 50 所示。如果在输入公式的过程中，按"Esc"键或编辑栏左边的按钮 ✗，即可取消当前输入，恢复单元格原来的状态。

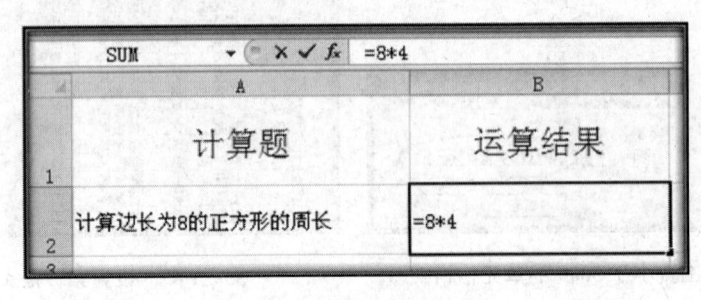

图 5 – 50 在编辑栏中输入公式

3. 运算符。用运算符把常量、变量（单元格地址）、函数等连接起来就构成表达式。常用运算符可分为算术运算、字符运算和关系运算三类，如果一个公式出现多个运算符，那就要按运算符的优先级先后执行。例如，4 + 5 * 8，应先做乘法，后做加法，因为乘法的优先级高于加法。表 5 – 1 列出了常用运算符。

表 5 – 1   常用运算符

运算符	功能	举例	优先级
( )	括号	8 * (6 + 8)	高 ↓ 低
-	负号	- 8，- A1	
%	百分号	8%（即 0.05）	
^	乘方	8^2（即 8^2）	
*，/	乘除	8 * 6，8/6	
+，-	加减	8 + 6，5 - 6	
&	字符串连接	"Excel" & " 2003"（即 Excel 2010）	
=，< >	等于，不等于	8 = 6 的值为假，8 < > 6 的值为真	
>，> =	大于，大于或等于	8 > 6 的值为真，8 > = 6 的值为真	
<，< =	小于，小于或等于	8 < 6 的值为假，8 < = 6 的值为假	

5.5.2 公式的使用

公式的应用范围很广,从一两个数字的运算到大数据量表格(如工资表、销售表)的计算,公式都能运用自如。

1. 公式在表格中的使用。

【任务5-11】 金达公司第一季度计算机销售情况如图5-51所示,请使用公式计算"新普"牌计算机的季度销售总量、月平均销售量和季度销售总额。

操作步骤:

① 单击单元格F4,输入季度销售总量公式:"=C4+D4+E4",如图5-52所示。

② 单击"Enter"键或 ✓ 按钮,完成该公式的输入。这时,单元格F4中出现数字"3 600",而编辑栏则出现计算公式"=C4+D4+E4"。

图5-51 金达公司第一季度计算机销售统计表　　图5-52 在单元格中输入公式

③ 同样方法,单击单元格G4,输入月平均销售量公式:"=(C4+D4+E4)/3"或"=F4/3"单击"Enter"键或 ✓ 按钮,完成该公式的输入;

④ 单击单元格H4,输入月平均销售量公式:"=B4*(C4+D4+E4)"或"=B4*F4",如图5-53所示。单击"Enter"键或 ✓ 按钮,完成该公式的输入。

图5-53 在单元格中输入公式

2. 公式的复制。以上案例中对单元格F4,输入公式"=C4+D4+E4",那么对单元格F5就得输入公式"=C5+D5+E5",对单元格F6就得输入公式"=C6+D6+E6",对单元格F7就得输入公式"=C7+D7+E7",十分烦琐。但可以观察到这些公式是很相似的,且公式中的单元格地址是有规律变化的。像这样公式类似,其中单元格地址有规律变化的公式就不必要再重复输入,而应该采用复制公式的方法。因为复制含有单元格相对地址的公式时,系统可以自动推算出单元格地址的变化。公式的复制有两种方法:单元格复制和自动填充。

【任务5-12】 请用复制公式计算以上销售统计表中各个品牌计算机的季度销售总量、

第5章 电子表格处理软件 Excel 2010　　　199

月平均销售量和季度销售总额。

操作步骤：

① 按照【任务 5-11】的步骤计算"科普"牌计算机的季度销售总量和月平均销售量；采用单元格复制方法，单击单元格 F4，右击，弹出菜单后选择"复制"，这时 F4 单元格出现虚框。

② 再选中 F5，右击，弹出菜单后选择"粘贴"。这时 F5 得出了计算结果。

③ 同样方法，在 F6、F7 单元格粘贴公式。

④ 采用自动填充方法，单击单元格 G4，鼠标指针移动到 G4 单元格的边框句柄上，拖动到单元格 G7，即可得出所有品牌计算机的月平均销售量，如图 5-54 所示。

图 5-54 向下填充公式

⑤ 采用自动填充方法，向下填充 H4 的公式至 H7。

以上单元格 F4 中，输入公式："=C4+D4+E4"与直接输入"1000+1200+1400"有何区别？

单元格地址的分类其及在复制公式过程中的变化见表 5-2。

表 5-2 单元格地址的分类其及在复制公式过程中的变化

地址分类	举例	说明
相对地址	C4, E5, H10	随公式复制的单元格位置的变化而变化
绝对地址	＄C＄4（绝对地址） ＄E5（混合地址） H＄10（混合地址）	行列均固定。公式复制时，该地址不做任何变化 公式复制时，列固定为 E，行为相对地址 公式复制时，行固定为 10，列为相对对址
跨工作表的单元格地址引用	[book1.xls] sheet1! C1 sheet2! ＄C＄1	C1 是相对地址，所以会随公式复制的单元格位置的变化而变化 ＄C＄1 是绝对地址，所以不会随公式复制的单元格位置的变化而变化

5.5.3 函数的使用

Excel 中的函数是 Excel 系统预定义好的，用于进行数学、文本和逻辑等运算。如计算 A1 到 A10 单元格中 10 个数字的总和，使用普通表达式计算，需要输入公式"=A1+A2+

A3 + A4 + A5 + A6 + A7 + A8 + A9 + A10"，如果使用函数，则输入公式"= SUM（A1：A10）"就可以了。虽然两者的功能都是求和，但后者的计算速度更快，且输入量较少。实际应用中，使用函数进行计算比直接使用表达式的计算速度更加方便快捷。

1. 函数的形式。函数的形式如下：

函数名（number 1，number 2……）

函数名用于说明该函数的功能，number 1，number 2……是参数，是参与运算的一些常量、单元格地址或表达式。函数以函数名开始，函数名后面紧跟一个圆括号，括号中包含 n 个参数（n > =0），参数之间用逗号隔开，函数运算的结果称为返回值。例如，SUM（10，20，30，A1：A10）中有四个参数（"A1：A10"只算的一个参数），它表示求出 10，20，30 以及 A1：A10 中数据（共 13 个数值）的总和。又如，NOW（），该函数不带任何参数，表示调用当前系统的日期。

2. 常用函数。Excel 提供了数学函数、统计函数、逻辑函数、财务函数和数据库函数等 11 类函数，常用的函数包括了 SUM 函数、AVERAGE 函数、MAX 函数、MIN 函数、ROUND 函数、COUNT 函数、BANK 函数和 IF 函数。以下是这些函数的详细介绍。

（1）SUM 函数。

主要功能：计算所有参数数值的和。

函数类型：数学函数

使用格式：SUM（number 1，number 2……）

参数说明：number 1，number 2……代表需要计算的值，可以是具体的数值、引用的单元格（区域）、逻辑值等。

举例：= SUM（10，20，30）返回值：20

特别提醒：如果参数为数组或引用，只有其中的数字将被计算。数组或引用中的空白单元格、逻辑值、文本或错误值将被忽略；

（2）AVERAGE 函数。

主要功能：求出所有参数的算术平均值。

函数类型：统计函数

使用格式：AVERAGE（number 1，number 2……）

参数说明：number 1，number 2……代表需要求平均值的数值或引用单元格（区域），参数不超过 30 个。

举例：= AVERAGE（10，20，30）；返回值：20

特别提醒：如果引用区域中包含"0"值单元格，则计算在内；如果引用区域中包含空白或字符单元格，则不计算在内。

（3）MAX 函数。

主要功能：求出一组数中的最大值。

函数类型：统计函数

使用格式：MAX（number 1，number 2……）

参数说明：number 1，number 2……代表需要求最大值的数值或引用单元格（区域），参数不超过 30 个。

举例：= MAX（10，20，30）；返回值：30

特别提醒：如果参数中有文本或逻辑值，则忽略。

（4）MIN 函数。

主要功能：求出一组数中的最小值。

函数类型：统计函数

使用格式：MIN（number 1，number 2……）

参数说明：number 1，number 2……代表需要求最小值的数值或引用单元格（区域），参数不超过 30 个。

举例：=MIN（10，20，30）；返回值：10

特别提醒：如果参数中有文本或逻辑值，则忽略。

（5）Round 函数。

主要功能：根据 number 2 对数值 number 1 进行四舍五入。

函数类型：数学函数

使用格式：ROUND（number 1，number 2）

参数说明：number 1、number 2……代表需要计算的值，可以是具体的数值、引用的单元格（区域）、逻辑值等。

举例：=ROUND（23.45，1）；返回值：20

=ROUND（23.45，-1）返回值：23.4

特别提醒：number 2 可以是正数，也可以是负数和零。

（6）COUNT 函数。

主要功能：计算包含数字的单元格以及参数列表中数字的个数。

函数类型：统计函数

使用格式：COUNT（number 1，number 2……）

参数说明：number 1、number 2……代表需要计算的值，可以是具体的数值，也可以是引用的单元格（区域）。

举例：=COUNT（10，20，30," A"）；返回值：3

特别提醒：COUNT 函数和 COUNTA 函数是有区别的。

（7）IF 函数。

主要功能：根据对指定条件的逻辑判断的真假结果，返回相对应的内容。

函数类型：逻辑函数

使用格式：=IF（logical，value_ if_ true，value_ if_ false）

参数说明：logical 代表逻辑判断表达式；value_ if_ true 表示当判断条件为逻辑"真（true）"时的显示内容，如果忽略返回"true"；Value_ if_ false 表示当判断条件为逻辑"假（false）"时的显示内容，如果忽略返回"false"。

举例：=IF（A1>=3000,"完成任务","未完成任务"）

如果 A1 单元格中的数值大于或等于 3000，返回值：完成任务。如果 A1 单元格中的数值大于或等于 3000，返回值：未完成任务。

特别提醒：IF 函数可以嵌套使用，最多可嵌套 7 层。

（8）RAND 函数。

主要功能：返回大于等于 0 及小于 1 的均匀分布随机实数，每次计算工作表时都将返回一个新的随机实数。

函数类型：逻辑函数

使用格式：=RAND（）

参数说明：如果要使用函数 RAND 生成一随机数，并且使之不随单元格计算而改变，可以在编辑栏中输入"=RAND（）"，保持编辑状态，然后按 F9，将公式永久性地改为随机数。

（9）RANK 函数。

主要功能：用于对一组数据进行排名，或者获取某一数值在一组数值中的排名。

函数类型：统计函数

使用格式：=RANK（number，ref，order）

参数说明：number（必需）表示需要找到排位的数字；ref（必需）表示数字列表数组或对数字列表的引用；Order（可选），如果 order 为 0（零）或省略，表示按照降序排列，如果 order 不为零，则按照升序排列。

> 有些函数的参数个数是任意的，如 SUM（number 1，number 2……）函数；有些函数的参数个数是固定的，如 ROUND（number 1，number 2）函数；有些函数是不带任何参数，如 NOW（）函数，但圆括号是必需的，不可缺省。更要注意的是函数中的标点符号都是英文标点符号。

3. 函数的输入。

公式中可以出现函数，例如"=A1+B1+SUM（C1：F1）"。在编辑栏中输入"=A1+B1+"后，再输入"=SUM（C1：F1）"。不过手工输入函数容易出错。因此，Excel 系统提供了粘贴函数的命令。

【任务 5-13】 使用函数统计以下销售统计（见图 5-55）中各月份的销售总量、各月份销售总量最大值、各月份销售总量最小值、各月份平均销售量和品牌的个数。

图 5-55 销售统计

操作步骤：

① 单击单元格 C8，直接在单元格中输入以下公式"=SUM（C4，C5，C6，C7）"或"=SUM（C4：C7）"。

② 向右自动填充公式至 H8，即可得出各月份的销售总量。

输入求和函数还有更方便的方法：单击单元格 C8，单击常用工具栏中的 Σ 自动求和按钮,这时,单元格出现了求和函数,并且系统会自动寻找参数"C4:C7",如果参数无误,按"Enter"键完成公式的输入。

③ 单击单元格 C9,单击工具栏右上角的 Σ 按钮右边的小三角按钮,在弹出的菜单里选择"最大值",如图 5-56 所示。

④ 把在 C9 单元格快速生成的函数公式"=MAX(C4:C8)",改为"=MAX(C8:E8)",按回车键完成函数的粘贴,如图 5-57 所示。即可得出各月份销售总量最大值 4500。

图 5-56　插入函数　　　　　　　　图 5-57　修改函数参数

⑤ 同理,选择最小值,并把 C10 单元格的公式改为"=MIN(C8:E8)",按回车键完成函数的粘贴,即可得出各月份销售总量最小值 3800。

⑥ 选择求平均值,并把 C11 单元格的公式改为"=AVERAGE(C8:E8)",按回车键完成函数的粘贴,即可得出各月份销售总量平均值 4100。

⑦ 选择计数,并把 C12 单元格的公式改为"=COUNT(B4:B7)",按回车键完成函数的粘贴,即可得出品牌数量 4,如图 5-58 所示。

【任务 5-14】 使用 RANK 函数对金达公司各分店的销售额进行排名。

操作步骤:

① 打开"金达公司销售额统计表",选中 C3 单元格,然后找到工具里的函数工具,点"其他函数(F)…",如图 5-59 所示。

图 5-58　案例操作结果　　　　　　图 5-59　打开其他函数

② 在弹出的"插入函数"对话框中的"搜索函数"栏里输入"RANK",然后单击右侧的"转到"按钮,并单击右下角的"确定"按钮。如图 5-60 所示。

③ 在弹出的"函数参数"对话框中,Number 栏输入"B3","Ref"栏输入"$B$3:$B$10","Order"栏输入"0",并单击"确认"按钮。如图 5-61 所示。

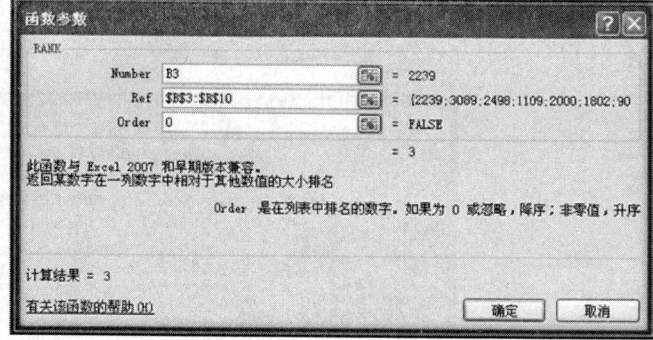

图 5-60　随机函数的使用　　　　　　　图 5-61　"函数参数"对话框

④ 此时已完成对"海珠区连锁店"销售额的排名,接着在 B3 单元格内使用向下填充公式,即可完成对所有连锁店的排名。如图 5-62 所示。

图 5-62　使用向下自动填充公式完成排名

函数嵌套。如果 A 函数中的参数是另外一个函数 B 的返回值,这种现象是函数嵌套,可以说,B 函数嵌套于 A 中。如 MAX [10,20,80,SUM (10,20,30)],MAX 函数中放置另一个函数 SUM 函数。系统先运算 SUM (10,20,30) 的返回值是 60,然后再运算 MAX (10,20,80,60),最终结果是 80。不过,函数嵌套时,要注意 B 函数的返回值的数据类型和 A 函数相对应的参数的数据类型要一致。

【任务 5-15】　使用 IF 函数各品牌销售情况评级。如果季度销售总量大于或等于 3000,评为"优秀";如果季度销售总量小于 3000 大于或等于 2500,评为"良好";如果季度销售总量小于 2500,评为"一般"。

操作步骤:

分析:如果季度销售总量大于或等于 3000,评为"优秀";否则,剩下的品牌如果季度销售总量大于或等于 2500,评为"良好",否则评为"一般"。

① 单击单元格 I4,直接在单元格中输入公式" = IF [F4 > = 3 000,'优秀',IF (F4 > = 2500,'良好','一般')]"。

第 5 章　电子表格处理软件 Excel 2010　　　　　　　　　　　　　　　　　　205

② 采用自动填充方法向下填充公式至I7，即可得出各月份的销售评级情况，如图5-63所示。

图 5-63　销售评级情况

> 函数嵌套时括号应该匹配成对，也就是说，有多少左括号就有多少右括号。在直接输入函数时，请注意使用英文状态下的半角符号。

> 本节总结：Excel 系统中的公式和函数，配合使用自动填充功能，能够轻而易举地对大型数据表进行数据计算。它们在财务实务中应用也很广泛。公式可以是表达式，也可以是函数，或两者混合使用。相比之下，使用表达式更灵活多变，而使用函数则更方便快捷。

5.6　数 据 管 理

Excel 2010 具有强大的数据管理功能，它不仅可以对表格中的记录行进行增加、删除和移动，还能够按照数据库管理方式对以数据清单形式存储数据的工作表进行各种排序、筛选、分类汇总、统计和建立数据透视表等操作。

5.6.1　数据清单

在 Excel 2010 中进行数据管理这一功能首先要必须建好"数据清单"。数据清单是一种特定格式的 Excel 2010 工作表。数据清单由一个标题行和若干记录行组成，其中，标题行是由若干列标题（相当于字段名）组成，每个记录行是由若干个与列标题对应的数值组成，如图 5-64 所示。

数据清单是 Excel 数据管理的基础，一般具有下面的三个特征：（1）每一列有一个列标题，且每一列必须是相同类型的数据；（2）列标题必须位于数据清单的第一行；（3）数据表中除标题行外的每一行称之为一个记录，每个记录各不相同。数据管理的操作主要有排序、分类汇总、筛选和透视表管理，这些操作都是以记录为单位进行的。

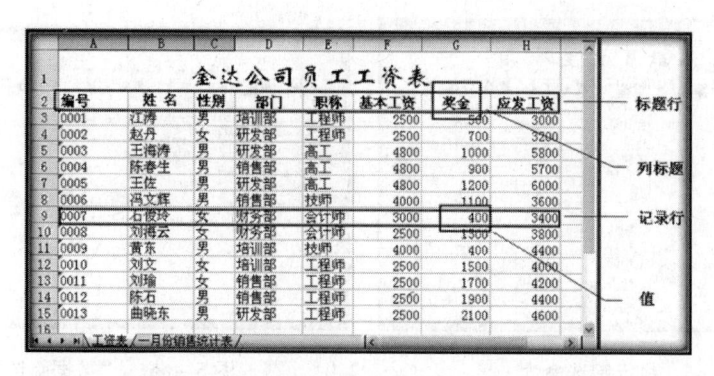

图 5-64 "金达公司员工工资表"数据清单

> **小技巧** 建立数据清单时,可以采用建立工作表的方式向行列中逐个输入数据,也可以使用"记录单"建立和编辑数据清单。操作方法:(1)在数据区域的第一行输入列标题,选定数据清单的数据区域;(2)使用菜单命令"数据"→"记录单",在弹出的输入框中逐条输入记录。

5.6.2 数据筛选

在数据表中,有时只需要查看或操作某一部分的记录,为了方便操作,可以把那些要操作的数据记录"筛选"出来作为数据对象,而把那些与操作无关的记录暂时隐藏起来,使之不参与操作,从而提高操作速度和准备性。例如,要在某个有一千个员工的工资表中选出所有工程师的记录,或查找某一部门的女员工的所有记录,都可以"筛选"出来。筛选数据的方法有两种:"自动筛选"和"高级筛选"。

1. 自动筛选。

【任务 5-16】 在"金达公司员工工资表"中筛选男员工的记录。

操作步骤如下:

① 选定数据清单中任何一个单元格,单击菜单命令"数据"→"筛选",此时,数据清单中每个字段名旁边出现了下拉按钮;

② 选择"性别"列标题,单击下拉按钮,在下拉列表中把"女"前面的勾去掉,变成只勾选"男",然后按回车键。如图 5-65 所示。这时,数据清单中只显示男员工的记录。

【任务 5-17】 在"金达公司员工工资表"中筛选出应发工资大于 4 500 的男员工记录。

操作步骤:

① 按照【任务 5-16】所有步骤,筛选出男员工的记录。

② 再选择"应发工资"列标题,单击下拉按钮,在下拉列表中选择"数据筛选",在弹出的菜单里选择"大于(G)…",如图 5-66 所示。

第 5 章 电子表格处理软件 Excel 2010

图 5-65　执行筛选命令　　　　　　　图 5-66　"数据筛选"菜单

③ 接着在弹出的"自定义自动筛选方式"对话框中,选择默认运算符"大于",然后在第二个下拉列表中输入数值"4500"并按"确定"按钮完成操作。如图 5-67 所示。

图 5-67　"自定义自动筛选方式"对话框

"自定义自动筛选方式"对话框最多可以设置两个条件,第一排列表框用于设定第一个条件,第二排列表框用于设定第二个条件,中间的单选按钮可以用来确定条件之间的关系:"与"表示两个条件必须同时成立,而"或"表示任一个条件成立即可。

> 小技巧
> 取消筛选有两种方法:
> (1) 单击"数据"→"筛选"。
> (2) 单击"数据"→"筛选"右侧的"清除"。

2. 高级筛选。

如果筛选条件涉及多个列标题,涉及"应发工资"大于 4500 和"性别"等于男两个条件,用自动筛选实现较麻烦(要分两次出现),而采用高级筛选就能一次完成。

【任务 5-18】　在"金达公司员工工资表"中筛选出基本工资大于 3000 且业绩奖金大于 1000 的员工记录(以 ＄A＄17 单元格为条件区域左上角),并把记录复制到新的单元格区域(以 ＄A＄20 为左上角)中。

操作步骤:

① 定义筛选条件。在数据表的下方选择相邻几个单元格 ＄A＄17:＄B＄18 作为条件区域;根据条件输入筛选条件,如图 5-68 所示。

② 执行高级筛选。选定数据清单中任何一个单元格,单击菜单命令"数据"→"筛

	A	B	C	D	E	F	G
16							
17	基本工资	奖金					
18	>3000	>1000					
19							

图5-68　定义条件区域

选"→"高级筛选",此时,打开"高级筛选"对话框,如图5-69所示。

③ 在"方式"栏中选择筛选结果的显示位置。根据案例要求,这里要选中"将筛选结果复制到其他位置",这时,"复制到"栏就激活了。

④ 在"数据区域"栏中选定整个数据清单（包括标题行）,可以单击右侧的折叠按钮,然后在数据表中选定数据区域,或直接输入"＄A＄2：＄H＄15";用同样的方法在"条件区域"栏指定条件区域"＄A＄17：＄B＄18";用同样的方法在"复制到"栏指定筛选结果的单元格区域的起始位置"＄A＄20"。

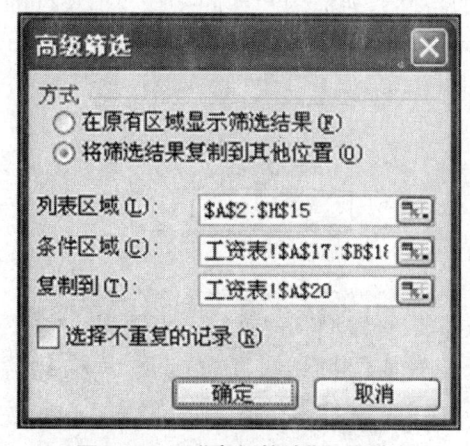

图5-69　"高级筛选"对话框

⑤ 单击"确定"按钮,筛选的记录如图5-70所示。

图5-70　筛选记录

定义筛选条件时，可以用以下方法实现：

(1) 定义某一个条件时，列标题在上，条件的值在下。例如，表示条件"性别是男"：

性别
男

(2) 多个"与"关系的条件，列标题写在同一行，条件的值也要同行写。例如，表示条件"所属部门是销售部且职称是工程师"：

所属部门	职称
销售部	工程师

(3) 多个"或"关系的条件，列标题写在同一行，但条件的值要隔行写。例如，表示条件"基本工资大于4000 或业绩奖金于1200"：

基本工资	业绩奖金
>4 000	
	<1 200

> (1) 请你筛选出应发工资大于5000 的男员工的记录，条件区域为J2：K3，目标区域为以J4 为开始的单元格区域；(2) 请你筛选出职称为技师或应发工资小于3000 的员工记录，条件区域为J9：K11，目标区域为以J12 为开始的单元格区域。

5.6.3 数据排序

数据排序是按照设定的规则对所有数据进行重新排列，以便于查看比较或进一步的处理排序只是记录行之间顺序的调整，它不会改变原有记录的数据。工资表是按照"编号"列标题进行升序排序的。该列标题称为"关键字"。

要注意的是排序的依据和顺序。依据就是根据什么来进行排序，这个依据也就是关键字。关键字可以有多个，包括主要关键字、次要关键字和第三关键字。如果在指定的主要关键字中出现相同的值，则可以根据次要关键字中指定的顺序排序，如果主要关键字和次要关键字都相同则根据第三关键字指定的顺序排序；排序的顺序分为升序和降序，升序即由低到高、由小到大，降序即由高到低、由大到小。

1. 排序操作方法

(1) 利用工具栏"排序和筛选"中的"升序排序"按钮和"降序排序"按钮进行排序。

【任务5-19】 对"金达公司员工工资表"数据清单的内容按关键字"性别"进行升序排序。

操作步骤：

① 选定关键字"性别"所在单元格。

② 单击工具栏"排序和筛选"中的升序按钮↓，完成排序，如图5-71所示。

图5-71 利用工具栏按钮排序后的数据清单

（2）利用菜单命令"数据"→"排序"进行排序

【任务5-20】 对"金达公司员工工资表"数据清单的内容先按主要关键字"基本工资"从高到低排序，再按"奖金"从高到低排序。

操作步骤：

① 选定数据清单中任何一个单元格，单击菜单命令"数据"→"排序"，打开"排序"对话框，如图5-72所示。

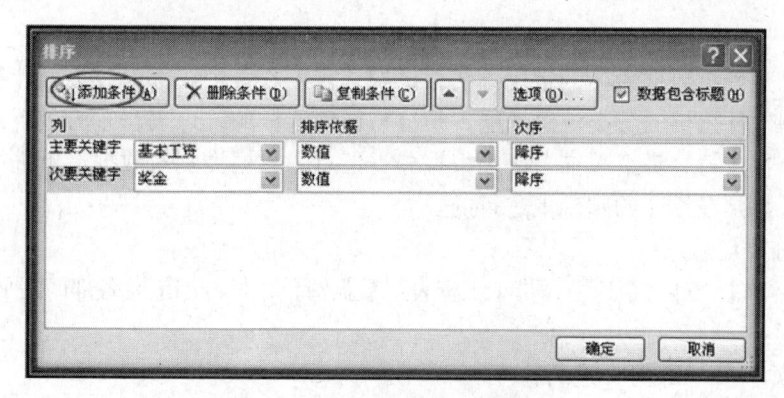

图5-72 利用排序对话框进行排序

② 单击"主要关键字"下拉列表框，选择"基本工资"，选择"降序"单选框；接着单击"添加条件"按钮，添加"次要关键字"，选择"奖金"，选择"降序"单选框。单击"确定"按钮完成操作。

> 排序前要先选定数据清单中某一个单元格，或者选定整个数据清单。但不能选择若干单元格，这样会导致只有部分数据进行排序处理，从而破坏记录中数据的真实性。排序只是记录行之间位置的调整，它不会修改记录的内容。

2. 排序规则。排序有升序和降序有两种方式。升序就是"递增"，是按从小到大的顺序排列数据，如数字按 0，1，2，…，9 的顺序排列。降序则是"递减"，是按从大到小的顺序排列数据。按升序排序时，不同类型的数据在 Excel 中的次序如下：数字→特殊字符→字母→逻辑→错误→空格，同种类型号数据的排序规则如下：

（1）数字按最小的负数到最大的正数的进行排序。

（2）字母按 A，B，…，Z 和 a，b，…，z 的顺序排列。在对文本进行排序时，Excel 从左到右一个字符一个字符地进行排序比较。当两个文本的第一个字符相同就比较第二个字符，第二个字符相同就比较第三个字符，依次类推。

（3）汉字可以按汉语拼音的字典顺序进行排序，也可以按笔画进行排序。

（4）逻辑值在逻辑值中，FALSE（相当于0）排在 TRUE（相当于1）之前。

（5）错误值和空格。所有错误值的优先级相同，空格始终排在最后。

3. 恢复排序。已经过排序的数据清单不容易恢复到排序前的状态，除非你在排序之前有先见之明，在数据清单中暂时添加"序号"列辅助排序，可以采用自动填充方法在该列中输入1，2，3，…无论经过多少次排序，只要按"序号"排序就可以恢复排序。

注意：前面的工资表中原来已经有"编号"这一列，直接按"编号"升序排序就可以恢复原来的数据清单，不需要再添加"序号"列辅助排序。

5.6.4 分类汇总

分类汇总是分析数据清单的常用方法；例如，在工资表中按部门分类统计各部门人员平均工资，使用软件提供的分类汇总功能，很容易得到这样的统计表，它为分析数据表提供了极大的方便。在进行分类汇总前，必须根据分类汇总的数据类别对数据清单进行排序，也就是说，分类汇总是在排序的基础上进行的。

1. 简单分类汇总。

【任务 5-21】对"金达公司员工工资表"数据清单，按部门汇总各部门的平均应发工资。

操作步骤：

① 按分类字段"部门"进行排序。

② 选定数据清单中任何一个单元格，单击菜单命令"数据"→"分类汇总"，打开"分类汇总"对话框。

③ 单击"分类字段"栏的下拉按钮" "，在下拉列表中选择"部门"。

④ 单击"汇总方式"栏的下拉按钮" "，在下拉列表中选择"平均值"。

⑤ 单击"选定汇总项"栏的下拉按钮" "，在下拉列表中选择"应发工资"，如图 5-73 所示。

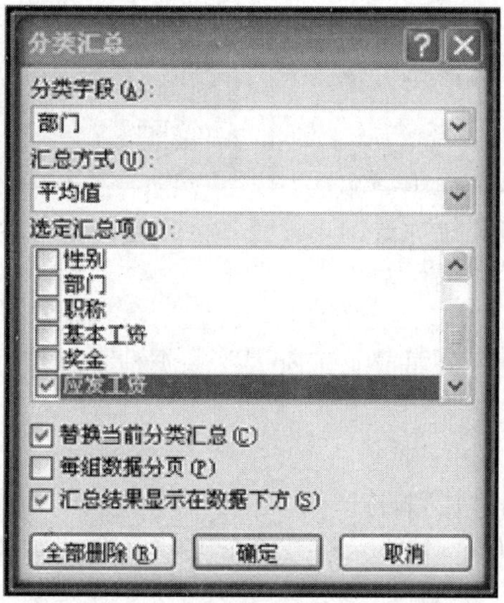

图 5-73 设置"分类汇总"对话框

⑥ 单击"确定"按钮完成操作。

汇总结果如图 5-74 所示，同一部门的员工记录通过"排序"进行分类，每个部门下方都有平均"应发工资"，数据清单最下还出现总的平均工资。在分类汇总表的左侧出现了"摘要"按钮 ![-]。"摘要"按钮出现的行就是汇总数据所在的行。单击该按钮，则该按钮变成 ![+]，且隐藏该类数据，只显示该类数据的汇总结果。单击 ![+] 按钮，会使隐藏的数据恢复显示。单击汇总表的左上方的层次按钮 ![3]，如图 5-74 所示，显示全部数据和汇总结果；单击层次按钮 ![2]，如图 5-75 所示；显示总的汇总结果和分类汇总结果；单击层次按钮 ![1]，只显示总的汇总结果，如图 5-76 所示。

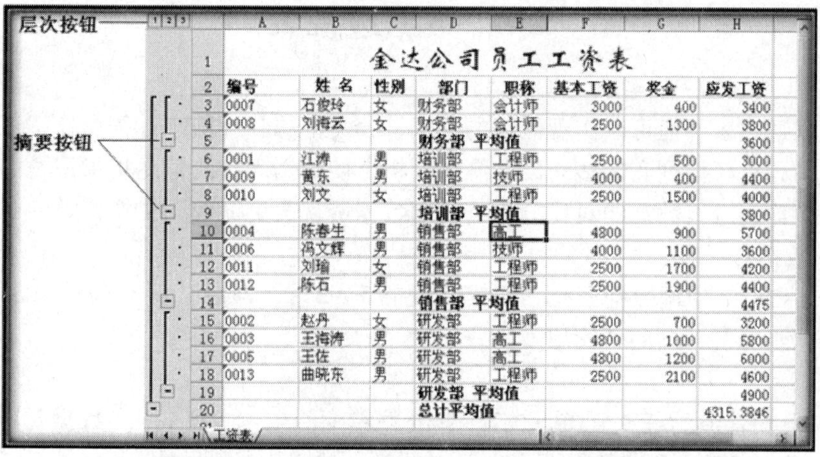

图 5-74 按部门汇总，显示全部数据和汇总结果

第 5 章 电子表格处理软件 Excel 2010　　213

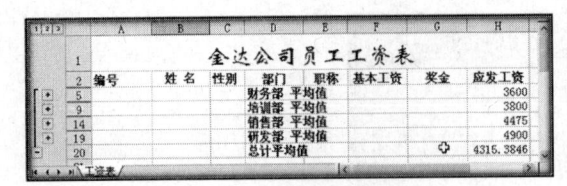

图 5-75 按层次按钮 ②，显示总的
汇总结果和分类汇总结果

图 5-76 按层次按钮 ①，只显示
汇总结果

2. 多字段多方式分类汇总。

【任务 5-22】 对"金达公司员工工资表"数据清单，按部门汇总各部门的基本工资的最大值，奖金的最小值。

操作步骤：

① 按分类字段（部门）进行排序。

② 选定数据清单中任何一个单元格，单击菜单命令"数据"→"分类汇总"，打开"分类汇总"对话框。

③ 单击"分类字段"栏的下拉按钮"▼"，在下拉列表中选择"部门"。

④ 单击"汇总方式"栏的下拉按钮"▼"，在下拉列表中选择"最大值"。

⑤ 单击"选定汇总项"栏的下拉按钮"▼"，在下拉列表中选择"基本工资"。单击"确定"按钮。

⑥ 重复第②、第③步骤，进行第二次汇总。

⑦ 单击"选定汇总项"栏的下拉按钮"▼"，在下拉列表中选择"奖金"。

因为需要保留第一次的汇总结果，则第二次汇总时取消选中"替换当前分类汇总"项。

3. 取消分类汇总。取消分类汇总的方法：可在"分类汇总"对话框中单击"全部删除"按钮，即可取消所有分类汇总。

5.7 数据透视表

使用数据透视表不但可以实现数据的筛选、分类汇总和计数统计等操作，还可以通过源数据表的行、列重新排列实现多角度的统计分析，使数据表达的信息更加清楚。对于处理数据量较大的工作表进行数据的对比分析，使用数据透视表更简便、更快捷。

1. 建立数据透视表。

【任务 5-23】 使用数据透视表完成【任务 5-22】，即对"金达公司员工工资表"数据清单按部门汇总各部门的平均应发工资。

操作步骤：

① 单击数据表中的任一个单元格，单击菜单命令"插入"→"数据透视表"，选择"数据透视表"，打开"创建数据透视表"对话框，如图 5-77 所示。

② 在"创建数据透视表"对话框的"选择放置数据透视表的位置"栏中，选择"现有工作表"，位置选定为"A19"，如图 5-78 所示。

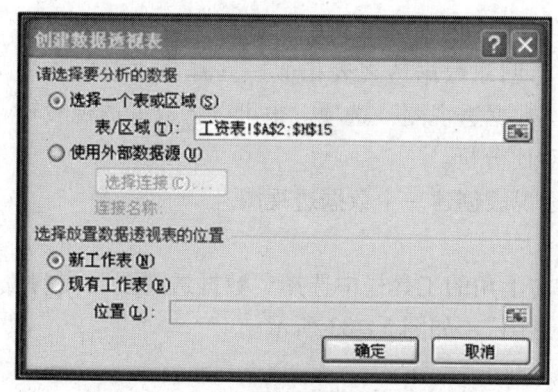

图 5-77 "创建数据透视表"对话框

图 5-78 "选择放置数据透视表的位置"为现有工作表

③ 单击"确定"按钮，在 A19 位置会出现数据透视表 1 的初始布局内容，同时在右侧会出现"字段列表对话框"，上半部分可以选择要添加到报表中的字段，下半部分则可以把上半部分的字段拖动到对应的位置，如"报表筛选"、"列标签"、"行标签"以及"数值"，如图 5-79 所示。

④ 因为第一行要显示各部门的名称，数据要汇总"应发工资"，所以用鼠标左键拖动"部门"字段到"行标签"位置，拖动"应发工资"字段到中"数值"的位置，如图 5-80 所示。

图 5-79 "字段列表"设置对话框

图 5-80 添加列标题

⑤ 双击左侧 B19 单元格中"求和项：应发工资"，打开"值字段设置"对话框，选择值汇总方式"平均值"，如图 5-81 所示。

⑥ 按"确定"结束数据透视表的创建，如图 5-82 所示。

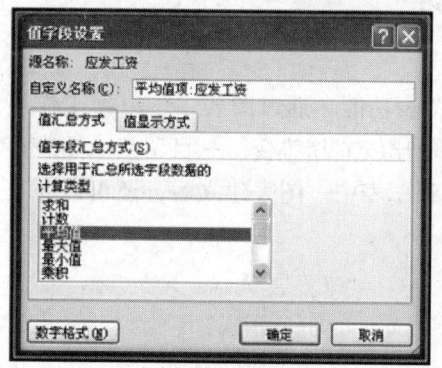

图 5-81 选择应发工资的值汇总方式

图 5-82 数据透视表

2. 创建数据透视图。数据透视图也是图表，它的创建可以利用"数据透视表和数据透视图向导"直接地创建数据透视图，创建方法与创建数据透视表相似，只需在"数据透视表和数据透视图向导 – 步骤1"对话框中选择"数据透视图"选项。也可以将数据透视表转换为专业的数据透视图，更直观地进行数据的对比分析。

【任务 5 – 24】 快速为任务 5 – 31 中数据透视表创建一个数据透视图。

操作步骤：

① 单击数据透视表中的任一个单元格，在右上角的工具栏中选择"数据透视图"，在弹出的"插入图标"对话框中，选择默认的"柱形图"，如图 5 – 83 所示。

② 单击"确定"按钮，完成操作，如图 5 – 84 所示。

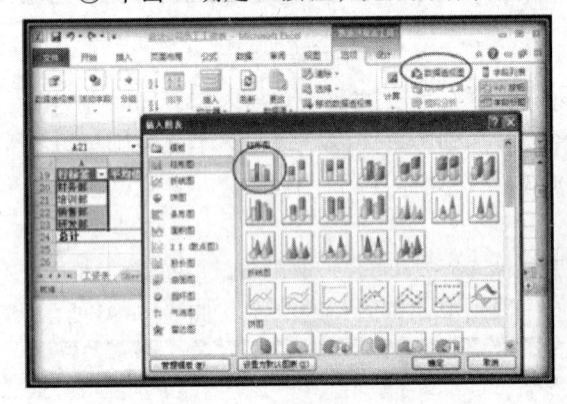

图 5 – 83 为数据透视表建立数据透视　　　　图 5 – 84 数据透视

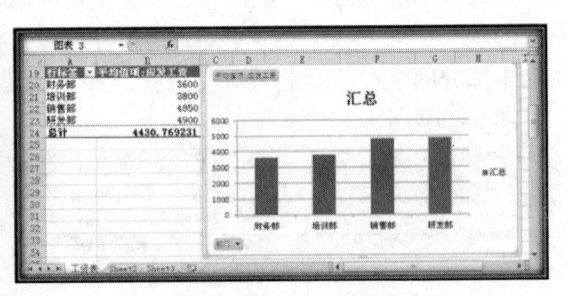

本节小结：Excel 2010 具有强大的数据管理包括对工作表中的记录行进行增加、删除和移动，还能够对以数据清单形式存储数据的工作表进行各种排序、分类汇总和筛选，利用数据透视表和透视图更能使我们直观地管理数据。

5.8　图表处理

和 Word 2010 一样，Excel 2010 也提供了更强大的图表功能。通过图表，可以将工作表数据转换成图片，使数据表达得更清晰、更有力，从而使比较或趋势变得一目了然。图表是以工作表的数据为依据，当数据变化，图表立即能反映到图表中。图表建立后，还可以对其进行各种修饰，使图表更直观地反映数据。

5.8.1　图表的构成

图表是用图形表示的，它是由图表区、绘图区、图表标题、数据系列、坐标轴、网格线以及图例等组成，如图 5 – 85 所示。

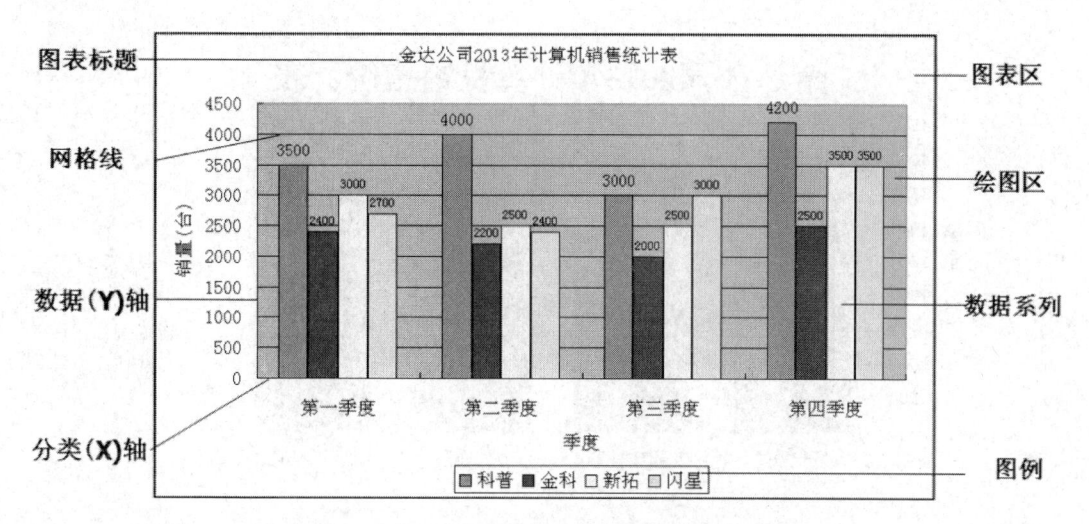

图 5-85 金达公司 2013 年计算机销售统计

（1）图表区：是整个图表的背景区域，图表的其他组成部分（如图标标题、图例）都汇集包括在图表区中。

（2）图表标题：用于显示图表的名称。

（3）绘图区：是数据系列的背景区域。

（4）数据系列：是一组相关的数据，通常来源于工作表的一行或一列数据，例如，同一系列的数据用同一种颜色表示。数据系列中的一个独立数据称为数据点，通常来源于一个单元格的数据。

（5）坐标轴：包括分类（X）轴和数值（Y）轴，用于表示数值或分类。

（6）图例：用于表示图表中数据系列的名称、图案和颜色。

5.8.2 创建图表

1. 使用图表向导建立图表。

【任务 5-25】 使用创建图表为"金达公司 2013 年计算机销售统计表"创建一个图表，如图 5-86 所示。

操作步骤：

① 选定数据清单中任何一个单元格，单击菜单命令"插入"→"柱形图"，在"二维柱形图"菜单中选择"簇状柱形图"，如图 5-87 所示。

② 生成图表后，单击图表工具里的"设计"，单击"选择数据"。在弹出的"选择数据源"对话框中，系统一般会推算出数据区域，并用虚框在工作表中显示出来。单击折叠按钮 可以重新选取数据区域 A2：E6，如图 5-88 所示。

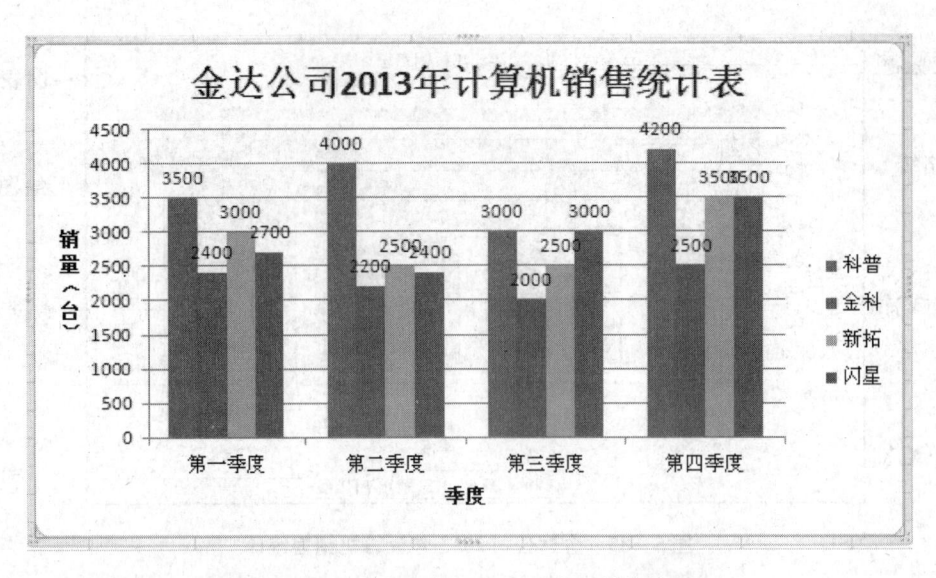

图5-86 金达公司2013年计算机销售统计

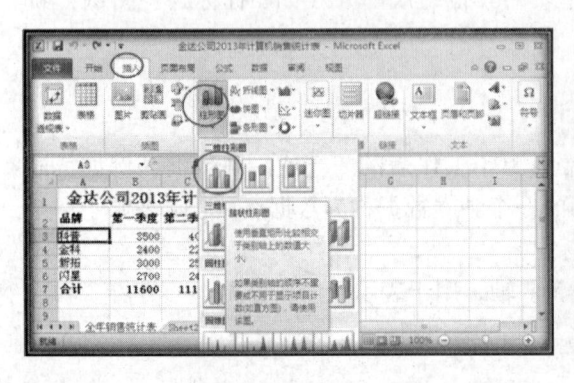

图5-87 选择图表类型　　　　　　图5-88 选择数据源

③ 单击"选择数据源"对话框中的 [切换行/列(W)] 按钮,使得"图例项(系列)"框内显示数据清单中第一列的数据,"科普"、"金科"、"新拓"、"闪星","水平(分类)轴标签"框内则显示"第一季度"、"第二季度"、"第三季度"、"第四季度",并单击"确认"按钮,如图5-89所示。

④ 单击"图表工具"里的"布局"按钮,根据效果图5-83,应该做以下各种设置。单击"图表标题"选项,在弹出的菜单中选择"图表上方"选项,接着在图表内把"图表标题"改为输入,"金达公司2013年计算机销售统计表",如图5-90所示。

⑤ 单击"坐标轴标题"选项,选择"主要横坐标轴标题"为"坐标轴下方标题",并把标题设置为"季度",接着选择"主要纵坐标轴标题"为竖排标题,并把标题设置为"销量(台)",设置横坐标的过程如图5-91所示。

⑥ 单击"数据标签"选项,在下拉菜单中选择"数据标签外",最终的图表如图5-92所示。

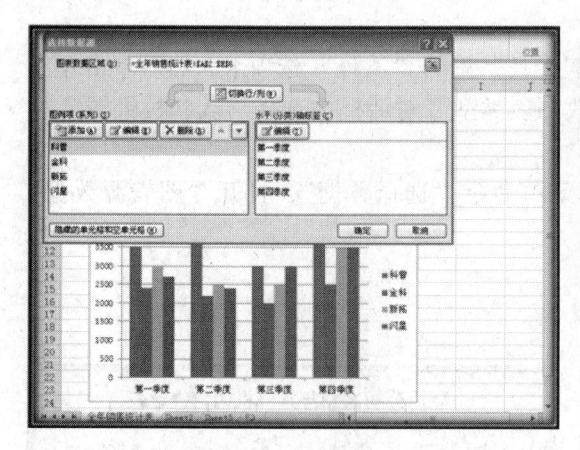

图 5-89　切换行/列

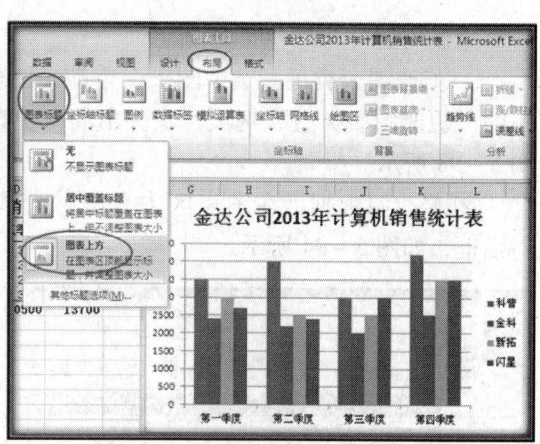

图 5-90　设置图表标题

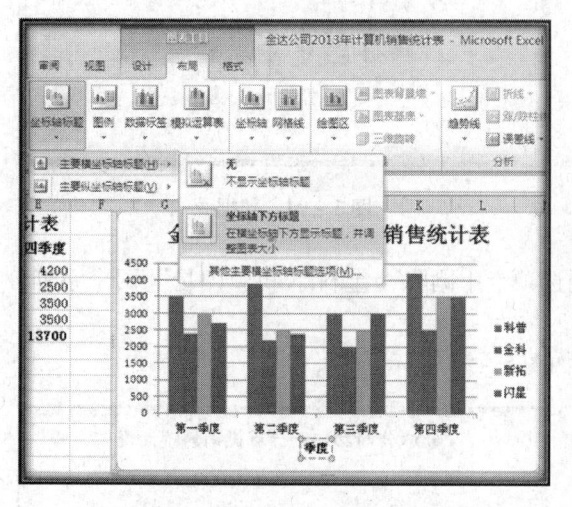

图 5-91　设置横坐标标题（x 轴）

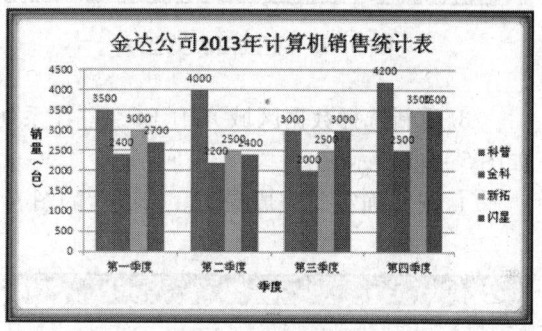

图 5-92　创建的图表

2. 图表的移动和缩放。嵌入式图表建立后，如果位置不满意，可以单击图表区，将它移到目标位置；如果图表大小不合适，可以单击图表区，图表的边框上出现了 8 个小黑点，拖动任一小黑点，可以将图表进行缩放。

5.8.3　编辑和修改图表

图表创建后，可以根据需要，对图表的图表类型、源数据、坐标轴、图表选项以及图表格式进行修改。当选中了一个图标后，功能区会出现"图表工具"选项卡，其中的"设计"、"布局"、"格式"选项卡内的命令可以编辑和修改图表，也可以选中图表后单击鼠标右键，利用弹出的菜单进行编辑和修改。

【任务 5-26】 把【任务 5-25】中建好的图表修改为"簇状棱锥图"，并删除"金科"和"闪星"两个系列。

操作步骤：

① 修改图表类型。选中图表，单击"图表工具"里的"设计"选项卡，然后单击左上角的"更改图表类型"选项，在弹出的"更改图表类型"对话框中选择"簇状棱锥图"如图5-93所示。

② 修改源数据。在图表区中右击，选择菜单命令"选择数据"，打开"图表源数据"对话框，如图5-94所示。

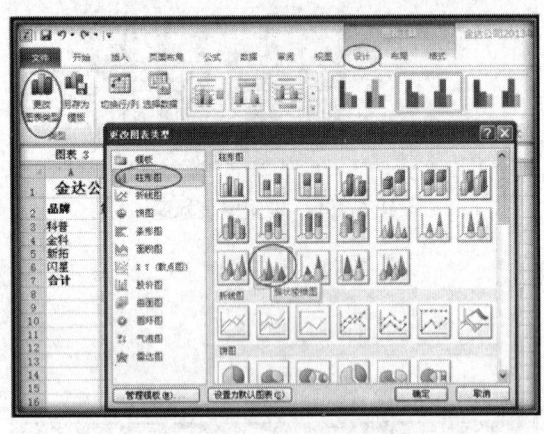

图5-93　更改图表类型

图5-94　数据源

③ 重新选择数据区域A2：E6，并在系列选项卡中删除"金科"和"闪星"两个系列，如图5-95所示。

④ 按"确定"完成操作。修改后的图表如图5-96所示。

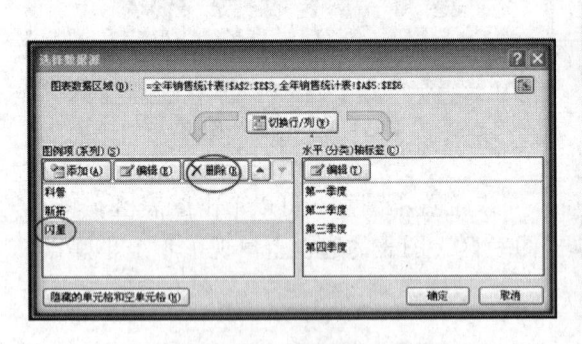

图5-95　增删数据系列

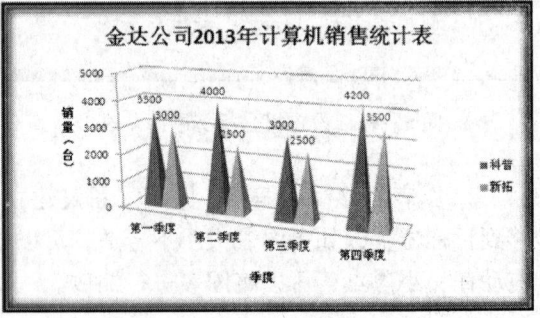

图5-96　修改完成后的图表

本节小结：图表，表是图的依据，图是表的生动反映。Excel 2010 中的图表是数据表的辅助工具，它能更直观地反映问题。因此，图表的制作和修饰更要注重实用和简洁，不宜过于复杂，否则会适得其反。

本章总结：

Excel 2010 的基本概念和基本操作，包括 Excel 2010 的启动和退出，Excel 2010 窗口的级成，Excel 2010 的基本概念，如工作簿、工作表、单元格、数据清单，Excel 文档的基本操作。

单元格数据的输入、编辑和修饰。

Excel 2010 工作表的格式化，包括工作表以及单元格区域的格式化。

Excel 2010 数据管理与透视表，包括数据的排序、筛选、分类汇总操作、数据透视表和透视图的制作和编辑。

Excel 2010 公式与函数的使用，包括公式与函数的基本概念以及常用函数的应用。

Excel 2010 图表的制作与编辑，包括图表的基本概念和图表的制作、编辑和修饰。

测 试 题

1. 在 Excel 中，工作簿是指（　　）。
   A. 操作系统　　　　　　　　　　　　B. 不能有若干类型的表格共存的单一电子表格
   C. 图表　　　　　　　　　　　　　　D. 在 Excel 中用来存储和处理工作数据的文件
2. 在 Excel 中，单元格地址是指（　　）。
   A. 每一个单元格　　　　　　　　　　B. 每一个单元格的大小
   C. 单元格所在的工作表　　　　　　　D. 单元格在工作表中的位置
3. 在 Excel 工作表的单元格中，如想输入数字字符串 070615（例如学号），则应输入（　　）。
   A. 00070615　　　　B. "070615"　　　　C. 070615　　　　D. '070615
4. （　　）不能输入到 Excel 工作表的单元格中。
   A. "20，12"　　　　B. =20，12　　　　C. 20，12　　　　D. =Sheet21Al+12
5. 使用坐标 $DSl 引用工作表 D 列第 1 行的单元格，这称为对单元格坐标的（　　）。
   A. 绝对引用　　　　B. 相对引用　　　　C. 混合引用　　　　D. 交叉引用
6. 在某工作表的某一单元格中输入 =LEF［T（RIGHT（"ABCDEl23"，6），3］后回车，该单元格的显示结果为（　　）。
   A. ABC　　　　　　B. ABCDEF　　　　C. CDE　　　　　　D. CDEl23
7. 在 Excel 中，（　　）形式不符合日期格式。
   A. "10/15/04"　　　B. 15-OCT-04　　　C. 2004/10/15　　　D. 10-15-04
8. 在 Excel 工作簿中，要同时选择多个不相邻的工作表，可以在按住（　　）键的同时依次单击各个工作表的标签。
   A. Tab　　　　　　B. Alt　　　　　　　C. Shift　　　　　　D. Ctrl
9. 在 Excel 中，给当前单元格输入数值型数据时，默认为（　　）。
   A. 居中　　　　　　B. 左对齐　　　　　C. 右对齐　　　　　D. 随机
10. 在 Excel 中，将 3、4 两行选定，然后进行插入行操作，下面正确的表述是（　　）。
    A. 在行号 2 和 3 之间插入两个空行　　　B. 在行号 3 和 4 之间插入两个空行
    C. 在行号 4 和 5 之间插入两个空行　　　D. 在行号 3 和 4 之间插入一个空行

第 6 章　演示文稿软件 PowerPoint 2010

PowerPoint 2010 是 Microsoft Office 2010 套件办公软件中的重要成员之一，专为制作和放映演示文稿而开发的软件，它广泛应用于教学、学术讲座、技术交流、论文答辩、产品介绍等方面。

本章主要内容结构见图 6-1。

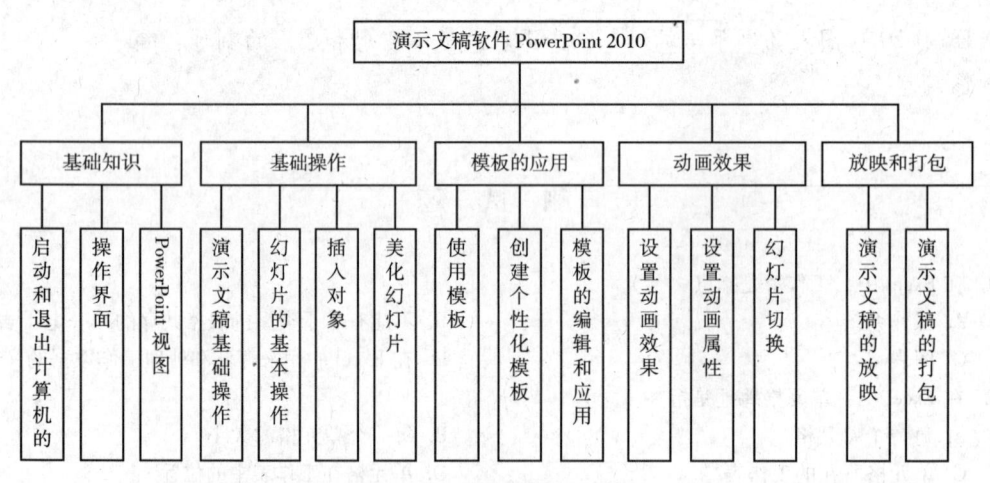

图 6-1　本章主要内容结构

学习目标包括以下几点。
1. 熟悉 PowerPoint 2010 的工作环境。
2. 掌握 PowerPoint 2010 的基本概念和基本操作。
3. 掌握演示文稿的基本制作方法。
4. 学会编辑和美化演示文稿。
5. 掌握演示文稿模板的制作和应用。
6. 学会演示文稿的放映和打包。

6.1　PowerPoint 2010 的基础

PowerPoint 2010 是专门用于制作演示文稿的应用软件。用 Powerpoint 2010 生成的文件称为演示文稿，演示文稿中的每一页称之为幻灯片，每张幻灯片都是演示文稿中既相互独立又相互联系的组成部分。演示文稿可以通过计算机屏幕或投影机播放，具有良好的信息交互性，网络、多媒体和幻灯片的有机结合是 PowerPoint 2010 的突出体现。

6.1.1　PowerPoint 2010 的启动和退出

1. 启动 PowerPoint 2010。使用不同方法启动 PowerPoint 2010，如图 6-2 所示。

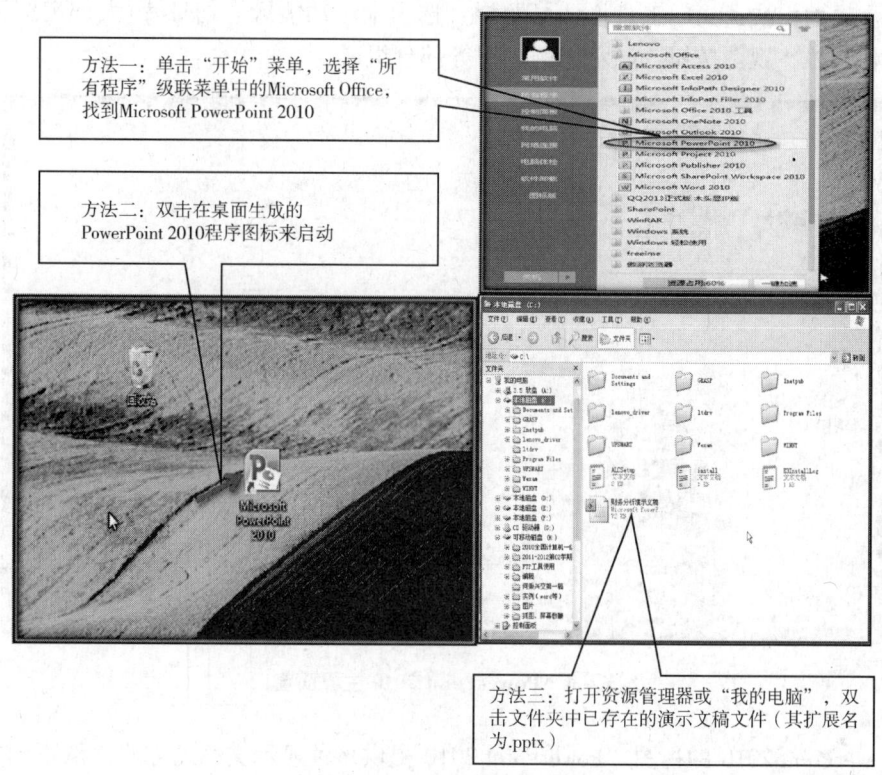

方法一：单击"开始"菜单，选择"所有程序"级联菜单中的Microsoft Office，找到Microsoft PowerPoint 2010

方法二：双击在桌面生成的 PowerPoint 2010程序图标来启动

方法三：打开资源管理器或"我的电脑"，双击文件夹中已存在的演示文稿文件（其扩展名为.pptx）

图 6-2　启动 PowerPoint 2010

2. 退出 PowerPoint 2010。退出 PowerPoint 2010 的常用四种方法如图 6-3 所示。

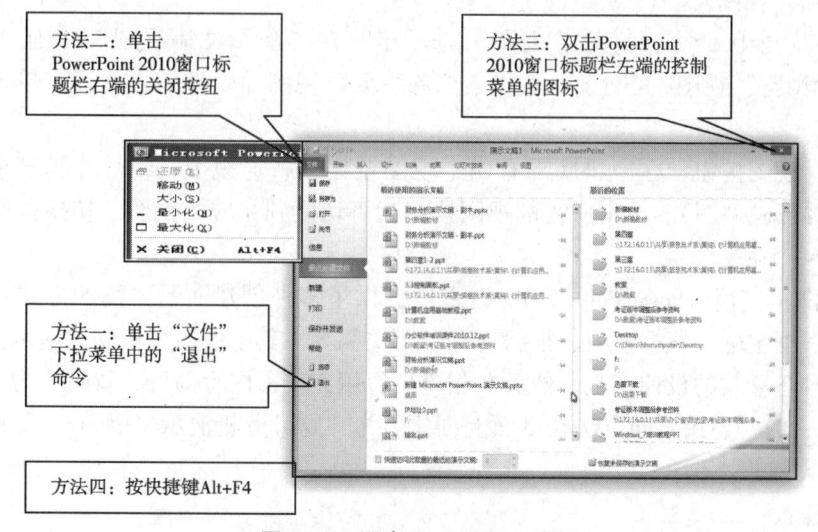

方法二：单击 PowerPoint 2010窗口标题栏右端的关闭按纽

方法三：双击PowerPoint 2010窗口标题栏左端的控制菜单的图标

方法一：单击"文件"下拉菜单中的"退出"命令

方法四：按快捷键Alt+F4

图 6-3　退出 PowerPoint 2010

6.1.2 Power Point 2010 的窗口

启动 PowerPoint 2010 应用程序和打开演示文稿之后，可以看到 PowerPoint 的窗口如图 6-4 所示，工作界面由快速访问工具栏、标题栏、选项卡、功能区、幻灯片/大纲浏览窗格、备注窗格、状态栏、视图按钮、显示比例按钮等部分组成。

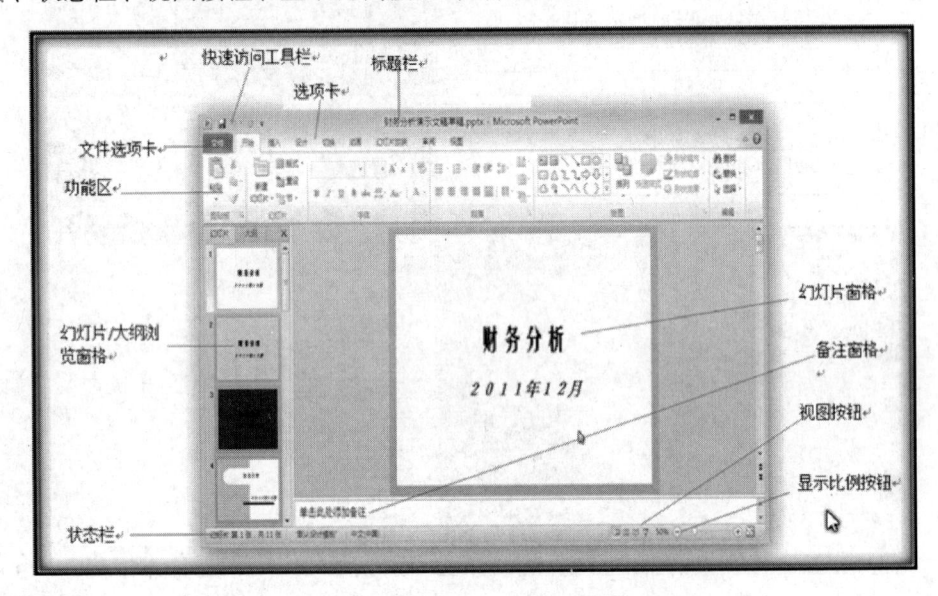

图 6-4 PowerPoint 2010 主界面窗口

1. PowerPoint 2010 的视图。PowerPoint 2010 提供多种显示文稿的方式，从不同的角度有效管理演示文稿。这些演示文稿的不同显示方式称为视图。PowerPoint 2010 中有 6 种视图分别是："普通"视图、"幻灯片浏览"视图、"阅读"视图、"备注页"视图、"幻灯片放映"视图和"母版"视图。

方法一：功能区命令：打开"视图"选项卡，在"演示文稿视图"中有"普通"视图、"幻灯片浏览"视图、"阅读"视图、"备注页"视图命令按钮供选择。单击即可切换到相应视图。

方法二：视图按钮：在窗口底部有四个视图按钮（普通视图、幻灯片浏览视图、阅读视图、幻灯片放映视图），单击所需的视图按钮就可切换到相应的视图。切换视图的常用两种方法如图 6-5 所示。

2. 创建演示文稿。PowerPoint 2010 为用户提供了多种创建演示文稿的方式：创建空白演示文稿、根据主题、根据模板、根据现有演示文稿等。其中使用模板创建演示文稿，用户可选择其中自己喜欢的设计模版，然后在相应位置填充所需内容即可，省时省力。

【任务 6-1】 使用不同方法在桌面上创建名为"财务分析演示文稿.pptx"的空白演示文稿。

操作步骤：

① 使用空白演示文稿的方式。可创建一个没有任何设计方案和示例文本的空白演示文

方法一：功能区命令：打开"视图"选项卡，在"演示文稿视图"中有"普通"视图、"幻灯片浏览"视图、"阅读"视图、"备注页"视图命令按钮供选择。单击即可切换到相应视图

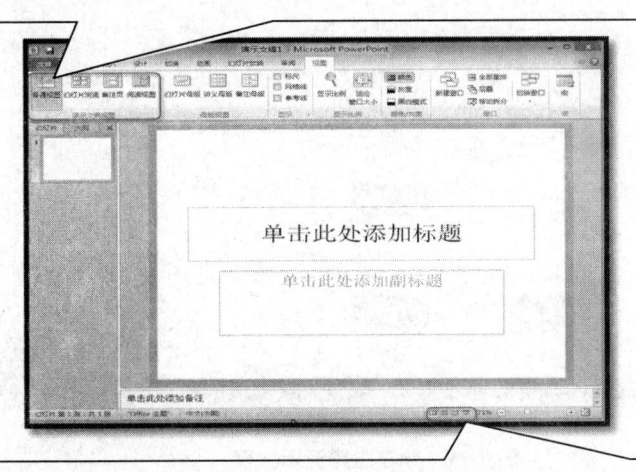

方法二：视图按钮：在窗口底部有四个视图按钮（普通视图、幻灯片浏览视图、阅读视图、幻灯片放映视图），单击所需的视图按钮就可切换到相应的视图

图 6-5　切换不同视图的方法

稿，启动 PowerPoint 即可自动创建一个空白的演示文稿，或者在 PowerPoint 已经启动的情况下，单击"文件"选项卡，在出现的菜单中选择"新建"命令，在右侧"可用的模板和主题"中选择"空白演示文稿"，单击右侧的"创建"按钮即可，如图 6-6 所示。也可直接双击"空白演示文稿"。

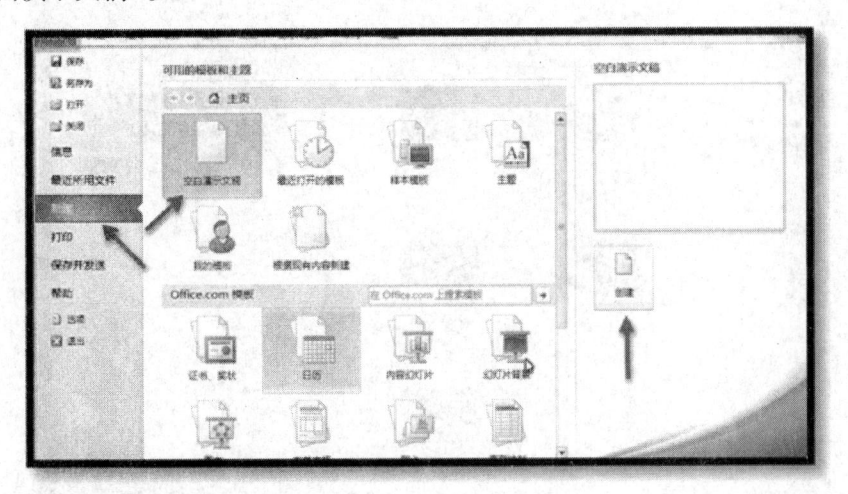

图 6-6　创建空白演示文稿

② 使用主题创建演示文稿。单击"文件"选项卡，在出现的菜单中选择"新建"命令，在右侧"可用的模板和主题"中选择"主题"，在随后出现的主题列表中选择一个主题，并单击右侧的"创建"按钮即可，如图 6-7 所示，主题规定了演示文稿的母版、配色、文字格式和效果等设置。使用主题方式，可以简化演示文稿风格设计的大量工作，快速

创建所选主题的演示文稿。

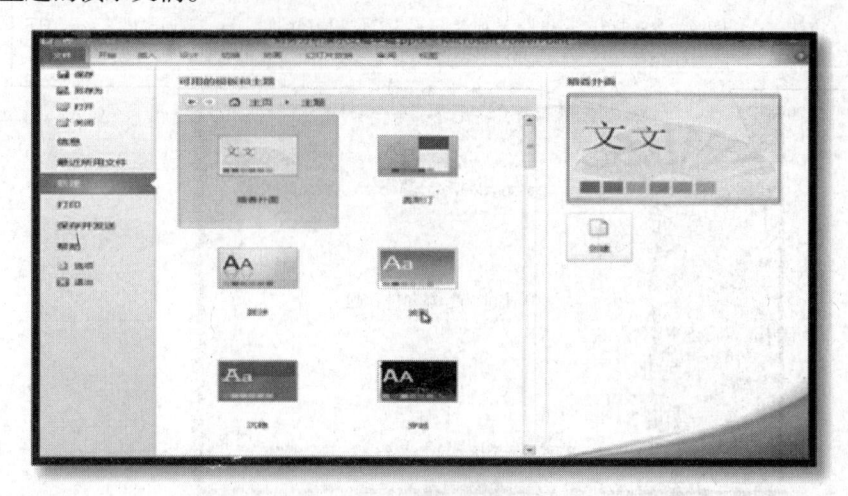

图 6-7 创建主题演示文稿

③ 用模板创建演示文稿。单击"文件"选项卡，在出现的菜单中选择"新建"命令，在右侧"可用的模板和主题"中选择样本模板，在随后出现的模板列表中选择一个模板，并单击右侧的"创建"按钮即可。也可直接双击模板列表中所选模板。模版是预先设计好的演示文稿样本，包括多张幻灯片，表达特定提示内容，而所有幻灯片主题相同，以保证整个演示文稿外观一致，如图 6-8 所示。

图 6-8 用模板创建演示文稿

④ 用现有演示文稿创建演示文稿。单击"文件"选项卡，在出现的"根据现有演示文稿新建"对话框中选择目标演示文稿文件，并单击"新建"按钮。系统将创建一个与目标演示文稿样式和内容完全一致的新演示文稿。

3. 打开演示文稿。对已经存在的演示文稿，若要编辑或放映，必须先打开它，PowerPoint 2010 打开演示文稿的方法有：

（1）以一般方式打开演示文稿。
（2）以副本方式打开演示文稿。
（3）以只读方式打开演示文稿。
（4）打开最近使用过的演示文稿。
（5）双击演示文稿文件方式打开。
（6）一次打开多个演示文稿。

4. 关闭演示文稿。常用方法有：

（1）单击"文件"选项卡，在打开的"文件"菜单中选择"关闭"命令。
（2）单击 PowerPoint 窗口右上角的"关闭"按钮。
（3）右击任务栏上的 PowerPoint 图标，在弹出的菜单中选择"关闭窗口"命令。

5. 保存演示文稿。在演示文稿制作完成后，应将其保存在磁盘上。PowerPoint 保存演示文稿的方法有：

（1）保存在原位置。
（2）保存在其他位置或换名保存。
（3）自动保存。

> 本节小结：（1）启动和退出 PowerPoint 有多种操作方法；（2）PowerPoint 的窗口主要有快速访问工具栏、选项卡、功能区、状态栏等组成，操作方法与 Windows 窗口的基本操作方法相似；（3）利用不同的视图模式可以有效管理演示文稿。（4）可用不同的方法创建演示文稿和打开、关闭、保存演示文稿。

6.2 创建和编辑幻灯片

一个完整的演示文稿是由若干张幻灯片组成的，演示文稿的内容也都反映在每一张幻灯片中，所以幻灯片的好坏决定了演示文稿的质量和效果，幻灯片的基本操作有：幻灯片的浏览、选择、移动、复制、插入、删除，在幻灯片中输入文本，对文本进行编辑以及设置文本格式和文本的对齐方式等。

6.2.1 幻灯片的基本操作

【任务6-2】在"财务分析演示文稿.pptx"里创建财务分析内容纲要幻灯片。效果如图 6-9 所示。

操作步骤：

① 双击打开"财务分析演示文稿.pptx"。

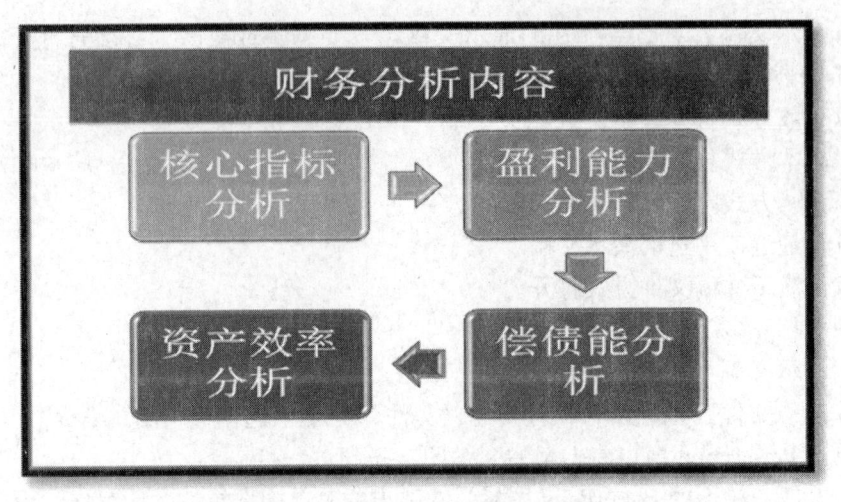

图6-9 财务分析内容纲要幻灯片

② 选幻灯片版式。单击"开始"选项卡"幻灯片"组的"新建幻灯片"命令，在出现的幻灯片版式列表中选择"标题与内容"版式。

③ 设置标题样式。选中"单击此处添加标题"文本框，选择"快速样式"为"中等效果-蓝色，强调颜色1"如图6-10所示。

图6-10 设置标题样式

④ 复制幻灯片。为了便于后面操作，采用快速复制的方法创建后面的幻灯片，选择第一张幻灯片，按下快捷键 Ctrl + C 制作幻灯片，按下快捷键 Ctrtl + V 进行快速粘贴幻灯片，如图所6-11所示。

⑤ 添加文字标题。在"单击此处添加标题"文本框中输入"财务分析内容"文本；

⑥ 设置内容形状。在"单击此处添加文本"对话框中单击"插入 SmartArt 图形"按钮，在打开的"选择 SmartArt 图形"对话框中，单击左侧的"流程"功能标签，并在右侧的列表中选择"基本蛇形流程"选项，如图6-12所示。

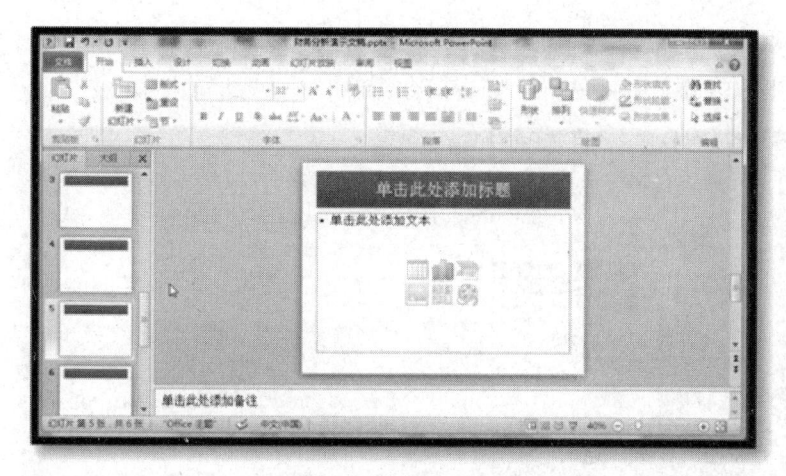

图6-11 复制幻灯片

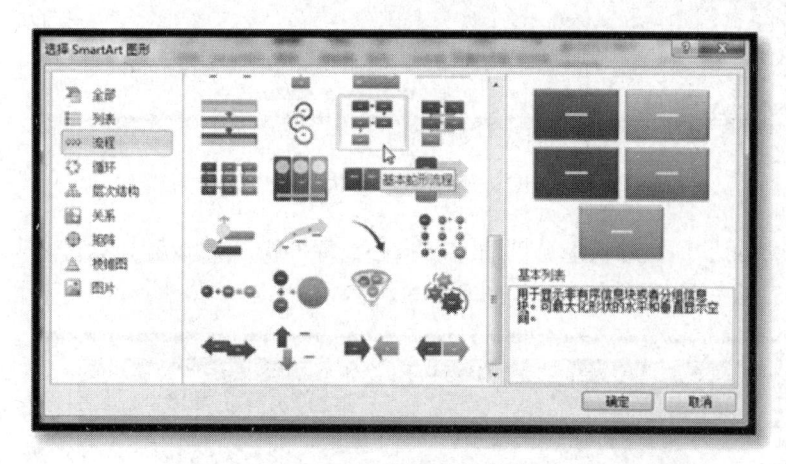

图6-12 设置内容形状

⑦ 设置形状样式。在"SmartArta 工具"的"设计"选项卡的"SmartArt 样式"组中选择"卡通"选项，如图6-13所示。

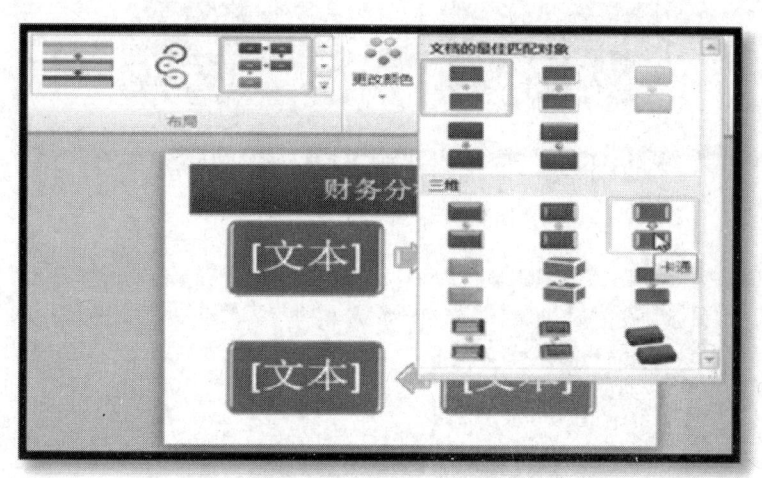

图6-13 设置形状样式

第6章 演示文稿软件 PowerPoint 2010　　　　　　　　　　　　　　　　　　　　　　　　　229

⑧ 设置形状颜色。单击"SmartArt 样式"组中的"更改颜色"按钮，在打开的列表中选择"彩色范围-强调文字颜色 3 至 4"选项，如图 6-14 所示。

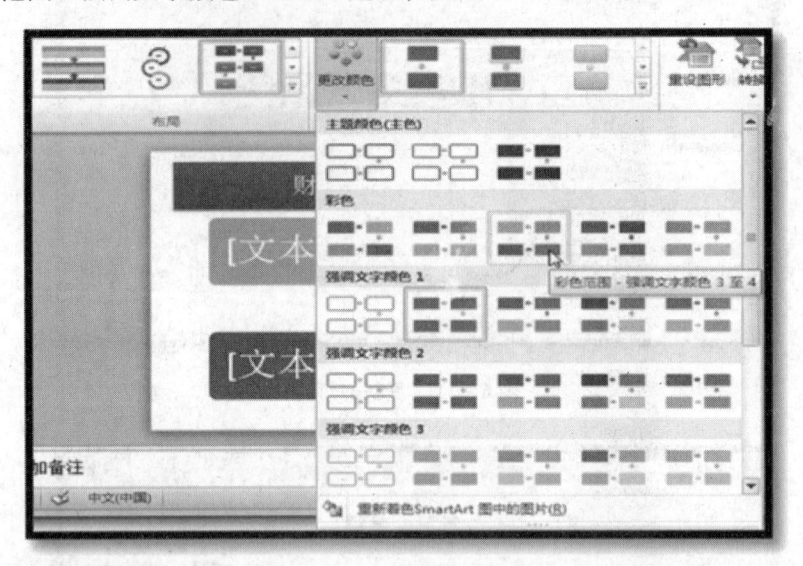

图 6-14 设置形状颜色

⑨ 添加形状文本。在形状上分别输入"核心指标分析"、"盈利能力分析"、"偿债能力分析"与"资产效率分析"文本，如图 6-15 所示。

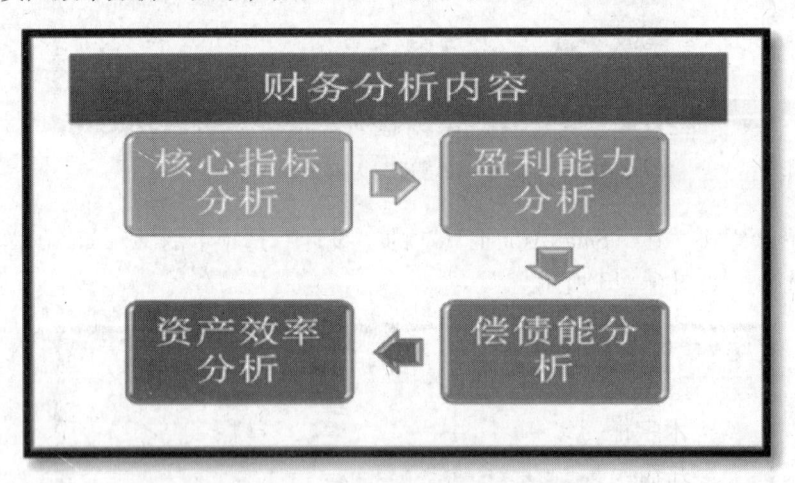

图 6-15 添加形状文本

基本概念：(1) 演示文稿和幻灯片：演示文稿就是一个 PowerPoint 文件，其扩展名是 .pptx，演示文稿是由若干个幻灯片组成，幻灯片由文字、图片、动画等组成；(2) 对象：组成幻灯片的各种素材包括：文本、图片、表格、图表等；(3) 版式：各种对象在幻灯片版面上的布局；(4) 占位符：是带有虚线边缘的框，绝大部分幻灯片版式中都有这种框，在框内可以设置标题及正文等。

6.2.2 在幻灯片中插入对象

PowerPoint 2010 幻灯片中除了文本外，还可以插入各类形状，系统提供了线条、基本形状、流程图、标注等多种形状的自选图形选择，也可以自己绘制图形，对文本可以用"艺术字"工具进行艺术化处理，使文本具有特殊艺术效果。除此外还可以插入图表、表格等对象，使演示文稿的表达方式更加丰富多彩。

【任务6-3】 财务分析的首要工作便是核心指标分析，在进行核心指标分析前，需要列出核心指标分析的具体内容。制作核心指标分析版面幻灯片如图6-16所示。

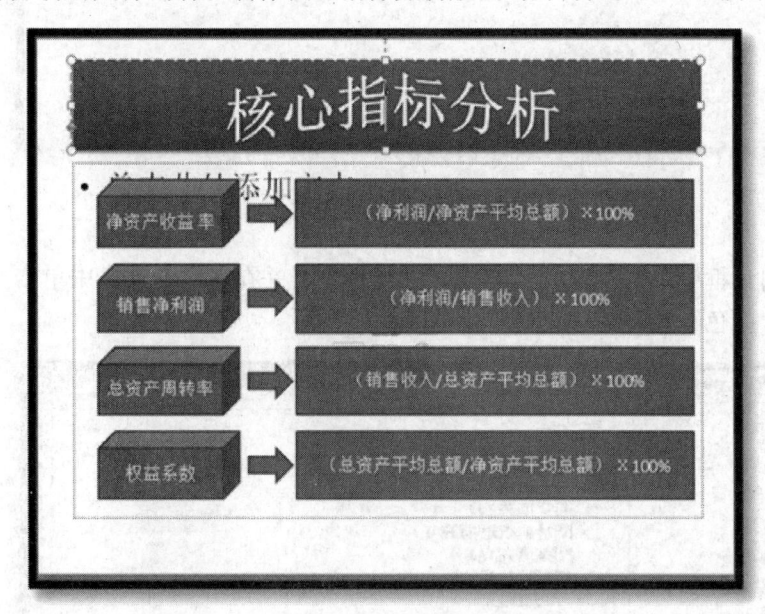

图6-16 核心指标分析版面幻灯片

操作步骤：

① 双击打开【任务6-2】所创建的"财务分析演示文稿.pptx"演示文稿文件。

② 创建艺术字标题。选择第2张幻灯片，单击"插入"选项卡→"文本"组→"艺术字"按钮，在出现的艺术字样式列表中选择"填充-白色，投影"艺术字样式，在艺术字编辑框中删除原有文本并输入"核心指标分析"文本。

③ 修饰标题艺术字的效果。创建艺术字后，还可以对艺术字内的填充、轮廓线和文本外观效果进行修饰处理，使艺术字的效果得到创造性的发挥。单击选中"核心指标分析"艺术字，在"绘图工具-格式"选项卡"艺术字样式"组单击"文本效果"按钮，在出现的下拉列表中选择"转换"，在出现转换方式列表中选择"弯曲-倒V型"，如图6-17所示。

④ 绘制立方体形状。利用"开始"选项卡"绘图"组中"形状"按钮下拉列表中的"立方体"工具绘制立方体形状，然后再复制3个形状如图6-17所示。

⑤ 设置立方体颜色。在形状上右击鼠标，选择"设置形状格式"命令，在打开的"设

图 6-17 绘制立方体

置形状格式"对话框中单击左侧的"填充"功能标签,并在右侧的列表中单击"纯色填充"单选按钮。将"颜色"设置为"蓝色"如图 6-18 所示。

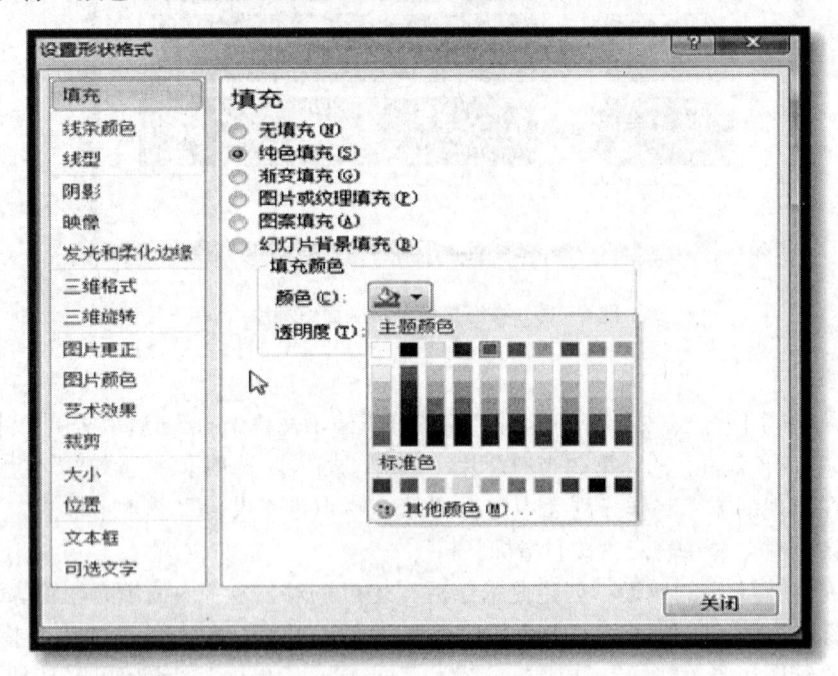

图 6-18 设置立方体颜色

⑥ 添加立方体形状文本。将形状调整到合适位置后,分别在形状上右击鼠标,选择"编辑文字"命令,分别输入"净资产收益率"、"销售净利润"、"总资产周转率"、"权益系数"等文字,如图 6-19 所示。

⑦ 绘制箭头形状。利用"开始"选项卡"绘图"组中的"形状"按钮下拉列表中的

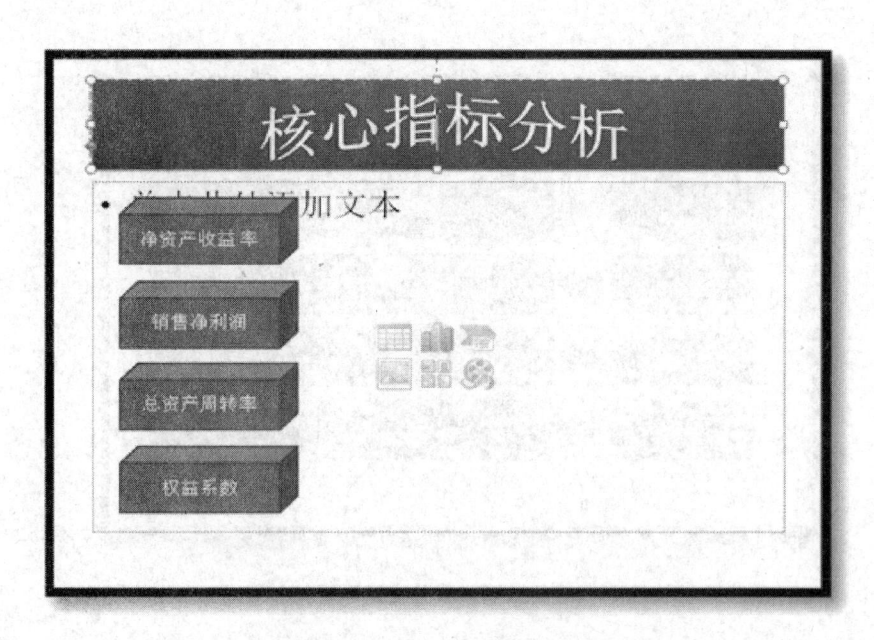

图 6-19 添加立方体形状文本

"右箭头"工具绘制箭头形状,并复制 3 个箭头形状最后调整到合适位置如图 6-20 所示。

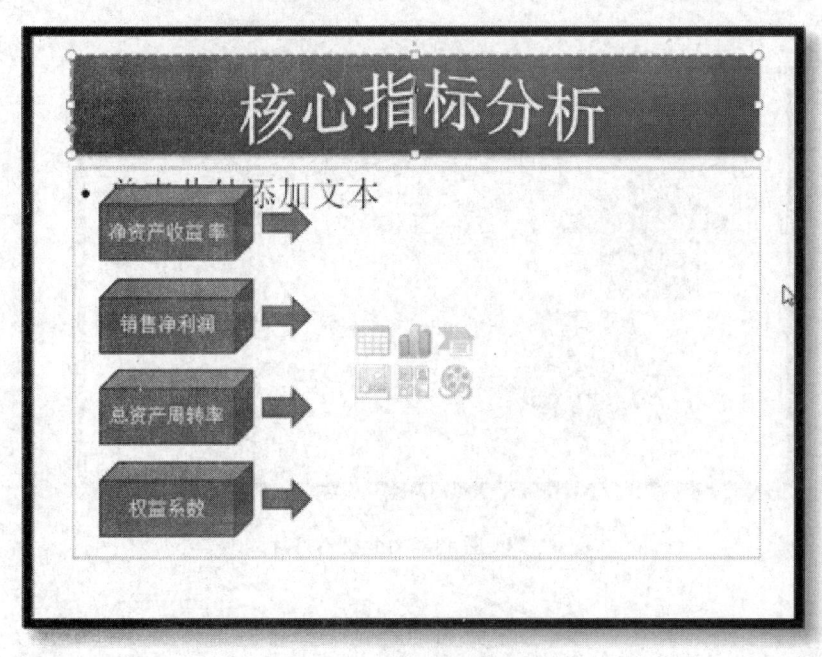

图 6-20 绘制箭头形状

⑧ 绘制矩形状。利用"开始"选项卡"绘图"组中的"形状"按钮下拉列表中的"矩形"工具绘制矩形形状,并复制 3 个调整到合适位置;在形状上右击鼠标并选择"编辑文字"命令,分别输入对应的计算公式,如图 6-21 所示。

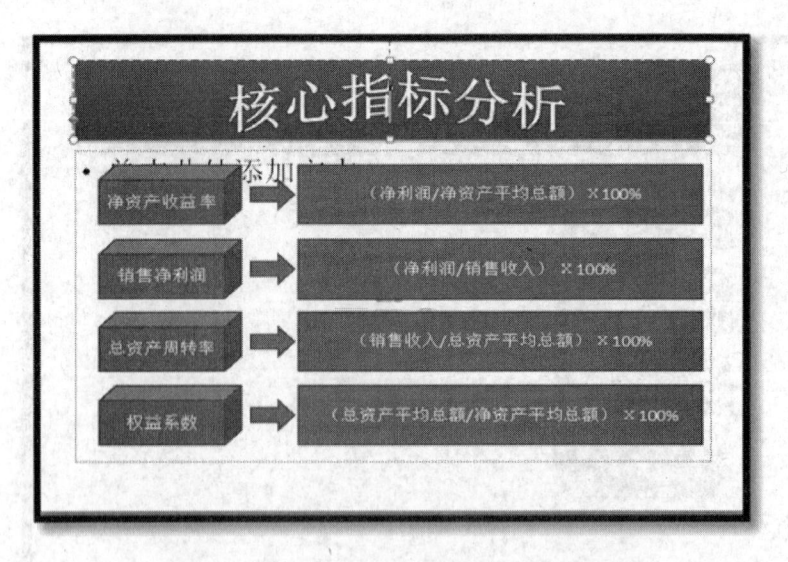

图 6-21　绘制矩形形状并在矩形中输入公式

创建盈利能力分析版面幻灯片如图 6-22 所示。

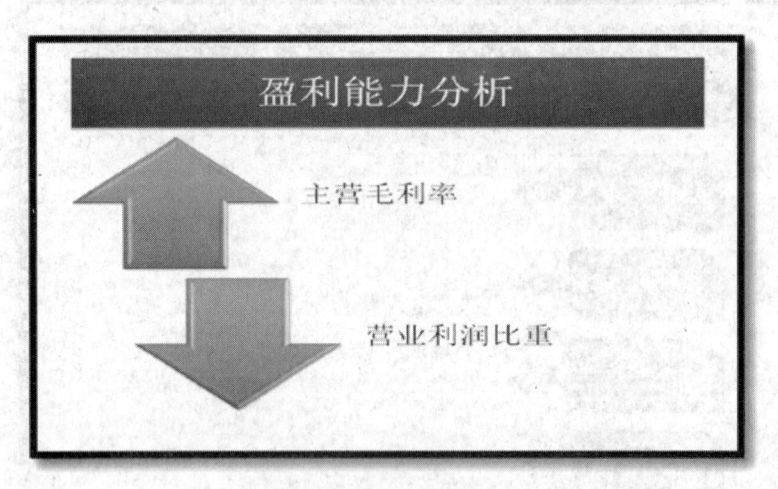

图 6-22　盈利能力分析幻灯片

本节小结：通过本节学习使我们学会制作一个完整的演示文稿：在演示文稿中添加新幻灯片；在幻灯片中输入与编辑文本并设置相应文本格式；在幻灯片中插入图片、形状、艺术字、表格等各种对象并调整好合适位置；利用移动和复制幻灯片来调整整个演示文稿幻灯片正确顺序。

6.3 美化幻灯片

用户为了使制作的演示文稿富有美感和动感，声情并茂，需要对演示文稿的幻灯片进行美化修饰，幻灯片的美化主要修饰幻灯片的外观，可采用应用主题样式和设置幻灯片背景等主要方法，主题是一组设置好的颜色、字体和图形外观效果的集合，使用主题样式可简化演示文稿的创建过程，使演示文稿具有统一的风格，使演示文稿更系统和专业。

【任务6-4】 创建封面模板幻灯片，如图6-23所示。

图6-23 封面模板幻灯片

操作步骤：

① 双击打开【任务6-2】所创建的"财务分析演示文稿.pptx"演示文稿文件；在第2张幻灯片之后新建一张"空白"版式的幻灯片。

② 设置封面版面背景。在"设计"选项卡的"主题"组中下拉列表中选择"顶峰"选项，如图6-24所示。PowerPoint 2010提供了40多种内置主题。用户若对当前演示文稿的颜色、字体和图形效果不满意可从中选择满意的主题并应用到该演示文稿。

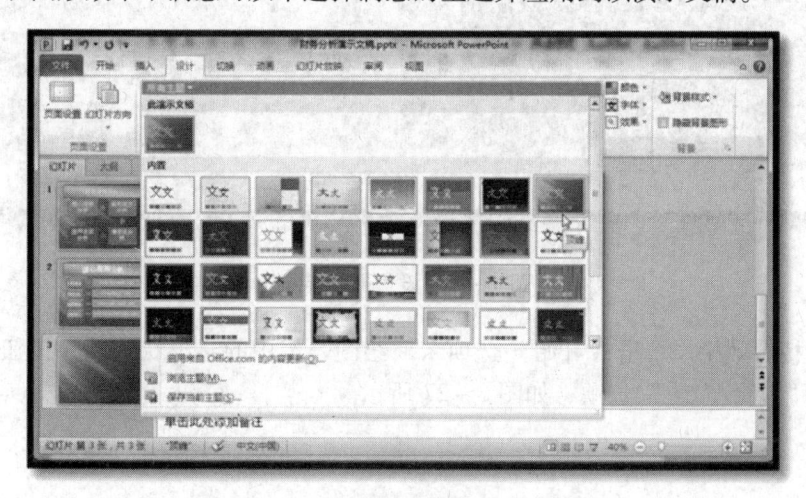

图6-24 设置封面版面幻灯片背景

③ 绘制形状。单击"开始"选项卡"绘图"组中的"形状"按钮，在打开的下拉列表中选择"圆角矩形"选项，然后在幻灯片中绘制圆角矩形，如图6-25所示。

图6-25 绘制形状

④ 设置形状样式。在"开始"选项卡"绘图"组中单击"快速样式"按钮，在打开的列表中选择"中等效果-茶色，强调颜色1"，如图6-26所示。

图6-26 设置形状样式

⑤ 设置棱台效果。单击"开始"选项卡"绘图"组中的"形状效果"按钮，在打开的列表中选择"棱台/草皮"选项，如图6-27所示。

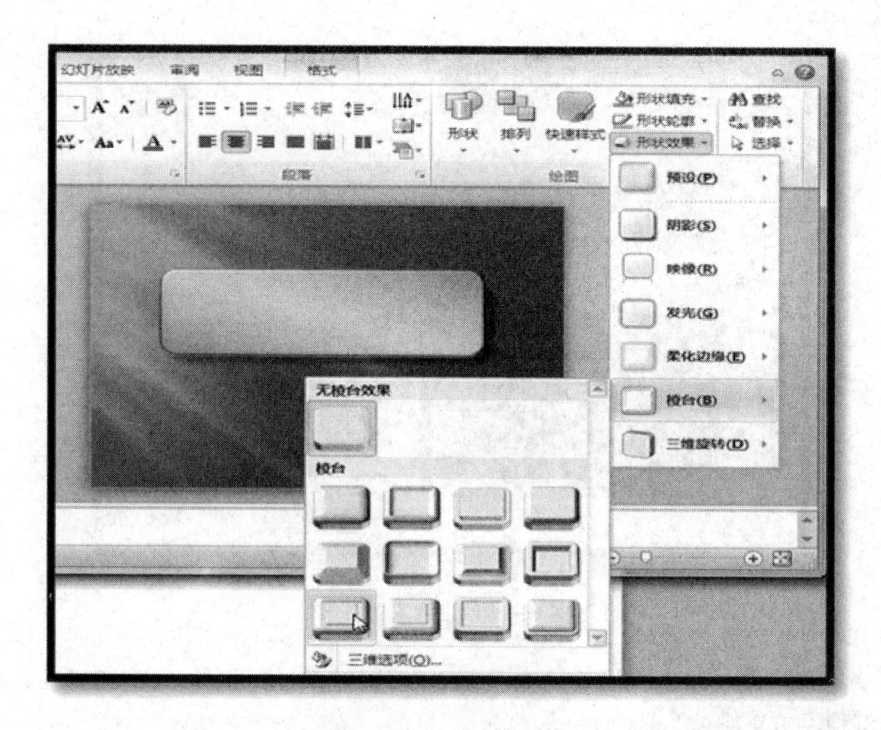

图6-27 设置棱台效果

⑥ 设置三维旋转效果。继续单击"形状效果"按钮,在打开的列表中选择"三维旋转/上透视"选项,如图6-28所示。

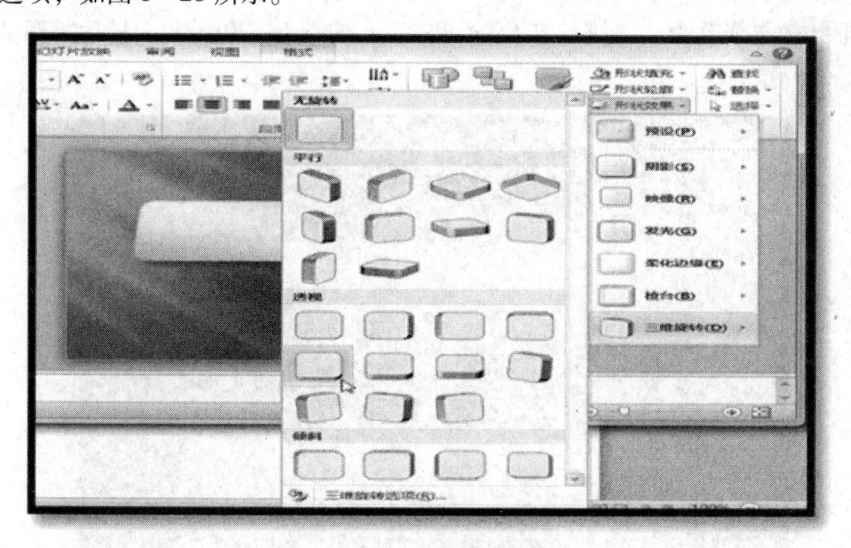

图6-28 设置三维旋转效果

⑦ 设置主题效果。单击"设计"选项卡"主题"组中的"效果"按钮,在打开的列表中选择"聚合"选项,如图6-29所示。

图 6-29　设置主题效果

⑧ 设置主题字体。单击"设计"选项卡"主题"组中的"字体"按钮，在打开的列表中选择"沉稳-方正姚体"选项。

⑨ 制作封面标题上。在形状上右击鼠标并选择"编辑文字"命令，在光标处输入"财务分析"，并将文字格式设置为"加粗"，字号设置为"60"，如图 6-30 所示。

⑩ 制作封面副标题。复制封面标题形状，并将文本改为"2013 年 12 月"，字号设置为"40"，将形状效果修改为"三维旋转/宽松透视"，如图 6-30 所示。最后把第 3 张幻灯片移动到第 1 个位置。

图 6-30　制作版面标题与副标题

> 本节小结：美化演示文稿是制作演示文稿中非常重要的环节之一。要使其美观大方首先要使其外观具有统一个协调的风格，包括统一的背景、协调的配色和字体样式等。要使演示文稿具有统一的外观，最简便的方法是应用主题样式和改变背景样式和设置背景格式，若已设置主题，则所设置的背景可能被主题背景图形覆盖，此时可在"设置背景格式"对话框中选择"隐藏背景图形"复选框。

6.4 模板的应用

用户可选择自己喜欢的模板来创建演示文稿，只需在幻灯片的相应位置填写所需内容即可，省时省力。

6.4.1 使用模板创建演示文稿

【任务6-5】 使用模板创建名为"财务分析.pptx"的演示文稿。
图解操作步骤如图6-31所示。

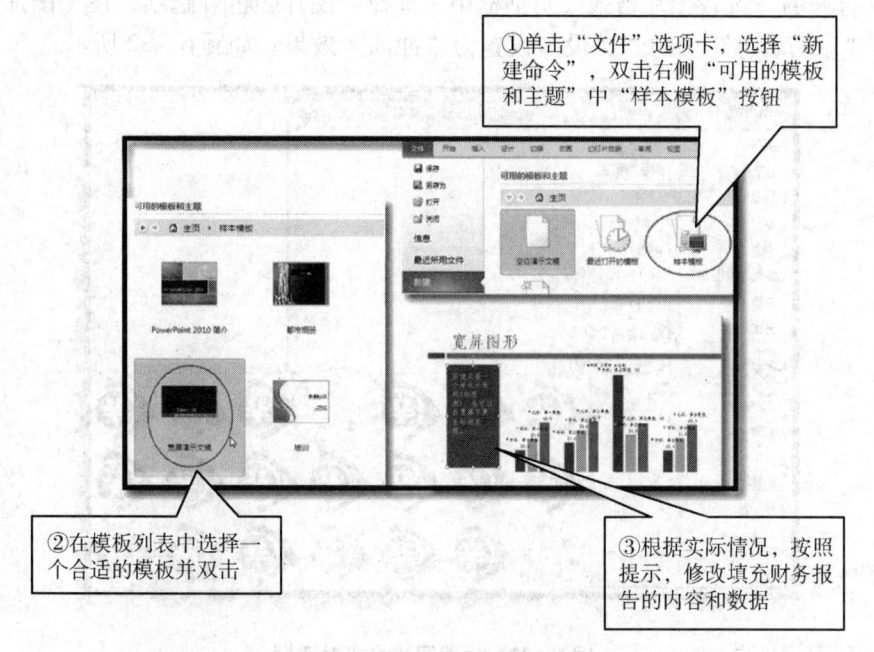

① 单击"文件"选项卡，选择"新建命令"，双击右侧"可用的模板和主题"中"样本模板"按钮

② 在模板列表中选择一个合适的模板并双击

③ 根据实际情况，按照提示，修改填充财务报告的内容和数据

图6-31 使用模板新建演示文稿

6.4.2　创建个性化模板

除了可以应用 PowerPoint 内置的模板进行幻灯片的设置外，也可以通过"幻灯片母版"来设置个性化的 PowerPoint 模板。

幻灯片母版是存储关于设计模板信息的幻灯片，这些模板信息包括字形、占位符大小和位置、背景设计以及配色方案等。通过幻灯片母版，用户可轻松地批量设计和修改幻灯片，使幻灯片具有一致的外观，非常实用方便。

【任务6-6】　制作一份包含背景图片及"彩图出版有限公司财务部"字样的财务分析幻灯片母版。

操作步骤：

① 新建一个空白演示文稿。选择"视图"选项卡，单击"幻灯片母版"按钮。

② 在大纲窗格中，单击选择母版第一张幻灯片（对第一张幻灯片进行设计修改，后面所有的幻灯片都会呈现相同的设计效果）。

③ 以插入剪贴画为例，单击"插入"选项卡，选择"剪贴画"，在右侧的剪贴画窗口单击选择适合的图片。

④ 把插入的图片调整到合适的尺寸及位置，右击调整好的图片，在弹出的快捷菜单中选择"设置图片格式"选项。

⑤ 在打开的"设置图片格式"对话框中，选择"图片颜色"选项，在"图片颜色"选项中，将"重新着色"中的"预设"设置为"冲蚀"效果。如图6-32所示。

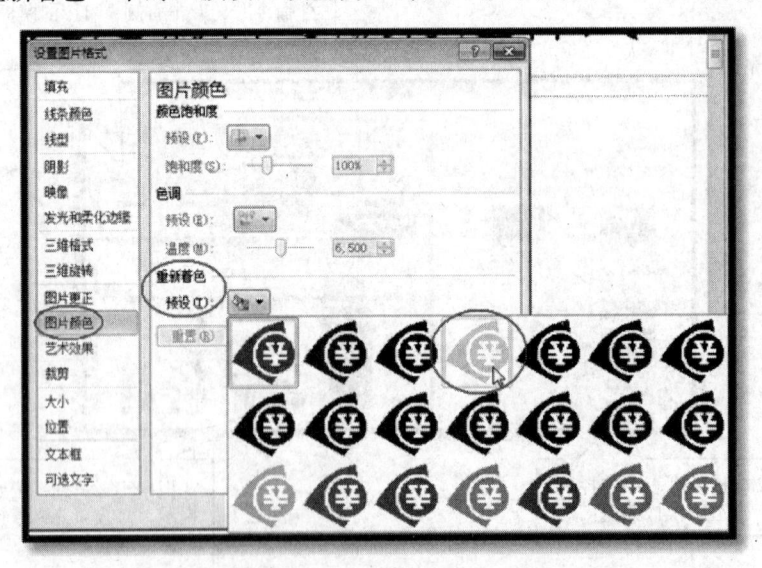

图6-32　设置图片格式对话框

⑥ 单击"设置图片格式"对话框右下角"关闭"按钮，即可把该图片设为整个母版的背景图片。

⑦ 设置"彩图出版有限公司财务部"字样。选择"插入"选项卡，单击"文本框"下拉按钮，选择"横排文本框"。在母版幻灯片左下角拖动鼠标，插入文本框，在文本框中输

入文字"彩图出版公司财务部"。设置文字字体为黑体、加粗、字号为18,橙色。文本框填充颜色为蓝色,如图6-33所示。

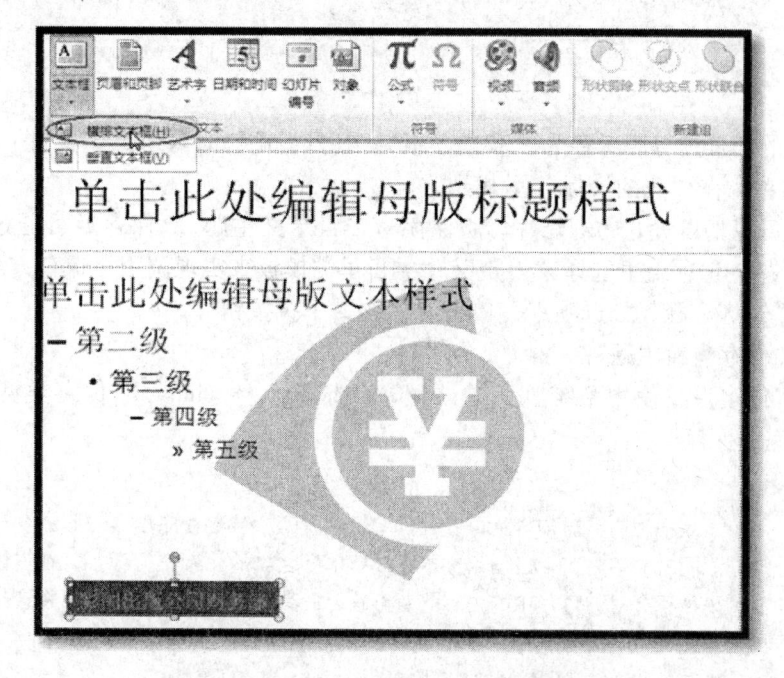

图6-33 插入"彩图出版公司财务部"字样

⑧ 保存设置好的财务分析幻灯片母版。选择"保存"命令,在另存为对话框中输入文件名"彩图出版公司财务分析"。在"保存类型"中选择"PowerPoint 模板（*.potx)"。单击"保存"按钮,即可把母版保存为个性化模板。如图6-34所示。

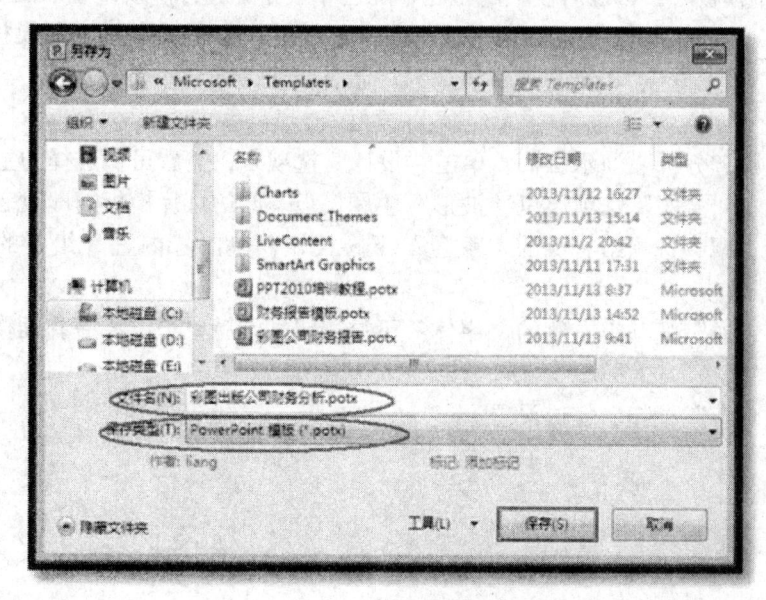

图6-34 "另存为"模板对话框

小技巧　为了保证背景图片总处于幻灯片最底层，不会遮挡住幻灯片上的文字和图表等内容，需要在步骤⑥完成背景图片的设置后，右击设置好的图片，选择"置于底层"命令下的"置于底层"选项。

将设置好的幻灯片母版保存为"我的模板"，在日后调用时可通过"文件"选项卡，选择"新建"命令，在"我的模板"里找到。

另外，还可以把设置好的幻灯片母版保存为"自定义主题"。保存后可通过在"设计"选项卡下"主题"选项组里选择"自定义"类目里的模板来实现调用。保存方法是：

① 选择"幻灯片母版"选项卡，单击"主题"下拉按钮。
② 选择"保存当前主题"。
③ 输入文件名后，使用系统默认的"Office Theme（*.thmx）"保存类型；然后单击"保存"按钮完成保存。

相关知识　母版视图中，对幻灯片母版进行编辑修改时，若要在应用该母版的各幻灯片中添加一些相同的文字内容，应使用文本框或艺术字之类的元素进行添加，在占位符中添加的文字内容不会对幻灯片中的内容产生影响，但其字体格式等修饰效果将应用于使用母版的幻灯片中。

6.4.3　模板的编辑和应用

我们在使用模板时，可以对模板的主题、配色和字体等进行修改设置以满足实际需要。

【任务6-7】　把"财务分析"演示文稿的主题模板改为"波形"主题模板，然后把主题颜色改为"内置—灰度"，把主题字体改为"暗香扑面（微软雅黑）"。

操作步骤：

① 打开"财务分析"演示文稿，单击"设计"选项卡，查看可供选择的主题模板。
② 单击选定"主题"选项组里"波形"主题模板。原幻灯片模板随即改变。
③ 单击"主题"选项组右侧的"颜色"下拉按钮，单击"内置"组下的"灰度"选项，完成颜色设置。
④ 单击"主题"选项组右侧的"字体"下拉按钮，然后单击"暗香扑面微软雅黑"选项，完成字体的设置；如图6-35所示。
⑤ 单击"保存"按钮，完成设置。

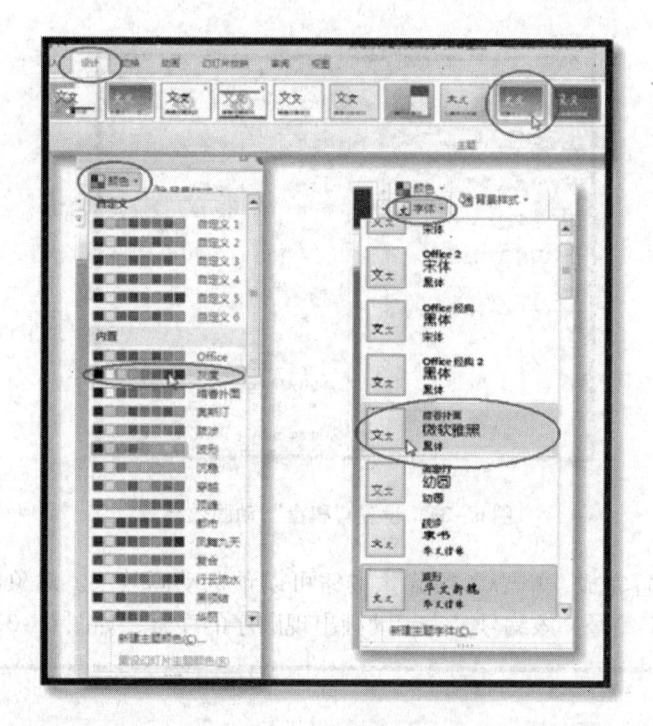

图 6-35　主题模板编辑

6.5　动 画 效 果

为了使演示文稿更加生动有趣，用户可以在幻灯片中给图形、图片、文本等对象设置动画效果和声音效果。这样，既可以突出演示文稿的主题和重点，还可以使放映过程变得十分生动有趣，避免枯燥，更能吸引观众对特定对象的关注。

6.5.1　设置动画效果

用户可以对幻灯片中的对象设置各种进入、退出、强调等的动画效果，使得幻灯片的播放形式更多变，更有吸引力。

【任务6-8】　对"财务分析"演示文稿第1张幻灯片中的标题"财务分析"设置"棋盘"进入效果。

操作步骤：

① 选定"财务分析"标题文本框，激活"动画"选项组中选项。

② 单击动画列表"其他"按钮，出现各种动画效果列表，在列出的"进入"效果中没有"棋盘"动画效果。

③ 选择"更多进入效果"命令，打开"更多进入效果"对话框。

④ 在"更多进入效果"对话框中选定"棋盘"效果后单击"确定"，完成"棋盘"进入效果的设置，如图6-36所示。

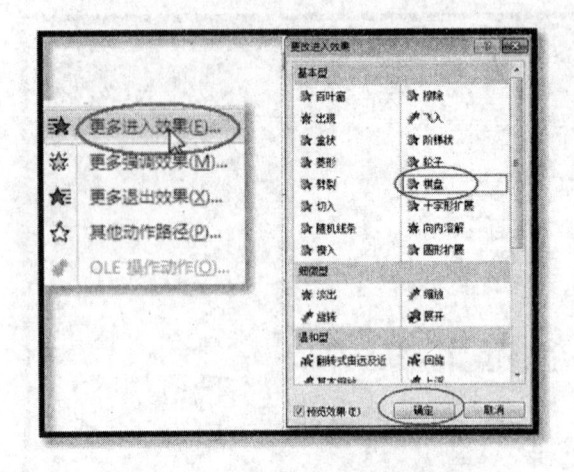

图 6-36 设置"棋盘"动画效果

⑤ 动画效果设置完成，单击"预览"按钮可以预览动画效果。对象添加动画效果后，对象旁边会出现数字编号，该编号是表示动画出现顺序的序号，如图 6-37 所示。

图 6-37 动画序号

> 尝试使用"动画"选项卡下的"添加动画"按钮，继续为"财务分析"演示文稿第 1 张幻灯片中的标题"财务分析"设置"飞入"和"旋转"动画效果，观看预览效果，并观察标题旁边出现数字序号的变化。

6.5.2 设置动画属性

可以改变幻灯片中对象的动画效果，并对各种动画效果的默认属性进行设置，如改变动画的变化方向，持续时间，播放后的文本颜色等。

【任务 6-9】 把"财务分析"演示文稿第 1 张幻灯片中设置的"棋盘"动画效果方向改为"跨越"。动画效果持续时间改为"02.50"。给标题添加一个"陀螺旋"动画效果，给"陀螺旋"添加"风铃"的声音效果，并把动画播放后的文本变为蓝色，动画文本改为"按字/词"。最后调整动画播放顺序，把"陀螺旋"动画效果调到"棋盘"动画效果前播放。

操作步骤：
① 选择要设置动画效果的"财务分析"标题文本框。

② 单击"动画"选项卡下"动画"选项组右侧"效果选项"按钮，在下拉列表中单击"方向"组中"跨越"选项，即可完成修改。

③ 选择"财务分析"标题文本框，把"动画"选项卡下"计时"选项组的"持续时间"改为"02.50"。

④ 选择"财务分析"标题文本框，单击"添加动画"按钮，在下拉列表中单击"强调"选项组里的"陀螺旋"图标，完成"陀螺旋"动画效果的设置。此时，"财务分析"标题文本框旁的动画数字序号增加为两个。

⑤ 单击"财务分析"标题文本框旁的动画效果序号2，选择"陀螺旋"效果。单击"动画"选项卡"动画"组右下角的"显示其他效果选项"按钮，弹出"陀螺旋"动画效果对话框。

⑥ 单击对话框中"效果"选项卡下"声音"下拉列表，选择"风铃"。单击"动画播放后"下拉按钮，选择蓝色按钮。单击"动画文本"下拉按钮，选择"按字/词"，单击"确定"按钮，如图6－38、图6－39所示。

图6－38 "陀螺旋"动画效果对话框

图6－39 "陀螺旋"动画效果对话框

⑦ 单击"动画"选项卡"高级动画"组的"动画窗格"按钮，调出动画窗格窗口。单击选择第二个动画效果"陀螺旋"，单击底部"重新排列"旁的"↑"符号按钮，即可把序号2"陀螺旋"动画效果提前播放，如图6-40所示。

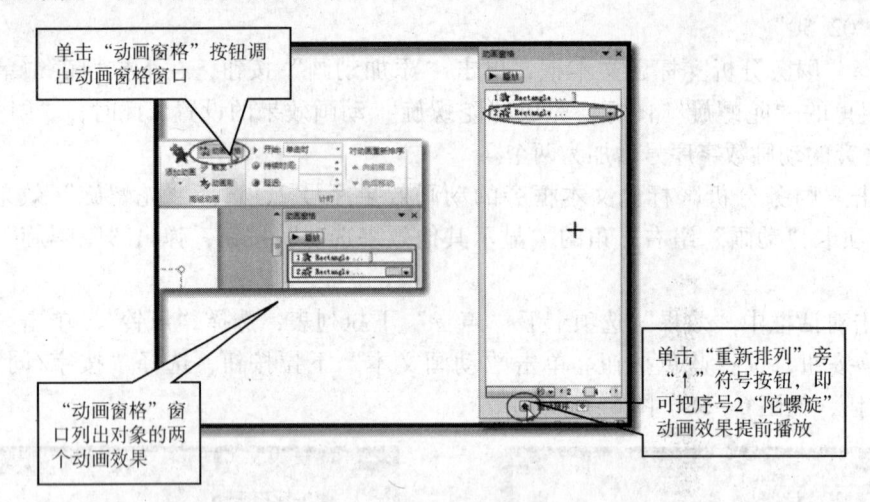

图6-40 动画窗格窗口

> **小技巧**　想要预览设置好动画效果的幻灯片，除了可以通过单击"动画"选项卡"预览"组的"预览"按钮外，还可以通过单击"动画窗格"左上方的"播放"按钮，实现预览。

6.5.3 幻灯片切换

幻灯片和普通的文本不同，幻灯片是用来放映的，一张幻灯片播映完毕了，下一张幻灯片登场，它们之间的过渡（进入与离开播放画面）是非常快的，通常情况下要为幻灯片添加过渡效果。每张幻灯片之间的过渡在 PowerPoint 中被称为切换。切换效果让幻灯片更具动感，富有趣味，能吸引观众的注意力。

【任务6-10】 对"财务分析"演示文稿第2张幻灯片设置"推进"切换方式，设置效果为"自右侧"，加入"鼓声"声音效果，持续时间改为"0.8"，换片方式改为"单击鼠标时"。

操作步骤：

① 选定第2张幻灯片，选择"切换"选项卡"推进"切换效果。

② 单击"效果选项"按钮，在下拉菜单中选择"自右侧"选项。

③ 在"切换"选项卡"计时"选项组中单击声音按钮，在下拉菜单中选择"鼓声"选项。

④ 在"计时"选项组把"持续时间"改为00.80。

⑤ 在"计时"选项组"换片方式"下，选择"单击鼠标时"选项，取消"设置自动换片时间"选项，如图6-41所示。

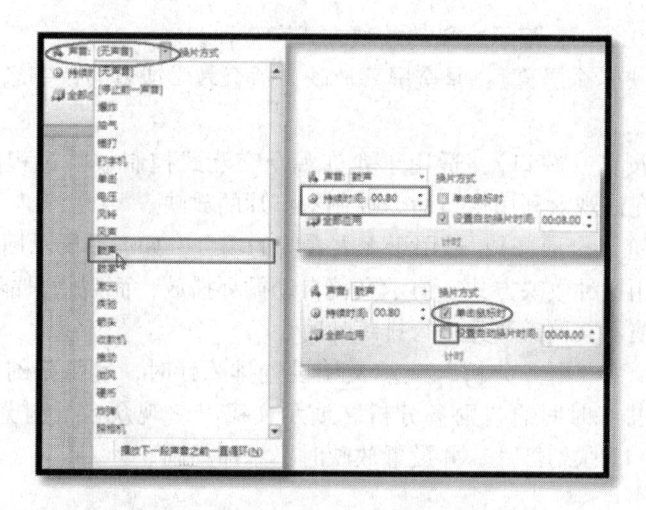

图 6-41　设置幻灯片切换方式

　　把"财务分析"演示文稿第 2 张幻灯片的切换效果改为"棋盘",设置效果为"自顶部",加入"打字机"声音效果,设置自动换片时间为 10 秒钟。

　　设置切换效果对所选幻灯片或者幻灯片组(选定若干张幻灯片)有效,如果希望演示文稿的全部幻灯片都采用该切换效果,可以在选定切换效果后,单击"计时"组的 全部应用 按钮。

　　在设置幻灯片的切换效果时,每完成一项设置,当时就会看到所设置的切换效果。也可以单击"预览"组的"预览"按钮,随时预览切换效果。

　　本节小结:通过本节学习,我们可以通过设置动画效果和幻灯片切换方式为演示文稿幻灯片中的各种对象进行动态修饰。掌握这些操作可以使我们制作的演示文稿更生动有趣,重点突出,放映过程更能引起观众的注意力。

6.6　放映和打包演示文稿

6.6.1　放映演示文稿

　　用户创建演示文稿,目的是向观众放映和演示相关文稿。如果想得到良好的放映效果,除了在创建演示文稿的过程中精心的设计和认真细致的制作外,完整、生动地展示演示文稿和方便观众使用、浏览也相当重要。

在 PowerPoint 2010 中，演示文稿的放映方式有三种：

（1）演讲者放映（全屏幕）：是全屏幕放映，适合教学或者会议等场合，放映过程完全由演讲者控制。

（2）观众自行浏览（窗口）：适用于允许观众交互式控制放映过程的场合，如展览会等。这种放映方式允许观众利用窗口命令控制幻灯片的放映。

（3）在展台浏览（全屏幕）：适用于无人看管的场合，如产品展示橱窗或自动播放产品信息的展台等。使用这种放映方式，演示文稿自动循环播放，而观众只能观看不能控制。采用这种放映方式的演示文稿需要先进行排练计时。

【任务6-11】 为"财务分析"演示文稿设置排练计时，使每张幻灯片的播放时间为10秒钟。把设置了排练时间的"财务分析"演示文稿以"观众自行浏览（窗口）"的方式播放，只播放第4～11张幻灯片，并设置放映时不添加动画。

操作步骤：

① 打开"财务分析"演示文稿，选择"幻灯片放映"选项卡，单击"设置"组下的"排练时间"按钮。

② 进入"排练时间"页面，页面左上角出现"录制"对话框，并开始计时，如图6-42所示。

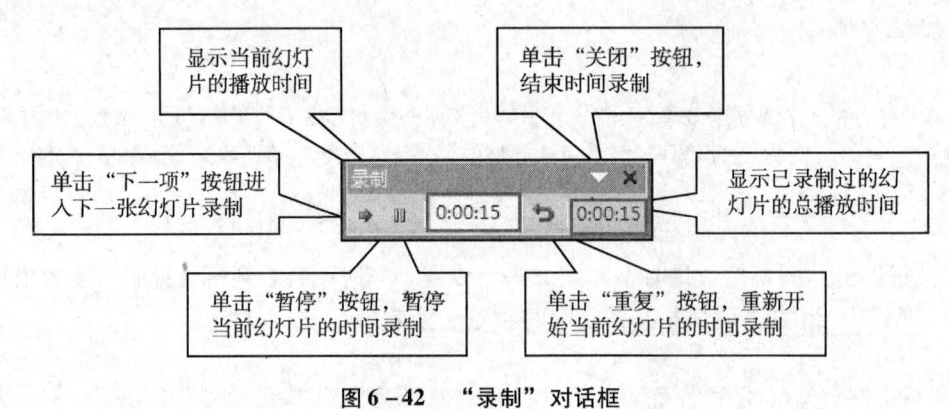

图6-42 "录制"对话框

③ 通过"录制"对话框的"下一项"按钮，分别给演示文稿的每一张幻灯片录制适合的时间。

④ 当给最后一张幻灯片录制完时间后，会出现一个是否保留新幻灯片排练时间的对话框，单击"是"按钮，保存幻灯片的排练时间。

⑤ 单击"幻灯片放映"选项卡"设置"组的"设置幻灯片放映"按钮。

⑥ 在弹出的"设置放映方式"对话框中，在"放映类型"组单击"观众自行浏览（窗口）"命令。在"放映幻灯片"组选择部分播放，并设置要放映幻灯片的起始序号为4～11。在"放映选项"中选择"放映时不加动画"选项。

⑦ 单击"确定"按钮，保存设置。如图6-43所示。

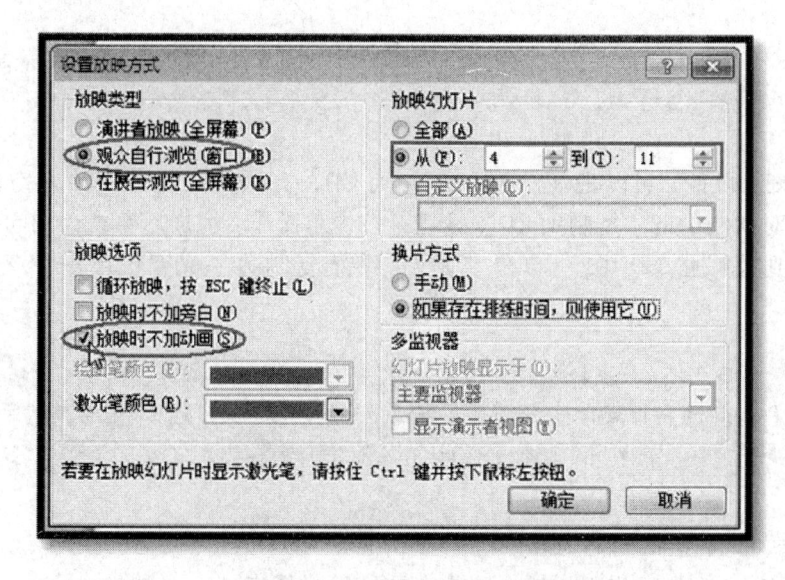

图 6-43　设置放映方式对话框

6.6.2　演示文稿的打包

所谓打包就是利用演示文稿打包功能将演示文稿打包到文件夹或 CD，还可以把 PowerPoint 播放器和演示文稿一起包。这样，即使计算机上没有安装 PowerPoint，也能正常放映演示文稿。

【任务 6-12】　将"财务分析"演示文稿打包保存。

图解操作步骤如图 6-44 所示。

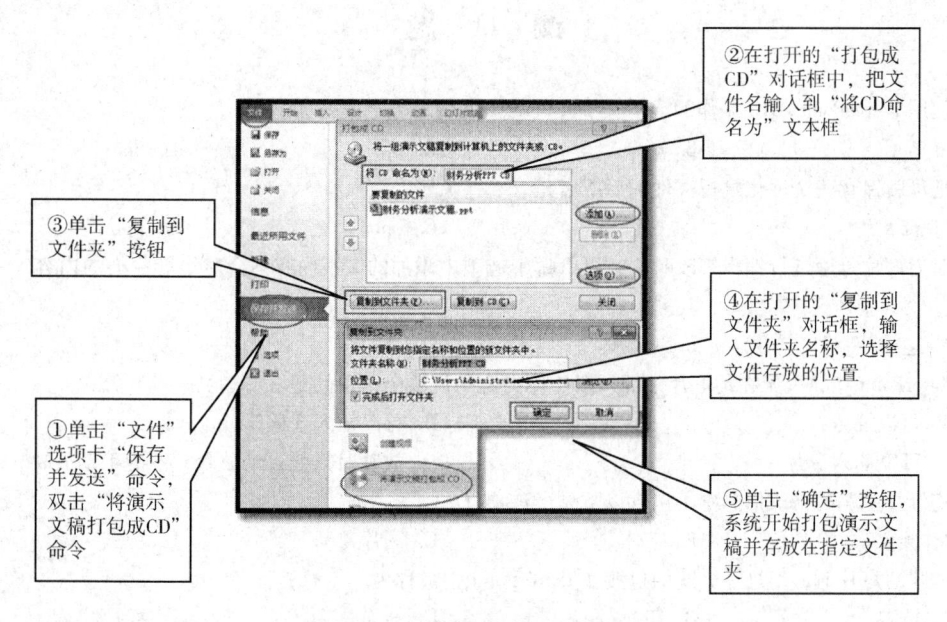

图 6-44　演示文稿打包操作

第 6 章　演示文稿软件 PowerPoint 2010　　　　　　　　　　　　　　　　　　　　249

在"打包成 CD"对话框中,"添加"按钮可以添加其他演示文稿,一起打包。"选项"按钮可设置打包所包含的文件及进行安全性等方面的设置。

若有光盘刻录设备,可以把演示文稿打包到 CD,方法是在光驱中放入空白光盘,在"打包成 CD"对话框单击"复制到 CD"按钮,按提示操作。完成后系统会询问"是否将同样的文件复制到另一张 CD 中?"单击"是",继续复制另一光盘,单击"否",则终止复制。

除了把演示文稿打包外,还可以把演示文稿转换成放映格式,也能在没有安装 PowerPoint 的计算机上直接放映。方法是在保存演示文稿时,将保存类型保存为(或者另存为)"PowerPoint 放映(*.ppsx)"的文件即可。

本章总结:PowerPoint 2010 提供了新增和改进的工具,可使您的演示文稿更具感染力。在 PowerPoint 中嵌入和编辑视频。您可以添加淡化、格式效果、书签场景并剪裁视频,为演示文稿增添专业的多媒体体验。此外,由于嵌入的视频会变为 PowerPoint 演示文稿的一部分,因此您无须在与他人共享的过程中管理其他文件。使用新增和改进的图片编辑工具(包括通用的艺术效果和高级更正、颜色以及裁剪工具)可以微调您的演示文稿中的各个图片,使其看起来效果更佳。添加动态三维幻灯片切换和更逼真的动画效果,吸引观众的注意力。使用可以节省时间和简化工作的工具管理演示文稿,以自己期望的方式工作时,创建和管理演示文稿会变得更简单。

测 试 题

1. 使用 PowerPoint 2010 制作的演示文稿文件的扩展名是(   )。
   A. ppt   B. pptx   C. pps   D. doc
2. 把母版保存为个性化模板文件的后缀名是(   )。
   A. potx   B. ppt   C. pptx   D. pptm
3. 对幻灯片母版进行编辑修改时,在以下哪个选项中添加的文字内容不会对幻灯片中的内容产生影响(   )。
   A. 艺术字   B. 文本框   C. 占位符   D. 图片
4. PowerPoint 中,关于在幻灯片中插入多媒体内容的说法中错误的是(   )。
   A. 可以插入声音   B. 可以插入音乐
   C. 可以插入影片   D. 放映时只能自动放映,不能手动放映
5. 幻灯片主题的格式信息中不包含以下哪个选项(   )。
   A. 颜色   B. 字体   C. 图片   D. 版式
6. 放映幻灯片时,幻灯片之间的过渡在 PowerPoint 中被称为(   )。
   A. 放映   B. 切换   C. 转换   D. 播放

7. 在 PowerPoint 2010 中，演示文稿的放映方式有（   ）。
   A. 演讲者放映　　　　B. 观众自行浏览　　　　D. 在展台浏览　　　　D. 以上全选
8. 在展台浏览放映方式下，以下错误的选项是（   ）。
   A. 全屏幕展示　　　　　　　　　　　　B. 演示文稿自动循环播放
   C. 需要先进行排练计时　　　　　　　　D. 允许观众交互式控制放映过程
9. 在 PowerPoint 中，对于已创建的多媒体演示文档可以用命令转移到其他未安装 PowerPoint 的机器上放映。方法是（   ）。
   A. 文件/保存并发送/将演示文稿打包成 CD　　　B. 文件/发送
   C. 复制　　　　　　　　　　　　　　　　　　D. 幻灯片放映/设置幻灯片放映
10. PowerPoint 中，要切换到幻灯片母版中，需要（   ）。
    A. 选择"视图"选项卡，单击"幻灯片母版"按钮
    B. 按住 ALT 键的同时单击"幻灯片视图"按钮
    C. 按住 CTRL 键的同时单击"幻灯片视图"按钮
    D. A 和 B

第7章 键盘录入技术

计算机键盘是计算机中最基本、最常用的输入设备，而键盘录入是人与计算机交互的重要方式之一。掌握正确键盘录入方法和提高录入速度可以提高计算机办公的质量和效率，是计算机应用的基础技能。学习键盘录入技术是一个循序渐进、学练结合、定期测试、不断提高的过程，要想成为一位打字高手，勤奋练习是必需的，努力加油吧。

本章主要内容结构见图7-1。

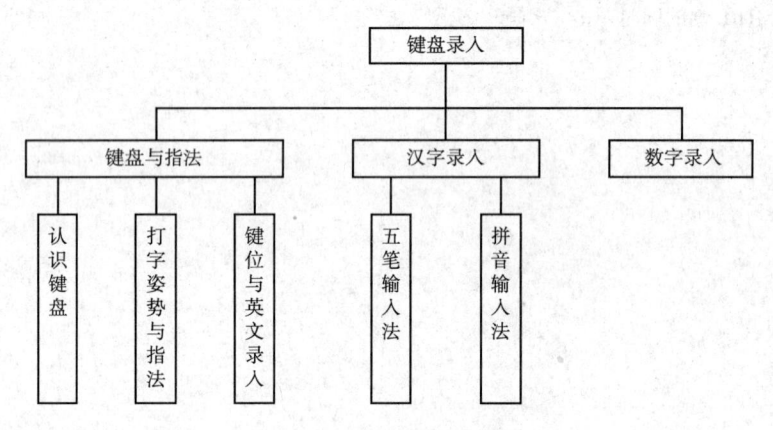

图7-1 本章主要内容结构

学习目标包括以下几点。
1. 熟悉键盘的分布。
2. 掌握打字姿势及指法要领。
3. 掌握五笔输入法中的拆字取码规则。
4. 掌握拼音输入的基本方法。
5. 了解数字录入的方法。
6. 掌握文章录入要领。

7.1 键盘与指法

7.1.1 认识键盘

现在常用的键盘有：104键盘、笔记本键盘、多媒体键盘、手写键盘、人体工程学键盘、红外线遥感键盘、无线键盘和等。以下主要介绍最通用的104键盘。

计算机键盘根据键功能一般可分为四大键区：主键盘区、功能键区、编辑控制键区及数字键区。此外，键盘上还有三个状态指示灯。最常见的键盘有 104 键键盘（见图 7-2）和笔记本键盘（见图 7-3）。

【任务 7-1】 在图 7-2 中填写键盘的四个大键区的名称。

图 7-2 键盘的键区

1. 主键盘区。主键盘区是最常用的键盘区域，由 26 个字母键、10 个数字键以及一些符号键和控制键组成，见图 7-3。该区键符功能见表 7-1。

图 7-3 主键盘区键位

表 7-1 主键盘区按键功能

键符	键名	功能及说明
A~Z	字母键	字母键有大写、小写字符之分
0~9	数字键	数字键的下档为数字，上档为符号
Shift	换档键	用于选择双字符键的上档符号
CapsLock	大小写字母锁定键	默认状态为小写，处于大写状态时，键盘 Caps 指示灯点亮
Enter	回车键	按下此键，可以换行、确定操作
Backspace	退格键	按下此键，删除当前光标左边一个字符，光标左移
Space	空格键	按下此键，在光标位置输入一个空格
Ctrl 和 Alt	控制键	可同其他键组合，形成组合功能键
Tab	制表键	表格录入数据时，按下此键，可以在单元格中移动光标

2. 功能键区。键盘上一般有 F1~F12 共 12 个功能键，单击某一功能键即可完成一定的

功能,如 F1 键一般被设定为当前运行程序的帮助键,又如 Esc 退出键,一般用于取消当前的操作。有些电脑厂商为了进一步方便用户,还设置了一些特定的功能键,使其具有单键上网、收发电子邮件、播放 VCD 等功能。

3. 编辑控制键区。该区一共有 13 个键,位于主键盘区和数字键盘区之间。该区键符功能由表 7 - 2 说明。

表 7 - 2　　　　　　　　　　　　　编辑控制键区功能

键符	键名	功能及说明
Print Screen SysRq	屏幕复制键	按下此键可将当前屏幕复制到剪贴板,然后按 Ctrl + V 键可以把屏幕粘贴到目标位置
Scroll Lock	屏幕锁定键	按下此键屏幕停止滚动,直到再次按下此键为止
Pause Break		同时按下 Ctrl + Pause Break 键,可强行终止程序的运行
Delete	删除键	按下此键,删除光标后面的一个字符,同时光标右边的所有字符向左移动一个字符位
Insert	插入键	该键用来插入和替换的转换
Home	起始键	按下此键,光标移至当前行的行首
End	终止键	按下此键,光标移至当前行的行尾
PageUp	向前翻页键	按下此键,可以翻到上一页
PageDown	向后翻页键	按下此键,可以翻到下一页
↑↓←→	光标移动键	分别控制光标向 4 个不同的方向移动

4. 数字键区。数字键区看似和主键盘区上的数字等键是重复的,但主键盘区的数字键一字排开,输入大量数字很不方便,因此特设置这一数字键区,方便集中输入数字,很好地解决数字录入问题。

笔记本电脑的键盘键位分布和一般键盘大同小异,其数字键区和主键盘区集成在一起,通过 NumberLock 键可以锁定或启用数字键区,编辑控制键则分散分布。

图 7 - 4　笔记本键盘

7.1.2 打字姿势与指法

1. 打字姿势。标准打字姿势是现在办公礼仪的基本要求，初学者应该有意识去端正姿势，养成良好的习惯再加以保持。正确录入姿势如下：

(1) 打字时，身体应坐直，稍微前倾，两脚平放，两臂自然下垂，贴近身体两侧。打字稿纸宜置于键盘的左侧或右侧。

(2) 两手虚放在键盘上方，且于键盘横向垂直，十指略向内弯曲，指尖虚放在基本键位上，左右手的大拇指轻轻放在空格键上。

(3) 显示器放在键盘正前方，原稿放在显示器左侧，以便阅读。学会盲打，视线只在原稿和显示屏幕间移动，确保录入无误（见图7-5）。

> 盲打就是打字的时候不看键盘键位，这是打字员的基本要求，要想具有一定的打字速度，必须会盲打，而且盲打要求打字的人对于键盘有很好的定位能力。

图7-5 打字姿势

2. 主键盘区指法。主键盘区是最常用的键区，可以实现各种字符和控制信息的录入。主键盘区键位的分布是根据键位字符的使用频度确定的，由于手指的灵活程度不同，使用频率较高的键位字符分布在较灵活的手指（如食指）周围，频率较低的键位则分布在不太灵活的手指附近。

(1) 基本键：基本键是打字时手指所处的基准位置，主键盘上有八个基本键，分别是"A、S、D、F"键和"J、K、L、;"键，其中的F、J两个键上各有一个凸起的小横杠，便于盲打时手指能通过触觉定位，让手指"各就各位"。基本键指法分布如图7-6所示。

(2) 手指分工：将键盘一分为二，左右手分管两边，左手食指负责"4、5、R、T、F、G、V、B"八个键，中指负责"3、E、D、C"四个键，无名指负责"2、W、S、X"四个键，小指负责"1、Q、A、Z"及其左侧的键。右手食指负责"6、7、Y、U、H、J、N、M"八个键，中指负责"8、I、K、,"四个键，无名指负责"9、O、L、."四个键，小指负责"0、P、;、/"及其右侧的所有键。手指分工如图7-7所示。

第7章 键盘录入技术

图7-6 基本位指法　　　　　　　　　图7-7 手指的分工

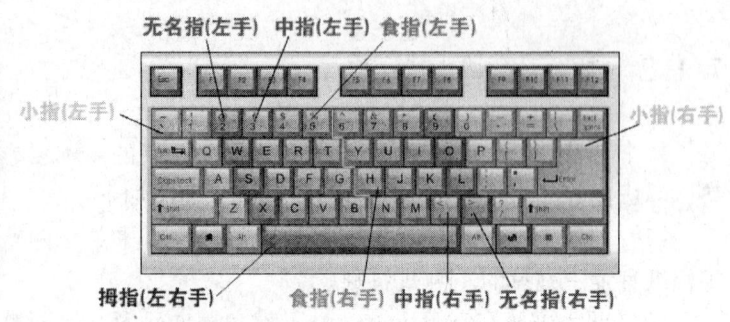

（3）基本指法：一是虚放，即打字时，左右手虚放在键盘上，左手小指、无名指、中指和食指应分别虚放在"A、S、D、F"键位上，右手的食指、中指、无名指和小指应分别虚放在"J、K、L、;"键位上，两个大拇指则虚放在空格键位上，等待击键。敲击基本键时，只需轻轻一按即可；二是回位，敲击基本键以外的键位时，键位所属的手指从基本键出发，击键后回到对应的基本键位，虚放等待下次击键，其他手指原位不动。

（4）多键指法：指的是组合键和上档键的打法。如"@"符号和"2"符号在同一键位上，其中"@"符号称为上档符，由左手无名指负责，则先用右手小指按住"Shift"键，左手无名指再按下"2"键，手指回位。再如组合键"Ctrl"+"S"，"S"键由左手无名指负责，则先用右手小指按住"Ctrl"键，左手无名指再按下"S"，手指回位。

（5）击键要求：击键时手指抬高离键面1~2cm，第一指关节应与键面垂直，用各手指的第一指腹击键。击键后。食指击键注意键位角度；小指击键力量保持均匀。

打字时要严格按指法要求，做到虚放回位、分工明确、各司其职、力度均匀、有节奏感。避免出现如图7-8所示的错误指法。

图7-8 错误的指法

【任务7-2】 坚持以下键位阶段各项练习，将成绩记录在表7-3中。

表7-3　　　　　　　　　　　　　键位练习阶段成绩卡

键位练习阶段	第　周	第　周	第　周
手指分区（初级）	___KPM	___KPM	___KPM
键盘布局（高级）	___KPM	___KPM	___KPM

> 键盘的每一次按键相当于使对应键位的机械开关闭合，产生一个信号，由键盘电路板转换成相应的二进制代码输入到计算机进行处理。

3. 英文录入。熟悉键盘键位后，进行英文打字就容易很多，当然，具备扎实的英文功底对提高英文打字速度和准确度也有帮助。英文录入时要做到"先见之明"，就是眼睛先看，给自己留点思考反应的时间。

【任务7－3】 坚持以下英文打字阶段各项练习，将成绩记录在表7－4中。

表7－4　　　　　　　　　　　英文打字阶段成绩卡

英文打字阶段	第　周	第　周	第　周	第　周	第　周
英文大小写	＿＿KPM	＿＿KPM	＿＿KPM		
英文单词（初中高中英语词库）	＿＿WPM	＿＿WPM	＿＿WPM	＿＿WPM	
英文标点符号			＿＿KPM	＿＿KPM	＿＿KPM
文章练习			＿＿WPM	＿＿WPM	＿＿WPM

> 本节小结：打字是最基本的计算机技能，初学者不应急于求成，应掌握键盘指法和熟悉键盘布局，有意识去克服错误的习惯，坚持练习，才能提高打字速度，成为一名速录高手。

7.2　汉字录入

输入法是指为了将各种符号输入计算机或其他设备（如手机）而采用的编码方法。汉字输入的编码方法，基本上都是采用将音、形、义与特定的键相联系，再根据不同汉字进行组合来完成汉字的输入的。以下介绍五笔输入法和拼音输入法。

7.2.1　五笔输入法

汉字是由笔画、偏旁部首和结构组成的，人们常说："木子李，日月明"，无不说明这一特点。而五笔字型汉字输入法是根据汉字的笔画、偏旁部首、结构特点编制而成的一种汉字录入方法。之所以称为五笔字型，是因为汉字是由五类基本笔画组成的，分别是：横（一）、竖（丨）、撇（丿）、捺（丶）、折（乙），如图7－9所示。人们把常用的基本笔画、偏旁部首整理为五笔字根，有规律地分布在25个英文键位上，从而编制成五笔字根表，如附录所示。

笔画名称	笔画及其变形
横	横—提∕
竖	竖∣ 竖左勾
撇	撇
捺	捺 点
折	各种带转折的笔划

图 7-9 五笔的笔画

1. 五笔字根。86 版的五笔字根共有 120 个，根据每个字根的起笔特点，分为横区字根、竖区字根、撇区字根、捺区字根、折区字根五类，分布于键盘上 25 个英文键中（Z 键除外）。
(1) 横区字根的字根起笔基本是横笔，分布在 G、F、D、S、A 键上面，如图 7-10 所示。

11 G 王旁青头兼五一
12 F 土士二干十寸雨
13 D 大犬三羊古石厂
14 S 木丁西
15 A 工戈草头右框七

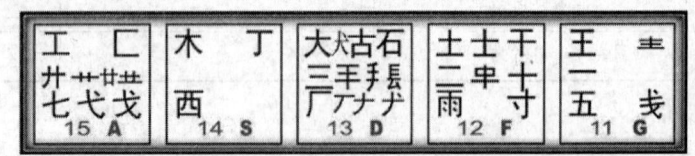

图 7-10 横区字根及分布

(2) 竖区字根的字根起笔基本是竖笔，分布在 H、J、K、L、M 键上面，如图 7-11 所示。

21 H 目具上止卜虎皮
22 J 日早两竖与虫依
23 K 口与川字根稀
24 L 田甲方框四车力
25 M 山由贝下框几

图 7-11 竖区字根及分布

(3) 撇区字根的字根起笔基本是撇笔，分布在 T、R、E、W、Q 键上面，如图 7-12 所示。

31 T 禾竹一撇双人立
　　反文条头共三一
32 R 白手看头三二斤
33 E 月彡乃用家衣底
34 W 人和八三四里
35 Q 金勺缺点无尾鱼
　　犬旁留乂儿一点
　　夕氏无七

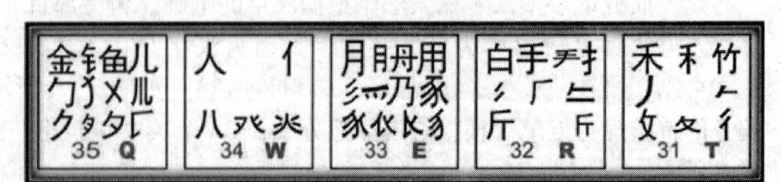

图 7-12 撇区字根及分布

（4）捺区字根的字根起笔基本是捺笔或点笔，分布在 P、O、I、U、Y 键上面，如图 7-13 所示。

41 Y 言文方广在四一
　　　高头一捺谁人去
42 U 立辛两点六门病
43 I 水旁兴头小倒立
44 O 火业头四点米
45 P 之宝盖摘示衣

图 7-13　捺区字根及分布

（5）折区字根的字根起笔基本是折笔，分布在 N、B、V、C、X 键上面，如图 7-14 所示。

51 N 已半巳满不出己
　　　左框折尸心和羽
52 B 子耳了也框向上
53 V 女刀九臼山朝西
54 C 又巴马丢矢矣
55 X 慈母无心弓和匕
　　　幼无力

图 7-14　折区字根及分布

【任务 7-4】　在"金山打字通"软件中完成五笔字根阶段各项练习，如图 7-15 所示。熟记字根及分布，将成绩记录在表 7-5 中。

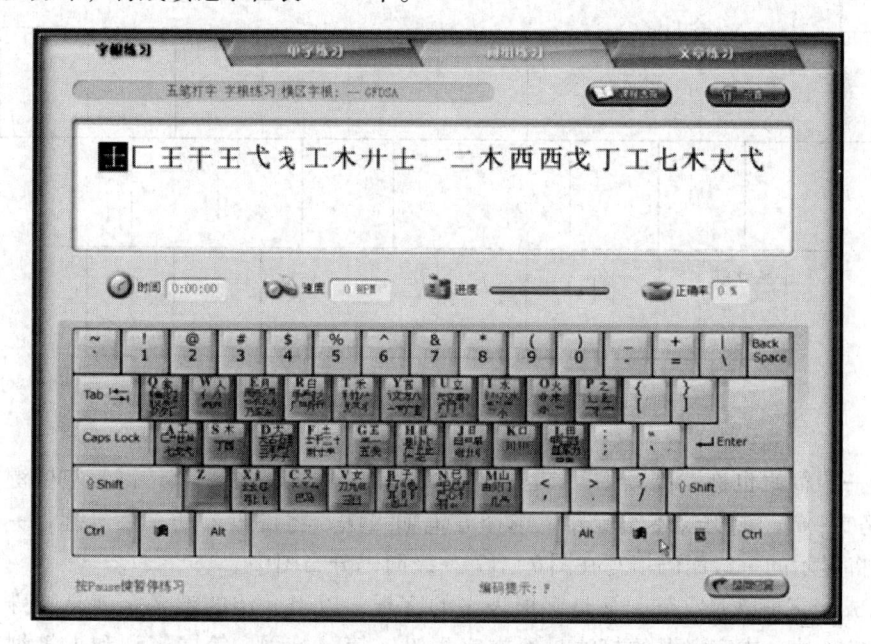

图 7-15　金山打字通—字根练习

第 7 章　键盘录入技术

表7-5　　　　　　　　　　　五笔字根阶段成绩卡

五笔字根练习阶段	第　周	第　周	第　周
横区字根	＿＿WPM		
竖区字根	＿＿WPM		
撇区字根	＿＿WPM		
捺区字根	＿＿WPM		
折区字根	＿＿WPM		
字根综合练习	＿＿WPM	＿＿WPM	＿＿WPM

> 五笔输入法是1983年由王永民工程师发明的一种中文字输入法。其中，五笔字根是五笔输入法的基本单元，因此练好五笔字根是学习五笔字型的首要条件。五笔字根有86版和98版两种，主要用于使用简体中文的中国大陆。在信息时代的今天，五笔字型的意义不亚于古时毕昇的活字印刷术，王永民也由此获得"当代毕昇"的称号。

2. 键名字、一级简码、成字字根。

（1）键名字是指在每个字根键上的第一个字根（X字根键除外）。例如，Q键上的键名字是"金"，W键上的键名字是"人"。每个字根键连敲四下，即可打出该字根键的键名字。

【任务7-5】 打开文本编辑器，选择五笔输入法，在键盘上每一个字母键连敲四下，将显示的键名字填写在图7-16键名字分布图中。

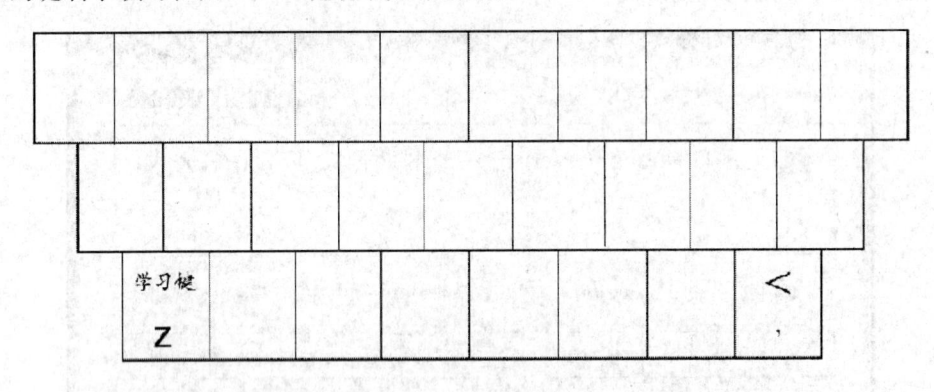

图7-16　键名字分布

（2）一级简码也称"高频字"，是使用频率较高的字。打法是字母键+空格键。

【任务7-6】 打开文本编辑器，选择五笔输入法，将键盘上任一字母键敲一下，补打空格键，将显示的一级简码填写在图7-17一级简码分布图中。

（3）成字字根既是汉字，又是字根表中的字根，以上介绍的键名字就是特殊的成字字根。除键名字外，成字字根的打法是所在字根键+第一笔划、第二笔划和末笔划对应字根键。如"方"字是成字字根，所在字根键是"Y"，第一笔划、第二笔划和末笔划分别"丶（捺）、一（横）、乙（折）"，取码"YYGN"。

	我									
	学习键 Z								<,	

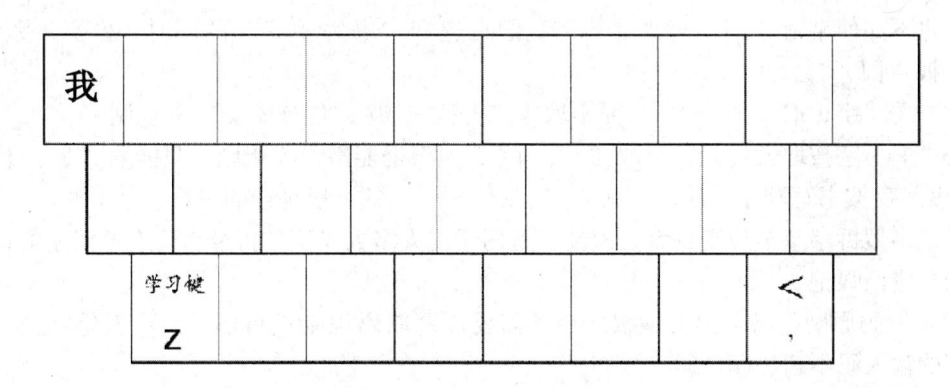

图 7-17 一级简码分布

【任务 7-7】 请对以下的成字字根进行拆字取码。

西			厂			巴		
八			四			耳		

3. 单字拆字取码原则。

(1) 拆字原则。五笔字型拆字基本规则是：书写顺序、取大优先、兼顾直观、能连不交、能散不连。笔画和字根之间，字根与字根之间的关系，可以分为"散"、"连"和"交"的三种关系。例如，"倡"三个字根之间是"散"的关系，"自"首笔"丿"与"目"之间是"连"的关系，"夷""一"、"弓"与"人"是"交"的关系。

【任务 7-8】 写出以下汉字拆出的字根。

新			果		
香			天		
园			空		
世			事		

操作步骤：

① "新"字拆字的顺序应该是"立、木、斤"，而不是"斤、立、木"。"香"字拆字的顺序是"禾、日"，而不是"日、禾"。"园"字拆字的顺序是"囗、二、儿"，而不是"二、儿、囗"。书写顺序原则就是汉字结构从左到右、从上到下、从外到里顺序拆出字根。

② "世"字初看可以取为"一、凵、乙"，也可以取"廿、乙"。但按取大优先原则，应选用后者。拆字时，尽可能拆出笔画多的字根。例如"果"字，既可取"日、一、小"也可取"日、木"，按取大优先原则，应当选用后者。

③ "园"字，按书写顺序，应取"冂、二、儿、一"，但这样编码，不但有悖于该字的

第 7 章 键盘录入技术 261

字源,也不如使字根"囗"直观易辨。我们在遵守"书写顺序"的同时,也要兼顾直观,拆出字根"囗、二、儿"。

④"天"字,取"一、大",而不取"二、人",这"能连不交"的规则。

⑤"午"字按取大优先,应取"匸、丨",但根据能散不连规则,只能取"丿、干"。

"事"字按书写顺序,应取"一、口、彐、丨",各字根是连的关系。

五笔字型拆字基本规则具有普遍性,适用于绝大多数汉字的拆分,但有些汉字的拆法比较特殊,应该强记。

(2)取码原则。汉字拆出字根之后,需要按照取码规则进行取码。在五笔字型中,每个汉字的输入码不超过四个码。

【任务7-9】 以下汉字已拆分出字根,写出该取的字根的码。

照	日	刀	口	灬	
撕	扌	艹	三	八	斤
址	土	止			
户	丶	尸			
朱	二	小			

操作步骤:

①"照"字由四个字根组成,则依次输入这四个字根对应的键位,编码为"JVOP"。

②"撕"字是由五个字根组成,超过四个字根,则依次输入前三个字根,以及最后一个字根对应的键位,编码为"RADR"。

③"址"字是由两个字根组成,少于四个字根,则依次输入拆出字根对应的键位,再根据该字末笔画"一"和左右型结构,补打一个末字识别码"G",编码为"FHG"。

④"户"字是由两个字根组成,则依次输入这三个字根对应的键位"YN"。根据该汉字末笔画"丿"和上下型结构,补打一个末字识别码"E",编码为"YNE";末笔识别码表如图7-18所示。

⑤"朱"字是由两个字根组成,则依次输入这两个字根对应的键位"FI"。根据该汉字末笔画"丶"和杂合型结构,再补打一个末字识别码"I",编码为"FII"。

字型 末笔画	左右型1	上下型2	杂合型3
横1G	11G	12F	13D
竖2H	21H	22J	23K
撇3T	31T	32R	33E
捺4Y	41Y	42U	43I
折5N	51N	52B	53V

图7-18 末笔识别码

末字识别码是根据汉字末笔画和汉字结构确定的。汉字末笔划可以有横、竖、撇、捺、折五种，而汉字结构除了左右型、上下型之外，其余都归为杂合型。识别码分别分布在字根表各区的第一、第二、第三个键。

写出以下难拆字的末笔识别码：农、声、鱼、见、父、巧、童、企、飞、乡、卡、叉、万。

二级简码是指在单字拆字取码的基础上，取出该字编码的前两位便可打出。例如"现"字，完整编码是"GMQN"，简码是"GM"，又如"好"字，完整编码是"VBG"，简码是"VB"。

【任务7-10】 在"金山打字通"软件中完成以下五笔初级阶段各项练习，将成绩记录在表7-6中。

表7-6　　　　　　　　　　五笔单字阶段成绩卡

五笔初级阶段	第　周	第　周	第　周	第　周
键名字	＿＿WPM	＿＿WPM		
一级简码	＿＿WPM	＿＿WPM		
成字字根	＿＿WPM	＿＿WPM		
二级简码		＿＿WPM	＿＿WPM	＿＿WPM
常用字		＿＿WPM	＿＿WPM	＿＿WPM
难拆字			＿＿WPM	＿＿WPM

4. 词组的取码原则。

熟悉词组的输入方法可以大大提高录入速度，达到事半功倍的效果。词组的输入也离不开拆字取码，不过，不同字数的词组取码方法也有差异。在五笔输入法中，一个词组的输入码不超过四个码。

【任务7-11】 写出以下二字词组、三字词组、四字词组和多字词组的编码。

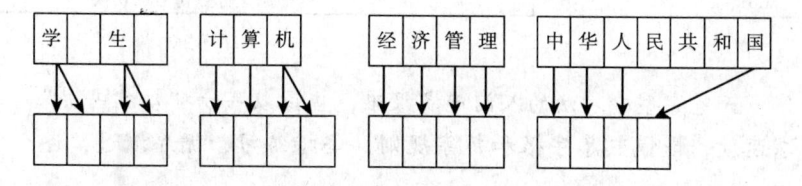

操作步骤：

①"学生"属于二字词组，分别取两个字的头两个字根对应的码。"学"字前两个字根取码"IP"，"生"字前两个字根取码"TG"，整个词组编码为"IPTG"。

②"计算机"属于三字词组，分别取第一、第二字的第一字根、第三个字的前两个字根对应的码。整个词组编码为"YTSM"。

③"经济管理"属于四字词组，分别取四个字的第一个字根对应的码。整个词组编码为"XITG"。

④"中华人民共和国"属于多字词组，分别取第一、第二、第三字、末字的第一字根，整个词组编码为"LHWL"。

如果词组中出现键名字、一级简码或成字字根，则取该字的前一位或前二位码。

【任务7-12】 在"金山打字通"软件中坚持以下五笔高级阶段各项练习，将成绩记录在表7-7中。

表7-7　　　　　　　　　　　五笔词组文章阶段成绩卡

五笔高级阶段	第　周	第　周	第　周	第　周	第　周
二字词组	___WPM	___WPM	___WPM		
三字词组	___WPM	___WPM	___WPM		
四字及多字词组	___WPM	___WPM	___WPM		
中文标点符号			___KPM	___KPM	___KPM
文章录入			___WPM	___WPM	___WPM

5. 文章录入。文章一般是由汉字、英文、数字和标点符号组成，文章录入时应注意全角半角字符和中英文标点符号的区别。观察表7-8，比较以下常用的中英文符号的特点。

表7-8　　　　　　　　　　　常用快捷键

英文字符	,	.	()	" "	:	;	[ ]	'	< >	$
中文字符	，	。	（）	" "	：	；	【】	'	《》	￥

在中英文文章录入过程中，输入法之间的切换、中英文输入状态的切换、全角半角字符的切换和中英文标点符号的切换也很关键。请熟记表7-9中的快捷键，对提高录入速度有很大帮助。

表7-9　　　　　　　　　　　常用快捷键

快捷键	功　　能
Ctrl + Shift	所安装输入法之间的切换
Ctrl + 空格	中英文输入状态的切换
Shift + 空格	全角、半角状态的切换
Ctrl + .	中英文标点符号的切换

本节小结：五笔字型输入法的入门确实很难，应该以一切"从零开始"的心态，不求速度，慢慢熟悉字根和拆字规则，坚持练习，循序渐进，逐步提高。

7.2.2　拼音输入

拼音输入法是按照拼音规定来进行输入汉字的（其中[v]代替韵母[ü]），只要会拼音就可以输入汉字。目前主流拼音是立足于义务教育的拼音知识、汉字知识和普通话水平之上，所以对使用者普通话和识字及拼音水平的提高有促进作用。

1. 拼音输入方式。

（1）全拼输入。输入要打的字的全拼中所有字母，如"财务"，编码为"CAIWU"。

(2) 简拼输入。输入要打的字的全拼中的第一个字母,如"费用",编码为"FY"。

(3) 混拼输入。只用于输入词组,输入的规则是:要输入某个词组,其中某个字的拼音用全拼,另外的字用简拼。如"合计"可以混拼编码为"HEJ"或"HJI",有如"计算机"可以编码为"JISJ"、"JSUANJ"或"JSJI"。

由于中文字库数量庞大,同音字有很多,当采用拼音输入法(尤其是采用首字母输入法)输入中文时,会出现大量同音字,当你要输入的字不在第一位时,按下相对应的数字即可输入该字,如果在第一位则敲下空格键即可输入该字,可采用Pageup和Pagedown进行翻页。

【任务7-13】 在"金山打字通"软件中坚持以下拼音各阶段的练习,将成绩记录在表7-10中。

表7-10 五笔词组文章阶段成绩卡

拼音阶段	第 周	第 周	第 周	第 周	第 周
音节练习	___WPM	___WPM	___WPM		
词汇练习		___WPM	___WPM	___WPM	
文章练习			___WPM	___WPM	___WPM

2. 常用的拼音输入法。

当前,我国主流使用的汉字拼音输入法有搜狗拼音输入法、QQ拼音输入法、谷歌拼音、智能ABC等。

(1) 微软拼音输入法是一种基于语句的智能型的拼音输入法,采用拼音作为汉字的录入方式,用户不需要经过专门的学习和培训,就可以方便使用并熟练掌握这种汉字输入技术。微软拼音输入法更为一些地区的用户着想,提供了模糊音设置,对于那些说话带口音的用户,不必担心微软拼音输入"听不懂"您的非标准普通话。

(2) 搜狗拼音输入法是2006年6月由搜狐(SOHU)公司推出的一款Windows平台下的汉字拼音输入法。搜狗拼音输入法是基于搜索引擎技术的特别适合网民使用的、新一代的输入法产品,用户可以通过互联网备份自己的个性化词库和配置信息。

(3) QQ拼音输入法,简称QQ拼音或QQ输入法,是2007年11月20日由腾讯公司开发的一款汉语拼音输入法软件,运行于微软Windows系统下。腾讯公司自称该输入法"输入速度快,占用资源小,轻松提高打字速度20%。"

(4) 百度拼音输入法是著名搜索引擎服务提供商百度公司免费提供的输入软件。它基于百度搜索技术,拥有强大的词库。支持Windows XP、Vista和Windows 7系统。目前,百度输入法手机版最先发展,并迅速得到了手机用户的青睐,尤其是在塞班S60第五版全触屏手机系列中,有不俗的表现。

(5) 谷歌拼音输入法有五大特色:①智能输入:选词和组句准确率高,能聪明地理解您的意图,短句长句,随想随打。时尚语汇;②海量词库整合了互联网上的流行语汇和热门搜索词。③个性定制:将使用习惯和个人字典同步在Google账号,并可主动下载最符合用户习惯的语言模型。一个跟您走的个性化输入法。④丰富扩展:提供扩展接口允许广大开发者开发和定义更丰富的扩展输入功能,为谷歌拼音输入法带来无限可能。⑤多彩体验:在重要节假日、纪念日显示Google风格的徽标。利用输入仪表盘实时显示准确率,速度等参数,让打字更有趣。

7.3 数字录入

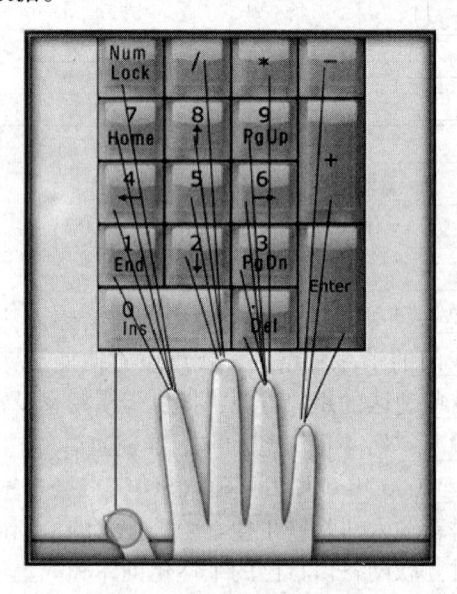

数字键的基本指法为将右手的食指、中指、无名指分别放在标有 4、5、6 的数字键上，其中 5 的数字键上有一小横杠，可以帮助定位手指的位置和手势。打字时，0、1、4、7 及 Num Lock 键由食指负责；/、8、5、2 键由中指负责；*、9、6、3、Del 键由无名指负责；-、+、Enter 键由小指负责，手指分工如图 7-19 所示。注意，数字键区的锁定和开启，是由 NumLock 键决定的。如果 NumLock 指示灯亮起，表示可以录入数据，否则不能录入数字数据。当按下数字键区 NumberLock 键时，NumberLock 状态指示灯点亮，数字键区的按键被锁住，不能输入任何数据。

图 7-19 数字键盘结构

【任务 7-14】 在"金山打字通"软件中坚持以下数字键盘相关练习，将成绩记录在表 7-11 中。

表 7-11 键位练习阶段成绩卡

数字键盘阶段	第 周	第 周	第 周	第 周
数字键位与指法	___ KPM	___ KPM	___ KPM	
数字录入与计算		___ KPM	___ KPM	___ KPM

本章总结：本章介绍了键盘的基础知识，包括键位布局及功能说明。着重介绍英文、汉字和数据的录入方法及技巧。五笔输入法的重要性虽然入门较难，但对实现盲打、减轻录入强度和提高录入速度还是有积极意义。

测 试 题

1. 对以下单字进行拆字取码，要求写出拆出的字根和对应的码。

现					
好					
协					
画					
阿					
太					
天					
开					
仇					
耻					
阴					
内					
去					
愉					
奶					
厘					
顷					
艰					
绿					
比					
矣					
张					
五					
来					
夫					
无					

简					
霜					
图					
闷					
曙					
果					
离					
半					
马					
遇					
郭					
蔡					
弱					
陶					
戴					
汤					
梁					
唐					
崔					
薛					
翔					
袁					
万					
套					
券					
蒙					

2. 对以下词组进行拆字取码，要求写出拆出的字根和对应的码。

词组				
财务				
会计				
报表				
任务				
蓝天				
借贷				
年终				
团队				
节余				
项目				
工资				
劳务				
核算				
权益				
产值				
或者				
效率				
英国				
巨著				
荣誉				
资产				
所以				
发展				
工作				
大事				
黄金				

词组				
出纳员				
工程师				
原材料				
加工费				
广州市				
出生地				
联系人				
联合国				
观察员				
马拉松				
圣诞节				
通讯录				
大同小异				
开源节流				
工程项目				
社会主义				
天气预报				
事半功倍				
两全其美				
再接再厉				
改革开放				
兢兢业业				
大同小异				
百炼成钢				
胸有成竹				
职业道德				

附录 五笔字根表

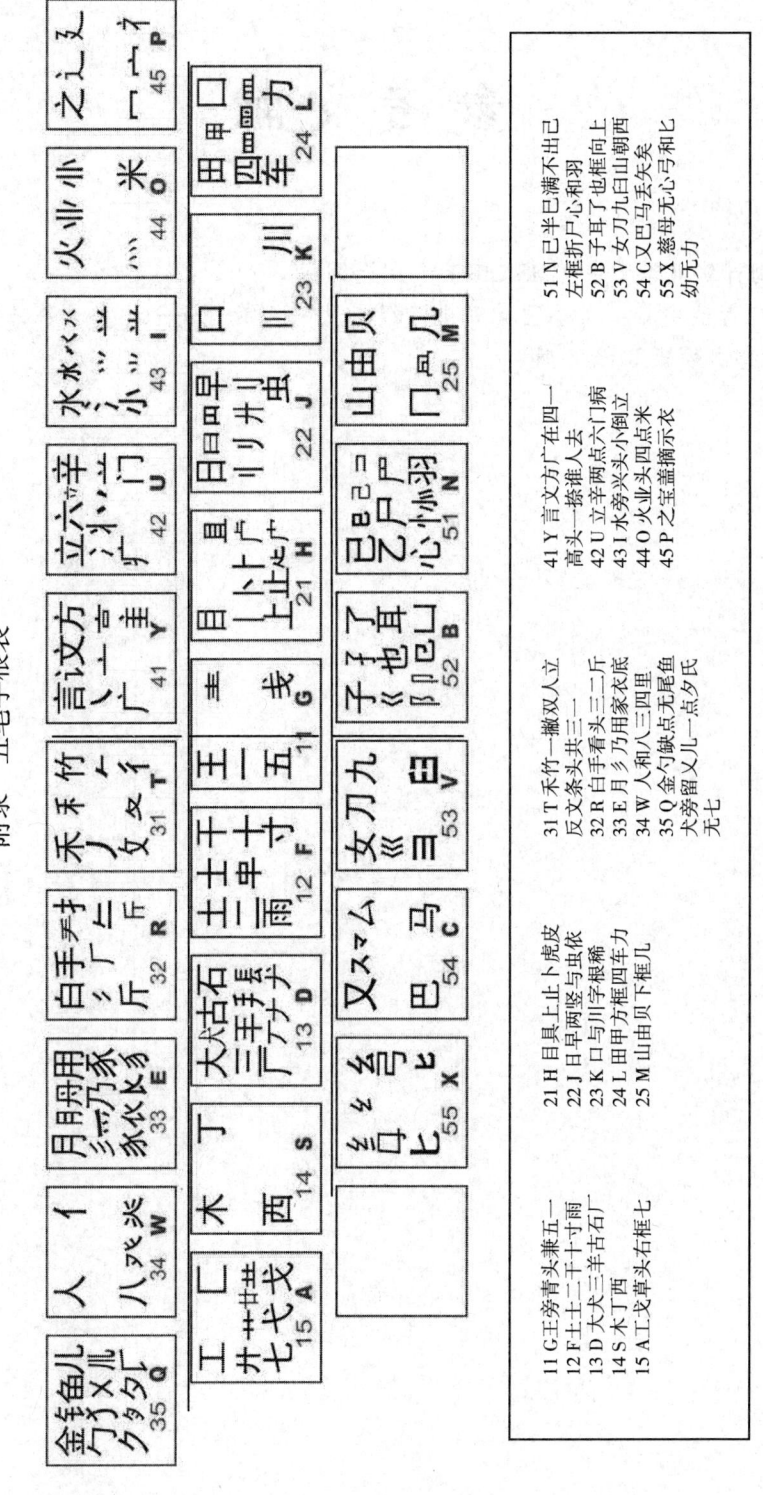

区位	字根
35 Q	金钅鱼儿 夕乂勹 ⺈ ⺹
34 W	人亻 八癶⺍
33 E	月用 彡肜乃豕 氺衣⻖
32 R	白手扌 ⺁ 二 斤
31 T	禾竹 ⺧ 攵 夊 彳
41 Y	言讠文方 广亠 ⺀ 圭
42 U	立六⺀辛 冫 疒 门
43 I	水氺⺡ 丶⺍ 小
44 O	火⺍ 小 灬 米
45 P	之辶廴 冖宀 礻衤

15 A	工⺾廾 七弋戈
14 S	木 丁 西
13 D	大太古石 三手⺹长 ⺁アナナ
12 F	土士二干十寸 雨
11 G	王一五 戋
21 H	目 上⺊卜 止⺊
22 J	日曰四早 刂刂⺧ 虫
23 K	口 川
24 L	田甲口 四皿车 力
25 M	山由贝 冂凡几

55 X	纟幺 弓 匕
54 C	又ス厶 巴马
53 V	女刀九 巛 彐 臼
52 B	子孑 了⺹ 也阝卩 耳
51 N	已巳己乙尸尸 心忄羽

11 G 王旁青头兼五一
12 F 土士二干十寸雨
13 D 大犬三羊古石厂
14 S 木丁西
15 A 工戈草头右框七

21 H 目具上止卜虎皮
22 J 日早两竖与虫依
23 K 口与川字根稀
24 L 田甲方框四车力
25 M 山由贝,下框几

31 T 禾竹一撇双人立
反文条头共三一
32 R 白手看头三二斤
33 E 月彡乃用家衣底
34 W 人和八三四里
35 Q 金勺缺点无尾鱼
犬旁留乂儿一点夕
无七

41 Y 言文方广在四一
高头一捺谁人去
42 U 立辛两点六门疒
43 I 水旁兴头小倒立
44 O 火业头,四点米
45 P 之宝盖,摘示衣

51 N 已半巳满不出己
左框折尸心和羽
52 B 子耳了也框向上
53 V 女刀九臼山朝西
54 C 又厶巴马丢矢矣
55 X 慈母无心弓和匕
幼无力

参考文献

1. 《全国计算机等级一级 MS Office 考试大纲》。
2. 教育部考试中心：《全国计算机等级考试一级教程——计算机基础及 MS Office 应用》，高等教育出版社2013年版。